ΣΩΚΡΑΤΗΣ
苏格拉底

(希腊) 赫里斯托斯·扎洛克斯塔斯 著
李成贵 译

人民出版社

前　言

很多人听到苏格拉底的名字，都会问：这是个什么样的人呢？人们都听说过他，但是，常常忘记了他究竟是谁。本书的目的就是让今天的人们想起一个曾在公元前5世纪存在的谜一样的古人和他光辉的教导。这些教导，在2500年后，对于今天的人们，仍像在公元前5世纪，对雅典人一样，是放之四海而皆准的。他所有的学说在我们的时代仍然可以实践，因为这个时代和他的那个时代非常相似。那个时代的人受到伯罗奔尼撒战争的煎熬，对旧生活模式的失望，对生存的不安，充满对真正价值观的渴望。像现在一样，那时的人们要探求一种新的生活，沉浸在对于新生事物关注的幻想中。尽管他们受尽折磨，生活在奴隶主的统治之下，他们还是努力拥护社会。由于个人的谦卑、对微不足道小事的敏感和对重大问题的漠不关心，文明受到巨大威胁。

假如苏格拉底现在能重回人间，飞机和宇宙飞船会令他愕然。同时，他也会看到，现在的人并没有发生根本的变化。今天的生活是变样了，但是，只是外表。在表层下面，仍然涌动着人类面临的问题。所以，我认为有必要通过苏格拉底的生平，再现这个在公元前5世纪——那个人类历史上最重要的"古典时代"——的经历和生活。我们今天面临的所有问题，苏格拉底用他的智慧，辩证的对话和心理分析都作过探讨。我们会看到他正确的思维，不安的、有时甚至是超越自我的心理斗争。精美的钻石，越是打磨，越能显示出新的层面，会闪现出更加耀眼的光辉。

目 录

1 1
2 8
3 12
4 15
5 27
6 36
7 42
8 50
9 55
10 62
11 69
12 75
13 80
14 88
15 95
16 101
17 114
18 121
19 129
20 138

21	144
22	150
23	156
24	161
25	165
26	173
27	178
28	185
29	193
30	199
31	210
32	215
33	225
34	229
35	234
36	242

译者后记 ………………………………………… 244

1

一个奴隶气喘吁吁地跑进菲迪亚斯①工作室，喊道：

"最高统帅伯里克利②和阿斯帕西亚中午来看雕像，菲迪亚斯要你们打扫场地！"他说完，由于受到伯里克利名字的震动，马上兴奋地拿起扫把清扫起来。

雕刻师傅，铸铁师傅，技师助理们，所有的人都受到这巨大好消息的鼓舞，扔掉手上的活儿，不到一个小时，场地清理得干干净净，一个上百人流汗的工作间马上变得井井有条了。

大理石师傅们居住地在阿楼百济区，从那里到亚里士多德家的路上，菲迪亚斯创建了这个巨大的工作室，他和他的助手们在那里创造马拉松雕像；在这里浇注出两尊古城堡最著名的雕像："利姆尼亚·雅典娜"和"战神雅典娜"，这位爱好和平的和美丽的处女，也是最庄严的战争女神，手

---

① 菲迪亚斯（活动时期约公元前490—前430年）希腊雅典雕刻家。巴底农神庙建筑工程的艺术指导，创造了庙中最重要的神像，监督并可能还设计了庙中全部雕刻装饰。成名作是雅典卫城的三座雅典娜纪念像和奥林匹斯宙斯神庙的巨大宙斯坐像。他创立了理想主义的古典风格，成为公元前5世纪及公元前4世纪希腊艺术的特色。"利姆诺斯·雅典娜"是他的代表作之一。——译注

② 伯里克利（公元前495—前429年）古代希腊最伟大的政治家。他统治雅典的年代被称为希腊雅典历史的黄金时代。经过征战使那个时代的雅典成为希腊历史上的霸主，他也成了雅典帝国的领袖。他在文明建筑上的贡献是聘用菲迪亚斯和建筑家伊克底罗斯等重新修复宏伟的神庙和卫城，兴建了几个大建筑，包括恢复帕尔塞尼翁的神庙、雅典娜神像和卫城入口山门等。——译注

执标枪和盾牌，头戴钢盔，高 25 米，为了永远歌颂那些雅典保卫战的英雄们，用马拉松战役的战利品铜浇注而成。女神标枪的赤金枪头远在苏纽海角就能看到，它的光辉像航标灯塔一样指引外地人进入雅典城。

一切安排就绪，工匠们又回到自己的岗位，干自己的活儿。阿苟拉克里斯托斯是菲迪亚斯最得意的门生，只有他被允许不用自己的名字，而是用"菲迪亚斯"为自己的作品签名。他刚刚从尚未完成的"海神波塞冬"雕像那里归来，周围集聚了几个他的同乡：来自百里亚尼的技师施拉西米迪斯，罗克洛斯，阿里斯坦洛斯和他的小儿子思科帕斯，虽然他还是个尚未长出胡子的孩子，却已经显现出，他将是下一代最杰出的艺术家。

远处一点，阿尔卡麦尼斯正在雕刻得墨忒耳①和附在她身上的女儿。这是一位擅长塑造女人身体的艺术家，他的作品"公园里的阿佛洛狄忒"雕像使他远近闻名。他的手极温柔，且富耐性，他遵循大理石的自然水纹塑造女人身上的血脉，他雕刻出的女人的皮肤给人一种清新温柔滑润之感。

在另一个角落，默默地懒散地工作着 30 岁的苏格拉底。他正在完成古城堡胜利女神庙左侧门楣上的浮雕"三惠美神"。他身旁站着半裸的姑娘模特。那个时代，工匠们没有任何工具，只靠眼睛捕捉站在他们面前的模特，用她们的形象塑造作品。但是，他们有时不能完全塑造出自己理想的形象。这样，当苏格拉底不能雕刻出"三惠美神"的脚趾时，从浮雕上收回目光，靠近自己的模特，说：

"达纳伊，你休息休息吧。"

她安详地坐在一个小凳子上，把衣服拉上来，遮住左胸脯，创作时需要那里裸露在外。这是一个来自阿尔戈的姑娘，皮肤纯洁如玉，浓黑头发披肩，你感到仿佛是黑发的阴影令她的皮肤稍稍发暗。

"今天晚上你干什么？"达纳伊问他。

"没什么。"

---

① 得墨耳忒，希腊神话中的谷物女神，她的女儿是帕尔塞福涅。因女儿被冥王掠走而放弃职能，使田地荒芜，到处饥荒。宙斯只好调停，让女儿每年 6 个月生活在谷物女神身边，从此大地回春。谷物女神和她的女儿是艺术创作的常用主题。——译注

"你愿意跟我去吗?"

苏格拉底看了她一眼,不再把她看做模特,而是作为一个普通女性了。他喜欢她那种炽烈的和毫不掩饰的热情。

"天黑后,你在缪斯山丘找我。"姑娘说。

他微笑着同意了,抚摸她的秀发,然后转向阿尔卡麦尼斯:

"过来,朋友,帮帮我。我怎么也做不好这些脚趾……"

阿尔卡麦尼斯拿着刻刀走过来,帮助他改正了错误。为了安慰苏格拉底,对他说:

"不是你的错,你的模特有一双农村姑娘的大脚,你看到的就是你做出来的。"

"可是,达纳伊身材很美啊。"

"你不要看整体。对于女人你要研究细节。如果你想看到美丽的脚,要看等一会儿到来的阿斯帕西亚。我塑造的阿佛洛狄忒,就是从她身上取的各个部位。"

"艺术太难了,阿尔卡麦尼,达到完美的道路漫长得很啊!"

"艺术家的命是自我牺牲,为了那个很晚很晚才到来使自己不朽的目标就要抛弃自我。一种魔鬼一样的力量拉我们走向我们并不喜欢的路,但是,我们必须遵循它。不是我们征服艺术,而是艺术征服我们。我们的痛苦是雅典人鄙视我们。"

真是这样,在古代希腊,没有一个自由公民愿意成为哪怕是著名的艺术家。人们把雕塑家降低为手工艺下等人之类,称他们为"手工业者"。他们生活在封闭的空间里,远离新鲜空气和运动场所,体态变形。古代人相信,他们为了钱而工作,精神麻醉,地位卑下。雅典城邦规定艺术家的日工资为一个德拉克马,和一个普通工人完全一样。

"如果你崇拜自己的艺术,钱就失掉了意义。"苏格拉底刚刚开始说话,就看到伯里克利跨过大门门槛进来了,谈话停止。伯里克利的随从在半成品的大理石块、泥塑模型、排水道、金属模具和未完成的雕像间艰难地穿过,周围全是一堆堆的大理石碎块。奥林匹奥斯·伯里克利喜欢观看那些成熟的美,这是他从菲迪亚斯那里学来的。他看完庙宇三角门楣上的浮雕后,对艺术大师说:

"没有任何一个工作室能创作出像你这里这么多的作品。我欣赏的是,虽然不是你一个人创作的,但是所有的作品都有你的印章。"

"这些工匠和我工作 7 年了,我渐渐把他们的天才引导到我的艺术轨迹上。早期的麦道比斯雕塑作品表现了每件作品的不同特点。后来的作品,庙宇两侧的和三角门楣上的,有绝对的完整和统一性。您来看……"

他把他们引到工作室一角的库房,向他们介绍放在那里准备送往雅典娜神庙的一组表现雅典人出行的浮雕。一些骑手还没有上马,首领在发布命令;另一些人在分发圣物祭器。这些浮雕雕刻在不到 2 厘米厚的石板上,但是给人一种厚度感,每个骑手都和邻近的骑手不一样,在整体上都处在同一个水平上,很完美。

"我听说,"阿斯帕西亚问菲迪亚斯,"在您之前没有人敢用普通人的雕像装饰神庙,真是这样吗?"

"是的,"菲迪亚斯回答,"这是我的想法。"

"真遗憾,"米利都女人说,"这么好的作品放在那么高的地方,人们不能在眼前清楚地欣赏他们。"

"没关系,"菲迪亚斯自豪地回答;"对我来说,只要神看到就足够了。"

随从们在另一侧欣赏三角门楣浮雕的四个马头,马眼放光(这是从冷硬的大理石创造出来的最为成功之处),鼻孔张开,拉着太阳神战车的马为了把光明带到黑暗的大地拼命奔跑,累得气喘吁吁,口吐白沫。

伯里克利欣赏这些作品,由于看到如此的美而面部放光,一丝微笑浮现在他严肃的脸上。这位具有蓝色血液传统的绅士不仅和"手工业者"菲迪亚斯探讨所有问题,还同意把他的头作为模特刻在处女神庙的所有雕像上,而他本人只作为监督委员会的一名普通成员。几个月前,一个大理石工匠从处女神庙上摔下来,全身骨折。当天晚上,雅典娜女神就出现在伯里克利的梦中,告诉他医治工匠的药方。工匠得救了,这件事使奥林匹奥斯相信,雅典娜女神批准了这些作品。今天,他再一次看到这些巨大的大理石块充满了阿波罗的和谐美,在人类历史上第一次出现了人类力量和心灵的和谐和平衡。处女庙上的雕刻作品给人的印象是,人和神的绝对界限一下子消失了。

最后,随从们来到工作室里面,那里正在加工处女神的巨大雕像。工匠们把巨像耸立在 20 米高的木架子里，为的是把象牙放到雕像体上，把两顿重的黄金镶嵌在女神衣服上。所有的人看到这座传达深刻宗教意义的雕像都惊呆了。雅典娜两只眼睛是两颗巨大的宝石，表现女神大脑反射出的思维。着魔般的伯里克利扶着阿斯帕西亚的肩，问：

"你想象得到吗，当半暗的庙宇大厅突然打开大门，光线突然照射进来，这座伟大的艺术品将造成什么样的印象吗？雅典娜女神将把太阳光吸收进去，变成自己的光，整个庙宇将光芒四射。"

然后，他转向无与伦比的创造者，激动地说：

"菲迪亚，经过您的双手，一切都变成了美。"

"我的目的，"菲迪亚斯回答，"不是把神造出令人敬畏崇拜的古代雕像，而是让人们看到天上的美。"

"你成功了。你成为艺术的立法者了。"

在伯里克利和他谈话时候，菲迪亚斯的目光一直没有离开阿斯帕西亚。她苗条的身材是他艺术创作的最好的灵感泉源。她的小脑袋美丽地耸立在脖子上，额头和鼻子构成一条直线；两只大眼睛深陷在眼窝里；眉毛似弓，下巴蛋圆。站在全金的处女神面前，阿斯帕西亚吃惊地看到，在女神的盾牌上的戈耳工①和以往那个人只要一看到就变成石头的可怕怪物形象不同，现在只是一个普通的安详的美丽女人。阿斯帕西亚转向艺术大师：

"你不怕亵渎神话吗？雅典娜盾牌上的戈耳工是为了威慑敌人，使敌人看到就要化为石头吗？你在戈耳工的位置上怎么放上了一个美丽的女性？"

一个安详的声音从背后传来：

"菲迪亚斯这样做恰恰是他的绝顶聪明之处！"

阿斯帕西亚回过头，看到一个丑男人。他的双眼像青蛙一样突出在外，大嘴，厚唇，扁鼻子。尽管他还年轻，但已经开始长肚子和秃顶——

---

① 戈耳工是希腊神话中的三姐妹，她们的头发都是毒蛇，嘴里长着野猪的獠牙，身上还长有翅膀。三姐妹中最小的墨杜萨最危险，任何人看到她的脸都会变成石头。后来英雄帕修斯把她杀死，将头献给了雅典娜。从此墨杜萨的头成为雅典娜盾牌的象征。——译注

是苏格拉底。

"你为什么这样说？解释解释看。"她对他说。

"我们希腊人和野蛮人的区别，是我们有能力将所有的怪物都变成纯真的精灵。古代的人们把一切自然的力量都看成是龙，加以崇拜。我们希腊人驾驭了怪物，把它们驯服成行为好的神。为此，当权者应该感谢我们，是我们使他们摆脱了原始的恐惧。"

"你叫什么名字？"阿斯帕西亚问。

"索弗洛尼斯科斯的苏格拉底。"

"你竟然天真地相信，不坏的神能够遏制人类的堕落吗？如果你，苏格拉底，把超自然的武器从神那里剥夺，神就失去了威力，无力的神只能准备混乱。"

阿斯帕西亚没有等待回答，就把菲迪亚斯拉到一旁，问：

"他是什么人？"

"我的一个学徒，非常聪明，但是不能循规蹈矩。他父亲是个大理石工匠。他本来可以成为一个很好的雕刻家，但是，他不努力。有时工作很认真，有时坐在那里幻想，连手都不伸，连刻刀都不动。"

来访者向大门走去。分别前，伯里克利站了一会儿，激动地对菲迪亚斯说：

"由于你，雕刻艺术达到了顶点。你赋予大理石以生命，你非常了解黄金分割，你达到了完美无缺。你没有给年轻一代留下任何可以发挥的余地，我替他们遗憾，他们只能模仿你了。"

又传来了苏格拉底的声音：

"不，对于我们这一代，还有新东西。"

阿斯帕西亚这一次微笑了：

"说说看：除了你们导师的'利姆诺斯·雅典娜'或者米隆的'掷铁饼者'，你们还能干什么？"

"老人们没有发现的——人的灵魂！"

"什么？你相信，你们年轻的一代能够表现非物质的灵魂？用什么办法？"

"用面部呈现的感情。"苏格拉底解释说："您提到了米隆的'掷铁饼者',为了投掷铁饼,他弯下身,尽最大可能拉紧肌肉,米隆正是抓住了这一瞬间,把表现力放在了身体上,而让投掷铁饼者的面部毫无表情。但是,在实际比赛中,运动员的面部表情都是扭曲的。夫人!"

菲迪亚斯说了自己的想法:

"也许米隆要表现的是一位运动高手对自己力量的确信无疑。"

苏格拉底固执己见:

"导师,安详的面部表情与那些沉思冥想的哲学家们相似。人都有情感。一个纯真的人一种表情,一个凶手是另一种表情。仇恨,欢乐,所有的表情都应该表现出来。你的继承者要做的,不是塑造半神,而是普通的人。"

阿斯帕西亚诡秘地看了一眼苏格拉底绿色的眼睛。她喜欢他的聪明,临行前,她邀请他:

"明天菲迪亚斯要到我们家里做客,你也来吧!"

2

首领一行离去，工作室的人散了。只剩下苏格拉底和达纳伊。苏格拉底让姑娘也回去，因为他已经没有兴趣再工作了。但是姑娘非常热情，她喜欢他那萨蒂尔一样的形象和苏格拉底的老成持重，不想离开他。他强迫她离开。

"别忘了，晚上我在缪斯山丘等你。"姑娘离开时提醒他。

"好的。"他回答，又陷入沉思。他脑子里回响起阿斯帕西亚的话："你竟然天真地相信，不坏的神能够遏制人类的堕落吗？……无力的神只能准备混乱。"

一个聪明的女人怎么能那样相信暴力？他感到一种不安，慢慢地，这种不安变成了一种无法抑制的恐惧。他与阿斯帕西亚相反，原来一直认为，慈悲是巨大的力量，是伟大的爱之神厄洛斯。但是，他现在思维混乱，整个身体麻木，两只眼睛像玻璃球一样，毫无生命表现力。每次，当他不知把根放在何处，不知站立何处才能使自己的知识稳健时，都会出现这种紧张状态。他忘掉了周围的一切，大脑集中在解决找不到出路的问题上。他就这样几个小时几个小时地深陷在思考中，一直慢慢感到他脱离了大地，一种比自身力量更强大的力量使他清醒过来。这时，他听到了一种奇怪的声音在指引他。这种情况第一次发生还是在孩子时代。当时12岁，一天他从学校返回，走路时，突然有人跟他说话。路上空旷无人，可是他明明清楚地听到有个声音对他发出指示。就像一股风从他内部吹出来，但是，这声音又来自很远很远，与他孩童时的逻辑思维完全不相符。慢慢地，他明白了，他不是一个人在生活，在他的灵魂深处有一个黑暗的灵异。这个神秘的声音从来没有停止过对他发号施令。每当他要干什么毫无目的的事情时，声音就偷偷跟他说话，阻止他。苏格拉底常常因此而恼怒，固执己见，不予理睬。后来，他长大了，意识到，没有任何一个男人有他这样的幸运，只有他有一个纯真的监护人。便开始听他的，哪怕有时这种忠告是可怕的。不容置疑，这个声音在传达某种来自更高处的愿望，他相信，灵异是他和上帝之间的联系人，所以，他感到一种隐蔽的自豪，是命运选择了他作为"上帝的替身"。在他陷入沉思、越来越难过时，就会听到神秘的声音，于是他一下子安静下来。他的精神，在绝对的安详中，可以接受来自天国的指令，这些指令总是准确无误。当神的语言减弱和消失后，苏格拉底长时间陷入恍惚中，仿佛看到了某种来自远古的光。今天，灵异对他说：

"苏格拉底，熟悉一下我给你准备的路。在你还是孩童的时候，我就选择了你。我考验了你。我知道你将遵循我给你的指令行进。你要放弃雕塑，从你的内部一点一滴地抛弃当艺术家的愿望。忘掉无忧无虑的生活，目的是孤立自己，学习知识，照亮自己。美，并不像菲迪亚斯说的那样会找到上帝。女人的外表看起来越美丽，越能使你远离奥林匹斯山诸神。你要变得铁石心肠，你的身体会常常造反，把你向后拉，向美拉。你会因为欲望而浑身燃烧，这种欲望像未驯服的野兽，会挣断铁索。不要遗憾，走学识的路。我永远和你在一起。如果我看到你动摇，我会喊：'不！'那时你就收敛自己，直到在烈焰中锤炼你的灵魂。到那时，我将使你成为人类的导师。"

声音停止，苏格拉底又陷入惊恐中。他开始斟酌，他听到的这些真的是天上的指令吗？或者，只是自己内部的一种愿望？因为最近以来，他越来越不喜欢艺术，而开始偷偷爱上了哲学。他从爱奥尼亚哲学家那里学到的一点皮毛，使他感觉到，智慧是具有深远目标的。他自己很清楚，尽管他愿意献身伟大的目标，但是现在还没有准备好扮演主角。他相信，他的生活负有崇高的使命。舒适的生活只是个陷阱。寻欢作乐是奴隶们的下贱行为。人，上帝最完美的创作，是最弱的小虫，在他的心灵深处，善与恶在搏斗，撕裂他的心。人需要帮助。为了响应灵异的召唤，苏格拉底要超

越自己。做出牺牲，对女人视而不见；对当权者挺直腰杆；身体越虚弱，灵魂越成熟。"烈焰中锤炼你的灵魂，我将使你成为人类的导师。"一想到这个指令，他就感到恐惧。他明白，战胜他人是困难的，但是，更困难的是战胜自己。能够经受住考验吗？尤其令他愕然的是，命运竟然选择了他这个不学无术的人，让他去教导那些绝顶聪明的雅典人。无论他多么愿意服从这个指令，还是担心自己无能为力。他担心，甚至发起抖来……灵异又对他说：

"苏格拉底，从现在开始，我不再给你发布指令。只有当我看到你走错路时，才会制止你。我沉默，就说明你的行程是正确的。但是，我今天看到你需要帮助。我给你指出生活的目标。我今天命令你去引导那些走上邪路的人们。学习吧，为了使你明白智慧的巨大力量！让你的同胞不要相互战争，要相互爱。宇宙，这个美丽的海洋，是靠爱来维系和保证和谐的。你要告诉他们，不要尔虞我诈，要忠于公正，公正是最崇高的财富，它能在人的矛盾中维系平衡。我告诉你三件理想的财富：智慧、爱、公正，靠这三宝，桀骜不驯的人们才能得到幸福，照亮他们吧！"

声音停止。苏格拉底的善良本性使他得以完全心领神会地接收指令。灵异非常明确地指出了他的行程，给他的忠告完全符合他深处的愿望。现在，是的，现在，他无所惧了。责任是重大的，但是，他相信，上帝正是通过少数杰出的人和人类沟通的，而他就是这些少数人中的一个。没有灵异，他也就会平淡地生活。灵异把他提升到了魔球之上。一丝神圣的呼吸把他提升得很高，从一个微不足道的大理石工匠提升到了永世的精英。苏格拉底像石头一样坐在那里一动不动，直到有人用力摇晃他。他清醒过来，看到达纳伊在他身边。

"你怎么了？"她问他，"怎么睁眼做梦？外面早已天黑，我一直在缪斯山丘等你。来，站起来……"

她炙热的呼吸抚摸他的脸庞——已经是春天了。

"你走吧！"苏格拉底小声地说。

黑眼睛的达纳伊试图让他站起来。

"来吧，多么美好的夜晚……"

"你走！"他对她大声说。可爱的姑娘受到了侮辱，几乎哭起来。但是，她还是又做了最后一次努力，让他离开。苏格拉底雷鸣般大吼："滚开！"她吓坏了。

"你疯了！"她惊恐地说，逃跑了，消失了。

夜色中，苏格拉底还沉浸在指令的魔力中。直到天明时，他才喃喃地说：

"我将服从……"好像他不是在跟那个至高无上的力量说话，而是说给自己听的。

3

苏格拉底在菲迪亚斯身边又工作了几个月,直到完成"三惠美女神"浮雕,并把它安放在了卫城入口的右侧。在那里,许多世纪后导游保萨尼阿斯①看到了这幅作品。然后苏格拉底就认真地投身到爱奥尼亚哲学的研究中,他是从阿斯帕西亚那里得到的书。阿斯帕西亚也是爱奥尼亚人,她也如饥似渴地读这些书,有时会在油灯下通宵达旦书不离手。苏格拉底被渴求知识的欲望吞噬,他不单单用大脑,而且靠直觉,除了逻辑,他追求的是知识的最后边缘。

苏格拉底

他喜欢这些爱奥尼亚人。他们到过埃及的法老庙宇,在那里撒下的种子在他们返回小亚细亚海滨后,结出了令人难以置信的果实。由于希腊人热爱自由的性格,在人类历史上第一次出现了非奴隶的智者,一个神圣阶层,他们拒绝加入任何组织,宁愿无偿地传播自己的知识,没有任何政治目的——只是为了人类的福祉。

爱奥尼亚哲学家是欧洲文明的建筑师。从

---

① 保萨尼阿斯,这里指的是公元前5世纪的斯巴达将领的后代。——译注

米利都人泰勒斯①，公元前640年开始，整个希腊便开始了真正的寻找世界的起源和末日的斗争。作为著名的数学家，他奠定了代数的基础，超越了埃及的几何学老师们，提出用测量影子的长度来确定金字塔高度的方法。他奠定了三角和直线的理论；把一年分为365天；准确地预见585年5月28日将发生日食。发现了电，这个依靠摩擦产生的一个未知能量。他还留下了丰富的道德格言，其中一些在那遥远的时代被认为是最富有哲理的。例如："起步慢，步步慢。""己所不欲，勿施于人。"等等。

但是，苏格拉底受益最多的还是赫拉克利特②的书。他的写作有时像犹太预言家，有时像神秘主义者 WILLIAM BLAKE，有时又像哲学家伯尔森。他说，世界之所以能够存在，是因为处在不断变化中；他奠定了发展的理论基础。这位永世运动的哲学家看到的大地和天空都永远在隐蔽的火中燃烧（我们今天可以称之为电），但是我们的感官感觉不到这场火，因为感官欺骗了我们。他认为，世界的隐蔽的和谐比表面的和谐更重要；他相信，太阳，那时被认为是光明之神阿波罗，只不过是地球的"一颗行星"，它不可能脱离自己的轨道运行，因为受到某种更高需要的牵制。但是，苏格拉底所读到他的最后一本书《论自然》，使他愕然，因为在这本书中，赫拉克利特否认上帝的存在。"世界非神创造，是燃烧而成。"他描

---

① 米利都人泰勒斯（活动时期约公元前580年）哲学家。因其以水为万物本质的宇宙论和对日食的预测（一般认为该次日食在公元前585年5月28日）而知名。据希腊思想家阿波罗多罗斯称，他生于公元前624年，希腊历史学家拉尔修则认为他死在公元前548至前545之间，终年78岁。由于他的名字被列入传说的七贤中，人们把他理想化，许多活动和名言都归于其名下。据说，他曾利用几何学知识测量埃及的金字塔。在几何学方面，据说他发现了五条定理。但其数学成就难以估计，亚里士多德说他是第一个提出单一的宇宙物质基础（即水或湿气）的人。在他看来，整个宇宙是一个靠水蒸气维持的有生命的机体。他的重要性在于他从自然界本身去寻求原因而不是在具有人形的诸神的难以捉摸的性格中去寻求原因。他在联系神话世界和理性世界方面发挥了重要作用。——译注

② 赫拉克利特（约公元前540—前480年）哲学家。因其宇宙论而著名。他认为火是一个有秩序的宇宙的基本物质要素。他最关心对周围世界的解释，强调人们必须和谐地生活在一个集体里。他有一个著名比喻，将生命比作河流："踏入同一河里的人们，流过他们的水是不同的，永远是不同的。"后来柏拉图用这一学说表明一切事物都在经常运动之中，不论它们对感官的表现如何。——译注

写了自然的残酷性，自然在创造，也在破坏。自然让强者和弱者相互争斗，强迫强者之间相互残杀，无情地分享欢乐和痛苦。

这之前，苏格拉底不是在读，而是从爱奥尼亚那里贪婪地掠夺他们最先发现的理论，目的是为了了解费解之处。他不安的精神寻求的是使他安详的东西。但是，赫拉克利特，不管他开始多么喜欢他的作品，不仅没有使他平静，反而令他更加焦躁。赫拉克利特的无神论既不能解释创造，也不能解释人。世界最早的起源不可能是艾菲索斯哲学家想象的那样，是一个无灵魂的物质。最后，他感到，这些理论在他的内心只留下了无限的空白。这些理论让他远离宇宙和上帝，而他所追求的恰恰是接近宇宙和上帝。沉重的孤独感压迫他，使他远离自己的朋友们，就连克里同他都不想见。但是，那时开始了萨摩斯战争，迫使他不得不中断研究。

4

公元前440年3月的一个清晨，传令官走上雅典的大街小巷，高声呼喊，通知20岁至35岁的青年于次日在学校体育馆集合，每个人要带上可供三天食用的口粮。

那个时代，雅典城邦可以在几小时之内动员起来，因为每一个战士在家里都有准备好的衣服和武器，就连骑兵也是身不离马。

苏格拉底穿上他的军服，肥大的上衣，为了搏斗方便，右肩和臂膀裸露在外。人们清晨全副武装来到学校体育馆。在那里，带三根羽毛和红色肩章的长官们把他们按家族分成队。从富人和骑士中挑选骑手，从苏格拉底所属的穷人中挑选几千人，他们是使用武器战斗的步兵；而从其他人中选出划桨手。队伍开始向比雷埃夫斯港口出发。和他们同时行进的有当地人和外来人。父亲送孩子，妇女怀抱婴儿，哭泣着送丈夫。外来人是来观看威武和悲壮场面的。一些战士身披破布，或者穿着当年父辈们在马拉松战役中穿过的短斗篷。他们认为每次战役能穿上这些短斗篷是最大的荣耀。一些胆小的人穿上新的短斗篷，上面绣着伊利亚特战争的许多场面，认为这可以恐吓敌人；一些勇敢的人和他们的男恋人相拥而进，因为年长的一些要走了，留下小的无人安慰了。在人群中看不见年轻的姑娘，因为她们都被关在了家里，她们所爱的人是战士，要上战场，她们只好在家里偷偷哭泣，只好祈求他们平安归来。只有少数的骑士和他们的女人并行，你可以通过她们染成的金发和在灰尘中闪光的金银首饰中和"跟我来"的叫喊中认出他们来。就这样，这个毫无秩序的人海涌动到港口，在那里告

别。少数骑士上了专门运送骑兵的船,划桨手们下到底层操桨,一般战士坐在甲板上。苏格拉底的长官把他叫到一旁,对他说,大统帅伯里克利让他到指挥船上去。伯里克利把哲学家阿基劳斯①和安那克萨哥拉②,工程师阿尔泰蒙,悲剧家索福克勒斯③都请到了身边,陪伴他。他欣赏他的悲剧《安提戈涅》,把索福克勒斯选为副总指挥。也把苏格拉底请到了身边。

全部军用物资装上了船,军队各就各位,预言家看了所有征象和标记,认为一切顺利,号手打破沉寂,开始祭奠。人们高唱战歌,斟满酒杯,用金杯向先人敬酒后,伯里克利下令出发。陆上的人群赞叹那装饰美丽的船首高高的三层桨座战船,这些战船像巨大的蜈蚣,并发离岸,争先恐后,都想最先抵达埃伊纳岛。后面是行驶缓慢,像鸭子一样的装满作战物资的货船。

到达苏纽前,船全靠水手们划桨前进。只有过了海岬,刮起风,他们

---

① 阿基劳斯,雅典哲学家,安那克萨哥拉的学生。——译注
② 安那克萨哥拉(约公元前500—约前428年)希腊自然哲学家。因创立宇宙论并发现日、月食的真正原因而闻名。同雅典政治家伯里克利有交往。公元前480年左右移居雅典,将哲学上新的实践和探索精神从爱奥尼亚带到雅典。在雅典居住30年后,因断言太阳是一块比伯罗奔尼撒地区略大的炽热的石头而被指控为不敬神明,对他的攻击实际上是间接打击伯里克利。尽管伯里克利设法营救,他仍然被迫离开雅典。人们对他的作品有不同的解释,但其基本特点是清楚的。他的宇宙论源自早期希腊思想家的努力,他们曾试图通过一个单一的基本元素的假设来解释物质宇宙。他不同于前人,他们选择了热或水这样一些要素作为基本物质,而他却把存在于活的机体内之物如肉、骨、树皮、树叶等均包括在内。他学说最有特色的方面是他的"奴斯"("精神"或"理性")学说。他认为宇宙是由精神在两个阶段里形成的。第一阶段是通过一直在继续的、旋转和混合的过程;第二阶段是通过生物的进展。亚里士多德曾经赞成过他的"奴斯"概念,但柏拉图和亚里士多德都因为这个概念未包括"奴斯"有伦理行动(即为了宇宙"最美好的利益"而活动)这一看法而表示反对。——译注
③ 索福克勒斯(约公元前496—约前406年)古希腊三大悲剧诗人之一。出身富裕家庭,受过良好教育。16岁时曾因他的英俊、勇敢和音乐才能而被选进歌颂神的合唱队中领唱,庆祝希腊人在撒拉米海战中战胜波斯人。公元前440年当选为负责行政和军事的十将领之一,成为伯里克利的同僚。他一生的主要成就是在悲剧方面,一生的最后65年都用来为每年在雅典举行的酒神节写剧本。他共为酒神写了123个剧本,获奖24次。但是,他的悲剧只有7部完整保存下来。他的剧本尊崇宇宙的神圣,服务于当时希腊社会的宗教。他的传世剧作是《安提戈涅》,《奥狄浦斯王》,《特拉基斯少女》,《埃勒克特拉》和《菲罗克忒斯》等。——译注

才升起巨大的四角船帆，船乘风破浪前进，划桨手们开始休息。但是，傍晚时分，伯里克利命令他们再次划桨，下令一定要在天黑前抵达安德罗靠岸。那个时代，夜间不行船，天一黑，船就要停泊在希腊海岸随处可见的锚地上。但是，那些人数众多、空间狭小的三层桨座战船就必须靠岸，因为需要在陆地上为230人生火做饭，让他们好好睡觉休息。第二天，他们又要在船上，伴着海浪击打船帮的单调声，按着发令者"全速前进"的命令不停划桨。舰队司令要在波斯船队抵达前，抵达萨摩斯岛。波斯舰队是来援助造反反对雅典霸主的萨摩斯岛的。在航行中，苏格拉底看到了伯里克利为了"海上王国"，在地中海领域扩张的规模。看到了60艘三层桨座战船组成的舰队每年游弋爱琴海的各个基地形成的链条；从地平线各个角落为舰队司令送来各种情报。最近的情报令人不安。萨摩斯是仅次于雅典最大的海上势力，有训练有素的战船和战备海港。波斯国王为萨摩斯提供经费，和腓尼基联合，靠近萨摩斯。波斯企图破坏强大的雅典海上同盟，用自己富有的黄金促使雅典海上王国的解体。只有最大的勇气才能改变这种形势，所以伯里克利让旗舰的传令官命令各战舰全速前进。伯里克利对自己的海军充满信心。雅典舰队从上到下，从船长到划桨手，全部由自由公民组成，他们知道自己是为祖国而战。这正是希腊船队高于埃及、波斯和罗马，甚至到公元1500年欧洲船队之处。那些船队全部使用判刑者和奴隶做划桨手。雅典人赢得了时间，他们在第二天傍晚就抵达了萨摩斯岛，并完成了包围部署。岛上的船队怕受到攻击，停留在港口之内，等待亚洲船队来援助。雅典人从海上和陆地包围了岛上的城市。传来的消息称，波斯和腓尼基联合舰队已经靠近岛屿海岸。这时，伯里克利决定留下40艘三层桨座战船给索福克勒斯，让他继续对萨摩斯进行包围，自己带领其余战船前去迎敌。萨摩斯得知围困的舰队减弱，向索福克勒斯发动了突然袭击，几乎杀死他，冲破了包围。那是异乎寻常的古典第五世纪。萨摩斯的海军将领墨利索斯①，是著名的哲

---

① 墨利索斯（活动时期公元前5世纪）希腊哲学家。埃利亚哲学派最后一位著名人物。此学派拥护巴门尼德学说，即把现实看成单一的、不变的整体。但他与巴门尼德仍有所不同：他认为现实在空间上是无限的，在时间上也是无限的（有一个过去和一个现在）。他曾是萨摩斯舰队的统帅，这只舰队曾在公元前441年或前440年战胜过雅典人。——译注

学家,他的著作《论存在》受到古代人的赞赏。希腊人副总指挥索福克勒斯是一位天才的伟大悲剧诗人。那个时代,没有军事学校。一个雅典人要成为杰出的政治家,必须在陆军和海军中有突出的表现。频繁的战争使他们受到训练,所有的伟大政治家都曾经是优秀的战将,从来没有失败过,包括地米斯托克利①,米太亚德②,西门③,伯里克利本人和他的父亲克桑世伯斯。

伯里克利发现波斯—腓尼基联合舰队后,尽管知道他们比自己强大,还是下令马上攻击。苏格拉底有生以来还是第一次在指挥舰《领袖号》甲板上观看海战。他看到,为了移动灵活,三层桨座战船首先收起船帆,直接冲向敌船。到达40米距离时,箭镞齐发,箭镞如同雨点降落在敌船上;同时,三层桨座战船突然伸出桨,全速冲进敌船当中,划桨手用带有金属板的桨头攻击敌船船帮,就像用快刀劈开干木材似的。敌船无法移动,战士们便跳上去,杀戮船员。另外一些三层桨座战船冲到敌船中间,雅典人依靠船体的坚硬和灵活性,在敌船中横冲直撞,撞翻敌船,颠覆的船沉入海里。指挥舰"领袖号"第一个冲向腓尼基指挥舰,把它的船帮撞开一个大口子,海水涌进,敌舰下沉。在这次海战中,伯里克利发明的"铁手"

---

① 地米斯托克利(约公元前524—前460年)雅典海上强权的缔造者。公元前493年当选雅典的执政官。马拉松战役后,雅典人觉得从此可以高枕无忧了,但是地米斯托克利却预见到:如果敌人再发动一次更大规模的进攻,雅典将难以取得胜利。他认为唯一的办法是发展海军。使希腊拥有更多的战舰。公元前483年,他说服公民大会,用国有银矿的收入扩充海军。到公元前480年波斯国王薛西斯一世前来进犯时,雅典已拥有200艘战船。提洛联盟又提供了150艘战船。这样,希腊彻底击败了波斯舰队,从此薛西斯失去了制海权。但是,雅典人在公元前479年撤销了他的职务,他最后遭到贝壳放逐。——译注

② 米太亚德(约公元前554—前489年)在马拉松战役中打败波斯军队的名将。后来,公元前489年,他率70艘战船讨伐与波斯人合作的岛屿,未能完成使命,回到雅典成为众矢之的,被罚款不算,他的政敌还要求将他处以死刑。——译注

③ 西门(约公元前510—前451年)雅典政治家、将军。米太亚德之子,因在马拉松战役中表现勇敢而被选为将军。公元前467年他指挥提洛同盟200艘战船击败庞大的腓尼基舰队,随后又在陆战中打败波斯国王的军队,削弱了波斯对东地中海的控制权。后来因为与斯巴达联盟问题遭贝壳放逐,由于伯里克利的努力,缩短了他的放逐期。西门回国后,仍极力缓和雅典和斯巴达的关系,公元前451年,两个城邦终于恢复和平。——译注

发挥了巨大作用，它们完全能抓住敌船。胜利后，雅典人开始打捞落水者和埋葬死者，这在当时是两项神圣的任务。然后，他们返回萨摩斯。那里墨利索斯的舰队已经散开，雅典人再次完成对萨摩斯岛的围困。

进入夏季，萨摩斯还没有投降的征兆。雅典人又增派了军队，对萨摩斯施加更大的压力，直到秋天也毫无结果。军队开始产生厌战情绪，很多人想离开战场。索福克勒斯用他动人的歌喉稳定军心，帮助伯里克利。他建议把部队分成八部分，每天有一部分人脱离战场，让他们或者和特意从雅典赶来的妓女寻欢作乐，或者玩一种骰子，那是在特洛伊战争期间，由纳夫普利翁国王帕拉米迪斯为了稳定军队发明的。

但是，进入11月后，军心开始动摇，战士们要求回家，因为采摘橄榄果的季节到了。当时，家庭的主要收入是橄榄油。于是，他们找到总指挥，要求他马上下令，不惜一切代价攻下萨摩斯岛。伯里克利拒绝了他们的要求，因为他把雅典人的生命看成是最重要的财富，不能拿生命冒险。他是一位富有活力的，又是一位谨慎的指挥家，没有经过深思熟虑，他绝不贸然采取任何行动。他拒绝总攻的决定却引起了骚乱。这时，伯里克利首先和他的军官们谈话，然后把他的朋友们叫到司令部，听取他们的意见。在指挥舰的船尾搭起了一个遮阳棚，那里集合了索福克勒斯，安那克萨哥拉，阿基劳斯，阿尔泰蒙和苏格拉底。讨论是由安那克萨哥拉开始的，一方面因为他的年龄最大，另一方面，他在伯里克利面前没有拘束，因为总指挥是他当年的学生。

"是你的错，"他开始说，"如果你不改变政策的话，你对发生的困难和还要发生的困难会错上加错。你以为只靠雅典自己就能够征服所有的希腊人，不管他们乐不乐意，你都能把他们联合起来吗？"

"也许不能，"伯里克利回答，"因为一般人都为了微不足道的小利而相互争吵。每当我努力让希腊人联合起来时，就有人怀疑我要征服他们。但是，联盟的理想是那么美好，我要采取一切手段实现它。"

安那克萨哥拉继续说：

"打败波斯人后，希腊城邦把雅典作为自己的统帅。但是，人追求更大权利的疯狂在短短的几年内推动你们雅典人，从小人到大人物，忘掉了统一希腊的理想，我想说的这个理想是自由，而你们把你们的城邦变成独

裁者的首都。你们把最早由自由城邦形成的联盟变成了对那些不顺从者征服的指挥所,他们已经不再爱你们了。伯里克利,马上去请萨摩斯人,跟他们缔结和平,这样,也能满足军队的需要。"

伯里克利解释说,这难以做到,因为必须把每个造反扼杀在它诞生初期,妥协意味着懦弱。

"一个城邦,"他补充道,"只有敢于面对威胁,而不是害怕威胁时,才是强大的。"

苏格拉底想帮助安那克萨哥拉,说:

"那些尽可能多享受和平的城邦才是幸福的。把在和平时期积攒的钱财花费在战争上,是极为愚蠢的。"

对他这样的年轻人,伯里克利粗暴地回答:

"难道你认为,当我们的城邦受到不公平待遇时,我也应该力主和平吗?"

"当然不是,"苏格拉底平静地回答,"但是,我们也不应该给他人抱怨的口实。在不公正的情况下,很难找到同盟者。"

阿基劳斯也发表了自己的意见:

"要用仁慈,而不是暴力,控制你的朋友。"

伯里克利说:

"你们批评的政策我是从前人那里学来的,从梭伦①,地米斯托克利,西门,这些人那里学来的,听到这些名字你们不会无所谓吧!你们不要忘记,我们的同盟者中,有些由于懒惰,有些由于胆小,就来依靠我们强大的海上力量,是他们把我们造就成海上霸主。雅典,我的朋友们,现在拥有强大的舰队和充足的资金。"

"是的,"阿基劳斯回答,"只要你保持民主,就拥有这一切。你们,政治家们,既是建设者,也是破坏者。请你不仅注意创造什么新的,还要

---

① 梭伦(约公元前 630—约前 560 年)雅典政治家和诗人。他消除了雅典城邦的极度贫困状态,给本国同胞制订了宪法和法典,他也是雅典的第一位诗人。他的诗是他从事政治活动的工具。他的巨大贡献之一是制订了除了杀人者一律免除死刑的法典,这是希腊历史上第一部比较人道的法典。他晚年放弃权利,出国游历,10 年后返回祖国。他写过很多诗,但是只有 300 多行在别人的引文中存世。——译注

注意毁掉的是什么样的旧基础。"

"我知道你是个保守主义者，你想说什么？"

"我想说，你给了文盲的人民最高法院拥有的最古老的权利。你推翻了贵族身上背负着的'道德'，这个不合天命的尊严、骄傲和才能的混合体，在它的位置上放上了中庸。你把雅典人变成了好战者，他们梦想征服整个世界。你要收敛他们，就从和萨摩斯缔结和平开始吧。"

伯里克利看到，在哲学家中，没有一个人赞同他的帝国政策，就转向诗人索福克勒斯。但是，他心不在焉，正在书写什么。

"哎，我说诗人！"他喊叫他，"你在那里干什么呢？我们在讨论重大问题，而你根本心不在焉！"

索福克勒斯连头都没抬，回答：

"我在创作新的悲剧《特拉基斯少女》。"

"我想听听你关于解除包围的意见，放下你的诗吧……"

大家转过身，看了一眼索福克勒斯。这是那个时代最英俊的男子，他的身材是那么完美，在他16岁时，就被首领们挑选出来，让他在萨拉米海战的庆祝胜利献祭上跳裸体舞。他面孔秀丽，满头鬈发，声音充满音乐感。

"听我说，伯里克利，"诗人回答，"你把我从诗歌创作中拉出来，让我训练水手，武装三层桨座战船，已经过去好几个月了。你在这里浪费我的时间……"

伯里克利微笑着回答：

"不，索福克勒，你就是在这里也没有浪费自己的时间。我看到你从清晨就开始抚摸为我们斟酒的男孩伊拉斯。我不得不阻止你去骚扰他。"

索福克勒斯用他的作品中的诗句回答：

"谁能扑灭已经燃起的欲火？

我的灵魂不让我的床榻空缺。"

伯里克利严肃起来：

"别忘了，索福克勒，将领们应该保持自己的手和情感纯洁。我们在打仗，不要骚扰男孩。"

诗人再次引用他的《安提戈涅》一剧中的诗句：

"爱情，无法战胜，
在年轻姑娘的脸蛋上
做巢诞生，
你俘虏强大的男人
进入房舍里
穿越大海，
你是主宰生命的
美丽花朵，
你让得到你的人
爱得发狂发疯。"

伯里克利明白，他的这个副总指挥不能从事严肃的事业，就说：

"你老了，还像孩子一样。"

"时间在流失，"诗人回答，"没有注意到我。我永远感到年轻，不是我的过错，只是因为时间没有碰到我。"

这时，伯里克利只好询问工程师阿尔泰蒙了。这是一位古代少有的天才，别看他脖子短，瘸腿，却是几何学家，机械师，数学家和水文学家。是他发明了提升绞车，把沉重的大理石提升到巴特农胜利女神庙上。他还是个美食家和唯物论者，他相信金钱万能，经常引用的一句话是："对今天的人来说，最大的美德是财富，有钱才能成为富人，甚至是权贵。"① 阿尔泰蒙为伯里克利的政策辩解，他说，哲学家们根本不懂得怎样管理人民。

"我，伯里克利，"他继续说，"会给你一个迅速取胜的办法，因为你应该战胜并惩罚萨摩斯。我给你制造一种工程机械，不需要牺牲人就能取胜。请看我的设计图。"

说完，给总指挥一个人看了三张图纸，好像其他人不存在似的，或者他根本就看不起其他的人。

"这张图纸是轰击城墙的机器，这是保护战士的设备，战士们可以放心往上攻，不会受到箭镞的伤害；这是帮助战士登城的设备，我们的战士

---

① 这是在公元前 540 年说过的话，今天看来，人的本性没有改变。——原文注

会安全地顺梯子攻上去。你把这些唠叨鬼召集来干什么？世界需要的是机械而不是空话！人可以靠机械上天，靠哲学只能成为乞丐。请给我材料，我来制造这些设备，月底前萨摩斯就会攻下来。"

伯里克利很高兴找到了走出煎熬他困境的办法，决定：

"你说，都需要什么？我都给你！"

"只要木头，你把我们周围的橄榄树砍下500棵，要坚硬的树干，其他什么都不要。"

伯里克利犹豫起来：

"我不能砍伐橄榄树，在我们得到胜利后，萨摩斯的执政官不应该抱怨我们，橄榄树是黄金。"

"那就砍松树。"

"同意！"伯里克利说，站起来，要离开。

"哎，统帅，你到哪里去？"喜欢吃的阿尔泰蒙喊叫道，"我看到给我们送好吃的来啦！"

他没有回答，安那克萨哥拉代替他回答说：

"每当有战船回比雷埃夫斯，他都要给心爱的阿斯帕西亚写信……"

一天傍晚，在指挥舰下，伯里克利和他的伙伴们观看阿尔泰蒙已经完工的机械应用。战士们在遮掩机的帮助下，向城墙靠近，同时还暗暗挖开城墙。攻击的机械把城墙打开缝，墙就要倒塌。从远处能清楚地看到，萨摩斯人乱成一团，男男女女，跑来跑去修补倒塌的城墙。这座巨大的骄傲的城市看到失败时刻到来，惊恐万分。因为，在古代，失败投降意味着死亡，黑色奴役。老年妇女和执政官到赫拉神庙祈祷，乞求的人们抬着女神雕像，哪里有危险就走到哪里，祈求伟大的女神帮助他们。赫拉女神生在萨摩斯，在这里的一棵柳树下，她和宙斯成亲。她的巨大神庙有140根立柱，有成群的孔雀，以其富有闻名四海。在神庙后有珍宝室，那里珍藏着那个时代许多国王进献的各种宝物，赫拉的祭司们善于利用这些财富放高利贷给海运和贸易企业。这座神庙是世界上的第一家银行。

安提西尼

苏 格 拉 底
ΣΩΚΡΑΤΗΣ

另一方面，雅典军营像过重大节日似的。到处能看到阿尔泰蒙独自一人指挥一切。战士们看到被人抬着的工程师日夜巡视，就给他起了个外号"被人抬着的巡视大臣"。因为他胆小，他身边的奴仆总是在他的头上驾着盾牌。尽管如此，人们还是感谢他，因为靠他的发明，得以结束旷日持久的围城。你看，萨摩斯城中心大门打开，执政官的代表们打着白旗走了出来。

"阿尔泰蒙成功了！"伯里克利说，"他们妥协了。索福克勒，看到了吗？走在前面的是你的对头墨利索斯，他几乎让你尸沉大海。"

真的，萨摩斯请求妥协。伯里克利几天前就准备好了缔结和平条约，条件非常温和。岛屿交出它的舰队，执政官们作为人质，赔偿损失，雅典的执政官掌控政府。伯里克利不想杀一个人，不想把任何人变为奴隶。墨利索斯没有想到伯里克利这样宽宏大量，马上接受了所有的条件。很快签署了协议，发出命令，大开城门，军队入城，秋毫无犯。最后，伯里克利转向萨摩斯的哲学家，说：

"现在我们已经达成了协议，我非常希望你给我解释一下你的书《论存在》。关于你，我听说很多，我想请你简单地给我介绍一下你自己的理论。"

墨利索斯身材魁梧，充满智慧的额头，蓝色的眼睛，开始伴着年轻人的手势讲解起来，讲解他怎样理解世界的诞生，什么是"存在"：它即无头又无尾。在结束自己的讲解时，他说，所有这一切，都是从他的老师巴门尼德①那里继承下来的。

"我是在雅典听他讲课的，"这位统帅说，"那时他已经老了，到雅典观看全雅典城邦盛大节日。他住在我的朋友皮索多罗斯家，在花园里，我听到他一次重大的演讲。当时，你，苏格拉底，也在场，你记得吗？"

---

① 巴门尼德（约公元前515—？）又译帕门尼德，希腊哲学家。创立了前苏格拉底希腊主要思想流派之一的埃利亚学派。其主要学说已由其最重要著作（一篇分为两个部分的长诗）的仅存残篇中复原，认为存在物的杂多及其变化形式和运动，不过是唯一永恒的存在之现象而已。于是产生了巴门尼德原理"一切是一"。和与之对立的赫拉克利特哲学派别（该派命题是"一切皆变"）进行了论战。此外，还引人理性证明的方法，作为论断的基础。——译注

"当然记得。巴门尼德离开后,我感到自己的思维升高了。"

然后,伯里克利转向安那克萨哥拉,他是那个时代知识最渊博的人。问他对墨利索斯理论的看法。

"我同意他的理论,"哲学家回答,"物质是难以创造和毁灭的,宇宙间的一切都不能消失。自然不知道消亡,只知道转变。但是,我不能接受墨利索斯关于物质自我运动的观点。我们应该找到无形物质运动的解释,宇宙最早只是个混浊体,直到'奴斯'到来,给了它运动和目标。是他美化了它。"

苏格拉底微微一笑:

"如此说来,你相信有神了?"

"当然不,"他回答,"神只不过是软弱人们的幻想产物。依据信仰者的教育水平而变,信仰者精神境界越高,他们的神也越高。我所说的'奴斯'是一种非物质的,不运动的存在,由它而生万物。不是神,神不关心人的命运,我不相信,你们当中有人还相信,是奥林匹斯山上的诸神主宰世界。"

苏格拉底打断他的话:

"你认为,安那克萨哥拉,奴斯是一种物质吗?"

"是的,苏格拉底,你没有读过赫拉克利特的书吗?那里他做了精辟的解释。"

"我读了,"苏格拉底回答,"但是,我没有被说服,你知道为什么吗?因为人有灵魂。我的头脑无法理解的是,这样一个空空的像灵魂一样的东西,怎么会是泥土造出来的呢?如果想到创世,就得不到一种明确的思想。灵魂是另一种能源,属于神的范畴,是不死的。"

在哲学家们周围开始集结军官,战士,他们感到奇怪,既然协议都签订了,这些首领还在讨论什么呢?当他们听到他们和敌人墨利索斯探讨什么存在和灵魂时,一个个张口结舌。几个小时前雅典人和萨摩斯人不还在互相残杀吗?安那克萨哥拉正准备回答苏格拉底时,一个连长跑过来报告伯里克利:

"将军,祭司长焦比西斯要杀死40个年轻的萨摩斯人,祭献宙斯。你不是下令不允许杀害一个人吗?你快去救他们吧!"

伯里克利站起来，跟连长走，其余的人也跟在后面。在行进中，阿基劳斯抓住苏格拉底的手，告诉他：

"你既然相信灵魂是不死的，现在是个机会，你在萨摩斯，可以从毕达哥拉斯①的学生那里买他的书。我很得益于毕达哥拉斯的智慧。"

连长把伯里克利引导到赫拉神庙，在一个广场上，"忠实情侣"碑前，这是萨摩斯一对恋人，他们为了永不分离，在这里自杀。人们在这里表达他们忠于爱情的愿望。伯里克利看到，祭司长真的在准备祭祀。这个焦比西斯正在发表慷慨的祭奠宙斯的讲话。这个人从小就左手残疾，喜欢用右手杀人。伯里克利下令焦比西斯马上放人。但是，他回答说，他接到了神的指令，要他做祭礼，批评伯里克利对待失败者的仁慈。

统帅给了他宽宏大量的回答：

"胜利者就应该这样，要把从前的敌人变成朋友。而你，焦比西斯，把宙斯变成了高利贷者，他要求从人类的活动中获取利润。"

焦比西斯用仇恨的表情指着安那克萨哥拉说：

"是这个外乡人让你不听从神的旨意吗？"

伯里克利没有回答他，命令立刻释放40名年轻人，转过身去，不理那个极端的祭司长。

焦比西斯在胡须下嘟嘟囔囔，故意抬高声音，让附近的人听到：

"好你一个伯里克利，等着瞧，我们俩有账要算……"

---

① 毕达哥拉斯（约公元前580—约前500年）哲学家、数学家和毕达哥拉斯教团创始人。此组织虽系宗教性的，但是，其制定之原则却对柏拉图和亚里士多德的思想产生影响，并促进了数学和西方理性哲学之发展。他生于希腊萨摩斯岛，后因逃避萨摩斯的残暴统治而移居意大利。其贡献在于他提出在客观世界中和在音乐中数的功能作用这一学说。他著名的格言是："一切都是数"，即现存一切的事物最后都可以归结为数的关系。认为灵魂是一种活动的数。毕达哥拉斯学说深刻地影响了希腊古典哲学的发展和中世纪欧洲思想的发展（特别是占星术的信念，认为：宇宙的数的和谐对人类一切事业有决定性影响）。在科学领域，哥白尼承认毕达哥拉斯的天文概念是他的假说的先驱，即地球和其他行星均在自身之轨道上环绕着太阳旋转。——译注

5

伯里克利胜利凯旋，雅典人看到许多战舰作为战利品开进港口。这些战舰船头撅起，像野猪的鼻子。人们欢呼雀跃去迎接他。雅典人这种群体的疯狂，表现出了他们因萨摩斯造反害怕失去海上霸权的恐惧心理。苏格拉底从萨摩斯运来两个大的泥罐，里面装满薄木片，这是毕达哥拉斯的著作。当时毕达哥拉斯的一位亲戚同意出售这些木片，苏格拉底找到伯里克利借钱，说明他想买这些书，但是手头没有钱。伯里克利听说后，马上派人去买下这些书，然后，作为礼物送给了苏格拉底。苏格拉底花了几个月时间读这些书。读得越多，他受到毕达哥拉斯巨大的世界观理论的震动越大。在他的学说中，尽管数学部分也非常重要，但是，苏格拉底把它们放过了。

毕达哥拉斯于公元前750年①（与佛陀和孔子同一年代）生在一个国王家族。成人后，经萨摩斯僭主波利克拉特斯介绍，麦菲达最高牧师团接受了他。在那里他学会了许多东西，直到后来，他被纳乌霍多诺索夫俘虏，和犹太预言家达尼伊尔关进了巴塞罗那监狱里。出狱后在哈尔大亚学习天文学。在掌握了丰富的知识后返回萨摩斯。

一天，毕达哥拉斯经过一个铁匠铺，听到三个吉普赛人在打铁。他听到打铁发出的声响非常和谐。于是，他想，众多的看来混乱的音调之间

---

① 这里估计是原著的错误，因为《简明不列颠全书》和《希腊词典》资料都标明毕达哥拉斯生于公元前580年。——译注

苏格拉底
ΣΩΚΡΑΤΗΣ

一定有某种数字比例关系。于是他把三个锤子分别称重，得到的结果是4∶3∶2。他想，无秩序的音调群体只要遵循一定的数字比例，就能发出和谐的音乐。为了证明他的假设，他拿来一根弦，把弦分成两部分，一部分是另一部人的2倍，挂在一根木柱上。结果两部分发出的音相差的是"八度音"。当把弦分按2∶3分时，听到的是"五度音"，按3∶4分后，听到的是"四度音"。这样他就发现了数字和音乐的关系，这在他之前是无法解释的，是不可捉摸的。音调遵循数字规律被证明后，他马上开始研究星系。他证明了，所有的行星不是毫无秩序地随便移动，而是按着数字不可改变的规律在自己的轨道上运行。他相信，世界是数字和谐的组合，遵循不可动摇的逻辑发展。但是，一般凡人找不到它启始的钥匙。于是，他便设法寻找这把"万物之始"的钥匙，他尝试用一个代数公式来表现自然界的统一。2500年后另一位数学家爱因斯坦也做过同样的试验。毕达哥拉斯说，"世界在歌唱"，是他第一个把宇宙称为"世界"，古代希腊语中是表示装饰①。他认为自己发现了神的最大机密，永世的精神数学，这是无法用情感表达的。他相信，灵魂是数字的和谐组合，在大地上与善行相符。

　　苏格拉底经过几个月的研究，学习，对比，他明白了，毕达哥拉斯的唯物主义对他不适用。他不能同意上帝是一个"单元体"的说法。但是，他对这位萨摩斯数学家的伟大思想五体投地，向他学习，不断锤炼自己。要把自己变得强壮，比这位控制自己内心的大师更加强壮。于是开始了严厉的艰苦训练，坚持了很长时间。现在他真的像个苦行僧那样磨炼自己了，唯一的乐趣是考验自己的承受力。女人，美食，金钱，所有这一切他都藐视。他越要完成自己期望的目标，意志越坚强，他控制了自然凡人所有的欲望。为了完成他接受下来的伟大使命，他成了真正的苦行僧。他不断和自己的灵魂对话，努力用自己的思想和上帝联系。既然没有听到灵异对他的新道路提出异议，他便决心要达到他承受力的极限。

　　他像一座不可逾越的城堡，把自己彻底孤立起来，他深信自己确定的

---

① 世界（ΚΟΣΜΟΣ）一词在希腊语中在古代的含义为：1，秩序。2，规矩，礼貌。3，（社会）政府，整体。4，形式，样子。5，装饰，衣服。现代希腊语多指有完善安排的世界，宇宙，乾坤。——译注

神圣使命，敢于超越自我；他在准备一个人，要把过去和未来几代人联系起来——他在准备一个未来的苏格拉底。

苏格拉底的童年时代好朋友克里同好几个星期见不到他，无论在市场还是在学校，都找不到他。克里同很担心，就来到苏格拉底那个用砖砌成的家。家里的荒凉令他吃惊：前厅的墙上挂满蜘蛛网，不多的家具上积满灰尘；地上堆满垃圾。走进卧室，他看到苏格拉底一动不动坐在打开的窗前。当时尽管太阳西下，光线不足，到处杂乱无章，但是这个贫穷的房间却有一种奇怪的氛围，充满安详和幸福。他走近哲学家，但是，苏格拉底没有感觉到他的到来。苏格拉底遥望远处，那里是奔戴利山蓝色的峰顶。

"苏格拉底……"克里同小声叫道，没有回答。他的朋友好像在眯着眼睛做梦。苏格拉底紧闭的双唇和微睁的双眼表明他完全进入了自身境界里，痛苦地思索着什么而得不到答案。他碰了他一下，苏格拉底这才转过身来，看了他一眼。克里同发现他的朋友变化很大，那张丑脸更丑了，双眼失去了光泽；额头上长出了更多的皱纹。稀疏的黑发通过耳根，散落在双颊上，面孔苍白。

苏格拉底无神的目光落在克里同身上，一言不发。他内心巨大的安宁扩展到周围，洒下一片宁静。

"你怎么了？身体好吗？"克里同问。哲学家微微一笑，认出了自己的好朋友，伸出手给他，让他把自己拉起来。他从克里同的面部表情明白了朋友的担心，笑了，这个年轻人的笑充满善意。

"你不要看我这样衣裳褴褛，"他说，"我从来没有这样好过，比国王还幸福。"

"你在干什么呢？"

"锤炼自己。"

"坐在这里，一动不动？"

"是的，像你做运动员时那样，每次比赛前你不都要严格进食，熬夜锻炼身体吗？我现在是在锻炼自己的灵魂。"

"你的对手是谁？"

"一个巨大的野兽——我自己。"

"我不明白……"

很久以来他就不理解他了。他们两人曾同时到一个邻居家的老师那里去上课。尽管克里同家里有钱，是个地主，而苏格拉底是穷孩子，两人却是好朋友。苏格拉底从小就灵，学东西快，不仅在学校里，就是跟大人在一起，他也比他们理解得快。他常常拉着克里同去听大人们谈话，然后，他们俩就讨论，他会提出尖锐的批评。克里同对他头脑敏锐的反应感到吃惊。就连荷马的英雄们，大诗人的诗句，甚至受到人们尊重的智者的见解，都受到过苏格拉底的批评。苏格拉底有自己的独特看法，成熟早。还是孩童时，常常在大中午的太阳下面，大人们都休息，他们两个在户外玩耍，玩木棍，玩瓦片。有时，玩着玩着，苏格拉底会突然停下来，陷入沉思。克里同已经习惯他这样做了，他尊重这个朋友的自我思索，羡慕地看着他。

"我不明白……"

苏格拉底走到一个角落，那里有一张羊皮（那是他的床），盘腿坐下，叫他的朋友克里同到他身旁。安静的环境给了他说话的愿望。

"你记得吗，我们从萨摩斯远征归来时，见到了一个叙利亚来的巫师，叫佐皮洛斯，他能看相说出人的性格？"

"记得，他说他掌握了自然。"

"你记得吗，他给了我两个字：傻和急躁。"

"记得，当时我们都笑，因为你正好相反：聪明和安详。"

"但是，佐皮洛斯是对的。我有许多毛病，只是你不知道，我费了很大的劲才不让这些毛病暴露出来。比如你吧，当你摔跤比赛归来，我拥抱你，好像祝贺你得胜了。但是，实际上，我那时热血上升，肉体对你产生了欲望。那时如果不是灵异及时阻止了我，我会侮辱你，我唯一的好朋友。当时我是个轻浮的人……在学校时，大家喊我'青蛙眼'，你记得吗？你很生气，而我却笑。当时我不知道我为什么笑，现在我明白了：灵魂的美比身体的美更重要。所以，我现在锻炼，我仍然是个丑人，但是我要把自己锻炼成内在美的人。我取得了很大的进步。克里同，我生来自私，易怒，喜欢寻欢作乐；通过意志锻炼，我已经击碎了这个自然的我，我现在已经能够控制自身，让它服从目标，我最后会成功的，我应该成功，克里同……"

"你用不着这样苦练自己，我的好朋友，就凭你的脑子，总有一天，你要掌管我们的城邦。"

苏格拉底一点不为这个赞美所动。

"生命中最重要的探寻，"他说，"不是政治，是如何把人变得更好一些。一个信守道德的社会很容易管理，但是，就连伯里克利对于我们周围的混乱也一筹莫展。"

看到克里同吃惊的样子，他又补充道：

"你没有看到我们周围的人低俗的追求吗？有些人为了金钱，有些人为了享乐，有些人为了美食……是爬虫。政治家们不但不去改变他们，反而利用他们的欲望，目的是把他们牢牢控制在自己身边。只有教育能够拯救世界。知识照耀人，让人明白什么是真正的利益。只有愚昧，没有恶人。"

"你相信这点？"

"是的！所以，在进行艰苦锻炼的同时，我学习，我的目标是发现真理。"

"我的朋友，你说的真理是什么？"

苏格拉底没有急于回答这个很难的问题。他看着落在外面窗台上的一只麻雀，等它飞走后，回答：

"我奋斗，为了找到真正的知识，这个永世存在的，固定的，不变的知识。"

天真的克里同脑子不太好使，他不明白什么是永世的知识。苏格拉底继续：

"开始时，我认为学习智慧是容易的，只要经过相当时间的努力，我会掌握的。但是，我学的越多，就越糊涂，我也就越感到，我什么都不知道。我的脑子里没有清晰的思想。所以我孤立自己，追求真理的人应该有无限的忍耐力……"

"你读了那么多毕达哥拉斯和安那克萨哥拉的书，对你没有帮助吗？他们可都是伟大的智者呀！"

"每一种思想都是寻找真理的绊脚石，亲爱的朋友。智者们的理论如同美丽的花朵，不管多么美丽，总会枯萎，总会被抛掉，变成无用的。但

是，尽管这些理论令我失望，它们却一步一步提升了我。现在，为了不使自己失掉思索的能力，我已经不再读任何书了。智者们没有帮助我感受宇宙，只让我改变了看法。毕达哥拉斯说，创世的是个单元，泰勒斯说宇宙的本质是水，安那克萨哥拉说一切源于运动，赫拉克利特说宇宙的本质是火；他们使用了不同的词汇，但是还是没有解决问题。所以，我几个月来坐在这里思索，自己寻找解决一直困扰我的问题的答案。现在我要用自己的翅膀飞翔。"

克里同赞赏地看着他：

"我敢对宙斯发誓，你将比所有的智者们都更聪明。"

苏格拉底笑了：

"我的聪明在于，我知道自己什么都不知道。大自然不想揭开自己的秘密。这是一个沉默的领域，探讨者们揭开它的秘密越多，它给他们出的难题越多。宇宙的起源是什么，是火，是水？星星是在运动，还是钉在空中，这些都有什么意义？智者们把力气花在设法整理天空的秩序上，而不能把人类社会秩序管理好，不能让人们相互幸福地生活在一起。我的目标是把知识从天上降到我们的地球上。"

这个思想对克里同来说太新了，他无法理解。

"你怎么做到呢？"

"筛选人的灵魂，这个被那些智者们忽略的问题。在我的自我孤立中，我作为一个最普通的单独个人，也思考了世界。我突然感觉到，我，这个无足轻重的人，是无数生命中的一个，来自不可知的时空，这个时空的未来也超越我们的所知。我是无限的，在我的内部就隐藏着创世者的一部分。神不能让我们在世界上看到他，因为世界容不下他。神无比巨大，我们无比渺小。但是，人心能容下神。我就要在那里研究他。你知道吗？这种研究不需要工具，也不需要数学。只要思考人的表现就足够了。"

克里同还有一个疑问：

"你的那个灵异对你说什么？告诉你什么？指引你吗？"

"它不跟我说话，说明它同意……"

苏格拉底沉默了。克里同把双手放在他的肩上，这是他表示友好的习惯动作，亲切地说出自己的看法：

"既然你的目标对人类有利,你为什么像泰蒙那样脱离人群?你应该回到市场,去,从明天就开始你的教导。我告诉你,无论你需要什么,无论你需要多少钱,你说一声就行。你知道,我有钱。但是,你不能再孤立自己了,要关心自己。你看你由于食不果腹变成什样子了!一个虚弱的身体怎样为精神效力?来吧,今天晚上到我家,我和朋友们为你准备宴会……"

德谟克利特

"今天晚上不行,我还需要静坐,尽管我自己已经明白,正如毕达哥拉斯说的,苦修会产生谬误,在饥饿的昏晕中你感觉到无意义的东西在扩大,奴斯会走上歧途。德尔菲的名言'勿过度'非常正确,教导我们在行动中要中庸。但是,我还需要孤立自己,要彻底驯服我的身躯。苦修如果没有驾驭身躯的目标,就是无为的鲁莽。你明白我想说什么吗?"

"不明白,对于我来说,坐在荒凉之地孤立自己是容易的,真正的困难是在你面对社会那些豺狼时才开始。来吧,我们到外面去!"

他感到用平和的办法无法让苏格拉底离开,于是把他驾起来,向门外拉去。苏格拉底晃晃悠悠站住。

"好吧,别这样……等一下,我换一身干净的衣服。"

他走到一个箱子前,打开,从里面拿出一件带有发霉味的长方形毛织物,披在身上,作为外衣。他们很快来到卫城,穿过胶哈鲁城门和伊利达诺小桥,沿小路向里卡维托走去。周围是葡萄园和向日葵,正值五月,放眼都是绿色,在分割天和地的土埂上开满了鲜花。田园到处散发香气,让人感觉到普通生活的甜蜜。

两个朋友开始向上行走,享受清新的空气。克里同建议:

"如果你需要完善自己,告诉我。我可以请几何学老师索多罗斯来帮助你学习数学;请演说家达蒙指导你,或者把伟大的巴门尼德请到雅典来,只要你需要。"

"我看,你为了我准备倾家荡产啊!"

"非常乐意。苏格拉底,真正的友谊不分给予和索取。"

"你是好人。但是,你知道我,我从小就习惯了贫穷。"

公元前5世纪的生活水平是很低的,尽管苏格拉底的父亲索弗洛尼斯科斯工作艰辛,他们的家也只能勉强度日。父亲死后,他的母亲菲娜莱蒂,这位坚强的女性,当上了助产士。当时没有医院,女人们都是自己生孩子。她们半张嘴,深呼吸,痛得大喊大叫,由于恐惧体内发生的无法解释的事情而汗流浃背;接生婆们只能为她们涂抹橄榄油,鼓励她们。新生婴儿一降生,接生婆们就按惯例用狗尿清洗婴儿。但是,菲娜莱蒂却用热水清洗婴儿。她的清洁卫生和按部就班受到产妇们欢迎。她死后,留给儿子的遗产是在达夫洛斯的100棵橄榄树。苏格拉底仅靠这个收入来维持生活。身体很干净,但是脚下没有鞋,身上衣衫褴褛。

"听着,我跟你说,"克里同对他说,"你根本不懂得管理橄榄树,他们偷窃你。从今天开始,你把橄榄树交给我,由我负责你的收成,同意吗?"

"你让我摆脱了最大的麻烦,谢谢你。但是,你要付出代价的……"

"这更好。马上说吧,你要什么。"

"我喜欢你要把我这个文盲送到老师那里去学习的想法。"

"你是智者,不是文盲。但是正如梭伦说的那样,活到老学到老。你要哪些老师?"

"只要一个,那个来自凯雅的智者波罗迪克斯,他是教命名学的。当我探索时,我感到自己的语言不够用。你知道,大自然的每个物种并没有名字,是我们人类给了它们名称,但是不明确。所以我想听听他的课。"

"没问题,还要谁?"

"足够了,克里同。"

太阳就要落山了。天空的怀抱和人的一样,还是温暖的。他们向里卡维托走去,看到大车拉着沉重的大理石向卫城行进。这些大车由好几匹马拉着,车夫大声吆喝,在低洼不平的道路上行进。他们登上山顶,那里有宙斯小庙,从这里可以远眺阿提卡盆地美丽的景色。三座山,帕尔纳索斯,奔戴利斯,伊米托斯,美丽的曲线围绕这个盆地里的平原。

空气透明。这个清晰度教会了希腊人准确度。白天的任何时辰,哪怕是冬天,这里也没有雾。一切都透明,简单。干旱的平原一片葱绿。从山坡到带有咸味的海边,雅典人用锄头开辟了一片农田,不是用水,而是用他们的汗水浇灌它,它为雅典人生产出小麦。远处,在卫城周围,环绕着首府,建筑物毫无秩序,因为每个人都按照自己的意愿兴建房舍。能清晰地看到卫城上阿尔泰蒙工程师提升绞车的台阶,左侧是在阿尔底托的体育场。再远处是萨拉米海湾,两条大河,伊利索斯河两岸长满梧桐树;基非西亚河汹涌澎湃,两岸的杨树成行;它们闪着光流进大海。在雅典和比雷埃夫斯外是弯弯曲曲蛇一样的城墙,它们保卫着这个海上王国。两个朋友要到天文台去见天文学家莫东。莫东准确地展示了太阳的轨道,制订了新的年历;算出了普通行星出现的时间;是他第一个每天清晨发布天气预报[1]。但是没有找到他,他到山下的普尼卡去建'圆形'日晷了。他们转到山上的一个空洞里,一股清水从那里的岩石向下流去。他们在那里喝了水,解了渴。周围天空飞翔着一群一群鸟儿,有的往巢里飞,有从这个枝头跳到另一个枝头,有的就落在他们身边,一点也不怕。微风轻轻吹动松树树梢,直到太阳完全落入山里。这时空气中开始充满各种颜色,绿,黄和玫瑰色,不时变幻。太阳越下沉,颜色越暗,黄色变成了橘黄,玫瑰变成了紫色。伊米托斯这座希腊人喜欢的山,在黄昏中像王子一样打扮起来,穿上了紫色的天鹅绒。当天空最后一道光线消失后,帕尔纳索斯山开始变黑,好像他比其他的山更早地开始收集黑影,准备黑夜的到来。

---

[1] 尼凯教会(公元前325年)决定依据莫东推算的结果确定复活节的日期。——原文注

6

　　几天后，苏格拉底出现在市场上。开始时，他避免发表自己的学术见解，只是问和听。他喜欢那些劳动者，和手工艺人能谈上几个小时，他感觉到他们是认真和谦和的人。从他们那里他学到了很多东西。在市场他还会见到来自世界各地的商人，见到来自埃及的巫师，来自波斯穿金戴银的大人物们，水手们，带着花花绿绿随从的外交官，哲学家，医生和江湖骗子。

　　巨大的桥梁——大海——在给雅典送来地球上的财宝同时，也带来了形形色色的人。苏格拉底和所有见到的人都谈话，而且总能从不同的人那里学到不同的东西。那个时代，整个地中海沿岸都讲爱奥尼亚语，是雅典语言的一种方言。阿提卡贫瘠的土地，美丽的大海，海上美丽的岛屿，使雅典人成为海员：既然贫瘠的土地不能给予，他们就试图从大海里获取。转向大洋，奠定了雅典的经济基础，这个基础支撑了后来伟大的雅典文明。这种转向是由三个伟大的人物完成的：

　　地米斯托克利，他建立了第一支舰队，在萨拉米战胜了波斯人。又加固了城墙，使雅典在陆地上也坚不可破，然后他就把一切精力投在了海上。

　　然后是西门，他建立了海上霸权。当他从塞浦路斯返回时，俘虏来的战船是那么多，结果比雷埃夫斯港口都停泊不下，只好停在了法力罗海湾。雅典舰队所到的希腊海域敌人和海盗望风而逃，雅典在海上有了尊严，海上已经安全。

第三位是伯里克利，这位政治家取得了难以想象的成就。他积极组织进口和出口，亲自带领舰队前往黑海，为了保证船队把克里米亚的小麦和中亚的产品经过锡诺普运送到希腊，他到处建立基地和殖民地。他向幅员辽阔的俄罗斯出口机械，葡萄酒和橄榄油，陶器和首饰，最远到达了北海。伯里克利控制了科林斯海上力量后，和意大利及西西里的城邦签订了贸易协议。他给那些带来资金和建立工厂的外国人优惠。他需要发展工业，积累资金，以便偿付进口的多种物质。他支持奴隶市场，这是古代代替机械使用的劳力。这样，在公元前5世纪，雅典城邦有30万名奴隶，是最重要的工业劳动力。东方的国王们喜欢雅典的商品，放弃从其他作坊订货的合同，纷纷到雅典来购买。同时，伯里克利把地中海的贸易集中在比雷埃夫斯港，东西方的贸易通过比雷埃夫斯的银行进行。大量的进口降低了生活费用，一个公民一天两个奥沃咯①就够生活了，雅典人非常感谢大海，每年都举行大海和城邦的结婚典礼仪式。在那一天，人们把烧红的铁扔进海里，表示大海能熄灭他们燃烧的欲望。伯里克利的税收政策是社会性的，只有富人才纳税，而穷人什么赋税都不要负担。富人和穷人之间的矛盾逐渐缩小，乞丐越来越少，大部分居民安居乐业。伯里克利这个没有肩章的国王的统治尽管带有个人色彩，但是，还是代表了公众的意愿，人们对于守法并没有感到不自由。每个公民都真正感到自己是社会的一员。在民众中，古代的贵族还是领导阶层，他们的家族传统受到尊重，往往第一线的政治家和将军们都是他们。但是，和他们在一起的，也有比较低一些阶层的人，这些人依靠自己的能力也可以得到官职。

最后，伯里克利还组织了旅游业。每年规定有节假日，举办运动会，吸引许多外国城邦的人前来。关于这点，他本人在阵亡的将士墓前发表的演说做了自我肯定。

他还举行音乐比赛，为此，建设了圆形音乐厅，这是他仿照波斯国王薛西斯在萨拉米海战失败逃跑后在克里达罗斯高地留下的舞台设计的，当时称为奥狄奥，至今在希腊语中（ODEIO）这个词仍然用来表现"音乐

---

① 奥沃咯，古希腊的一种钱币，一个奥沃咯折合八个铜钱，六个奥沃咯合一个德拉克马。古代希腊一般劳动者每天的收入是4个奥沃咯。——译注

厅"。他还立法规定舞蹈比赛,支持各种各样的体育节日。还举办三种选美比赛:女人选美,老人选美和婴儿选美。

伯罗奔尼撒战争前,雅典光芒四射。不仅有豪华的建筑,庙宇,还有民主的法律,有各种各样的庆典活动,有高尚的精神。雅典的船队在运送商品的同时,把雅典的艺术、诗歌和传统带到了世界各地。蛮族接受了雅典的文明。住在最北边的虔诚幸福的居民,西徐亚人①,亚洲人,埃及人,意大利人,所有的人都崇拜希腊。就连敌人,如腓尼基人和迦太基人,也抄袭"希腊的希腊"——伯里克利的雅典。就是在这样的环境中,苏格拉底度过了自己的成年时代。

伯里克利

在市场西面的一个角落,在赫淮斯托斯神庙的下面,是比斯迪亚斯的护胸甲作坊。苏格拉底走进去,看到比斯迪亚斯正在给一位来自塞萨利亚的首领丈量身体,为他定做护胸甲。他听到工匠要价非常高,但是外地客人没有讨价还价。当塞萨利亚人走后,苏格拉底问师傅:

"比斯迪亚,你可以向我解释一下,你的这套护胸甲既不比一般的结实,也不格外豪华,为什么你要那么高的价格呢?"

"因为我量体定做。"

"你想说,你做的护胸甲保护那些应该遮挡的部分而不影响手和脚的自由活动?"

"完全正确。一个不合身的护胸甲不起任何作用。"

"人的体型,比斯迪亚,不完全一样,有的是标准体型,有的不是。对吗?"

"当然!"

"那么,你为了让护胸甲发挥作用,就要量体而制,一个一个的,分别制作。"

---

① 西徐亚人,西徐亚泛指黑海以北的地带,古代是游牧民族放牧的地方,居住在那里的人称为西徐亚人。在古代,雅典的警察是由来自西徐亚的奴隶充当的。——译注

"是的，我就是这样做的。"

"所以就贵……现在我明白了。但是，我听说，在麦加拉工匠们采用另一种方式制作。为了快速制造出便宜的护胸甲，他们按规格，为体格大致相同的人成批制造相同的护胸甲。"

"也许……但是，好的东西总是单独和个别制造出来的。应该完全合身，行动方便。"

"你是对的。我觉得，在实用方面还有更重要的。"

"说给我听听，苏格拉底。"

"我觉得，应该让成批制造出来的护胸甲，尽管重量相同，不同的地方有不同的灵活性。好的护胸甲应该把不同的重量分布在颈部、双肩和胸部，不要看上去像一件铁衣服，要合身。"

"你说得对，苏格拉底。只有那些小青年才购买华而不实的护胸甲，还要镀上金，目的只是为了炫耀。"

"你的话我明白了，比斯迪亚，宁要实用的，也不要镀金的。好的，来，我们看看，是不是可以用同样的知识来判断人呢？朋友，你告诉我，一个有许多财富的人是不是就是幸福的人？"

"是。"

"就是说，如果这些财富对他有益，他是幸福的。假如，这些财富对他没有益呢？"

"如果没有益？"

"如果一点没有益处，如果他只是占有，而不使用呢？是的……假如，他有许多美食，但是，他不吃；有许多美酒，但是，他不喝；有益处吗？"

"当然没有。"比斯迪亚斯回答，他很奇怪，不知苏格拉底要把谈话引向何处。

"哎，你怎样看，假如一个人很富有，但是，他不使用钱用，因为他有钱，他就幸福吗？"

"一点也不。"比斯迪亚斯回答。

"看来，一个人要幸福，不仅要有财富，而且要使用这些财富。"

"我同意。"

"但是，比斯迪亚，请你告诉我，可以怎样用呢，是采取好的或者坏

的使用方法?"

"当然是好的使用方法。"

"太好了!现在我们来说:一个木匠,要很好地加工木料,应该有木工技能?"

"没有技能怎么行?"

"就是说,有学识的人教给他去制作木器家具?"

"当然要有学识。"比斯迪亚斯同意。

"就是说,富人为了使用财富,需要有学识的人给他指出正确的道路?"

"我也这么想的,苏格拉底。"

"我们得出这样一个结论:假如不用脑子,不和科学结合起来,黄金本身一文不值,不管你把它放在盔甲上,还是人手上。"

在苏格拉底谈话的过程中,来了许多人围在他们身旁听。他孩童般的表情让听者很愉悦。就是他谈论难题,一般市民不能马上明白时,他们也能感到谈话的气氛温和,苏格拉底在努力让他们提高自己。所以很注意他的谈话。苏格拉底对见到的每一个人都关心,不管是本地人,还是外地人。他根据他们对问题的回答衡量他们——而不是根据他们的头衔或者出身。他会和一个卖菜的成为好朋友而拒绝一个大商人。

鞋匠作坊

几天来,苏格拉底注意到一个人。这个人50岁左右,胡须稀疏,平民百姓。无论苏格拉底走到哪里,他都一直跟着。但是,好像很害羞,不靠近他,不跟他对话。每当苏格拉底谈话,他都双眼紧盯,耳朵伸长,唯恐丢掉一个字。好像他的直觉认识到苏格拉底的伟大。好像他在另一个世界曾经和苏格拉底在一起生活过似的。他有一副牧羊人的面孔,富有表情。今天,他终于大着胆子走近苏格拉底,开口说话了:

"老师……"

苏格拉底阻止了他:

"你为什么叫我老师？我是无知的，我也和你们一样正在努力学习。好吧，你说，你是谁？想干什么？"

这个人很拘束，勉强说：

"我叫西蒙·基诺扎伊尔斯，鞋匠……"住口了。

"说呀，西蒙，我注意到了，你一直在我身旁，却总是站得远远的，为什么？"

鞋匠没有回答，从自己的褡裢中拿出一双鞋，胆怯地递给苏格拉底：

"我为你做的……我是鞋匠……我的鞋铺在拱门对面……请你收下这双鞋……"

苏格拉底没有伸手去接鞋，西蒙继续恳求：

"我为你做的……求你收下……你每天光脚走路，这不应该……"

苏格拉底微微一笑：

"你为什么要给我鞋？"

"为了我在你身边学到的许多东西。"

"你不知道我和那些要钱的智者不一样吗？我从来不要报酬。"

他说，没有伸手接鞋。西蒙的脸上出现了绝望的表情：

"这不是报酬，这是我打心眼里要送给你的礼物……我求求你收下……"他把鞋放在了哲学家的手里。苏格拉底不忍心让他失望，接受了。

这个鞋匠，西蒙，成了苏格拉底的第一个学生。他经常离开自己的鞋铺，听哲学家的谈话，并且认真做笔记。苏格拉底在世时，他发表了33篇谈话，古代时称为《鞋匠的书》，但是非常遗憾，没有保存下来。

7

阿斯帕西亚的一个奴隶来找苏格拉底，给他送来口信："夫人要见你，请你去一趟。"苏格拉底马上动身。那时雅典到处是辉煌的公共建筑，如果你问米利迪亚迪斯，阿里斯蒂迪斯和伯里克利的家，人们会指给你一些小房子，跟周围的邻居没有任何区别。诸神舒适地住在巴特农神庙里，而领袖们，那些正派的贵族，从来不张扬，他们的住宅非常普通。伯里克利的家在哈拉尔乌，去那里要走过狭窄的弯弯曲曲的小路。在十字路口处，在古老的神庙旁，敬神的雅典人贡献的水果腐烂发霉。法律规定，不允许取走这些贡品。苏格拉底经过时，一群苍蝇从腐烂的水果上飞起，人一走过去，苍蝇又落下来。左右两侧涂了颜色的墙给这个贫穷的地区带来一点欢快的情调。古代人把灰泥墙修得那样好，维特鲁威① 在他著作中写道，后来的罗马人把墙整块整块地拆下来当桌面用。在离伯里克利家不远的地方，哲学家看到路中间有一个口袋。路人如果丢掉什么东西，拾到的人不会据为己有，而是放在那个口袋里，有专职的"爱诺记亚"② 神守护，直到丢失者回来寻找。

到达大门外，苏格拉底拉响了门铃，等待里面看门人的口哨声，表示

---

① 维特鲁威，（创作时期公元前1世纪）罗马建筑师、工程师，名著《建筑十书》的作者。内容有：城市规划与建筑概论，建筑材料，神庙构造与希腊柱式的应用；公共建筑（剧场、浴室）；私家建筑；地坪与饰面；水力学，计时；测量与天文；土木与军用机械等。——译注

② 爱诺记亚，古代路边立的神像，保护行路人。——译注

要等门栓打开时再开门。这样做的目的是，那时的门是朝外开的，怕猛然打开门碰到过路的人，堵住小路。

"你等一下，我去通知女主人。"看门人说完，小跑到女主人房间。

哲学家走进院子，那里有宙斯祭奠坛，按习俗苏格拉底触摸了祭坛表示敬神。院子周围是房间，没有窗户，只有通过房门更换空气。苏格拉底观赏周围的葡萄架，估算着，这些葡萄很快就要成熟。阿斯帕西亚出来招呼苏格拉底到她房间去。请他坐在当作床用的沙发上，沙发上罩着小亚细亚的刺绣，她自己坐在对面梳妆台的小凳子上。阿斯帕西亚身穿白色亚麻长裙，一条皮带束紧腰。一头黑发整齐地散落在双肩上。美丽的手臂上戴着两个盘龙金镯子。她的手修长，指甲经过很好的修饰，手上拿一条薄薄的石棉手绢。这种手绢如果脏了，放在火上烧一烧就干净了。

"苏格拉底，你知道我为什么请你来吗？"她问，一丝微笑停留在她美丽的双颊酒窝处。

"我怎么能知道？我总是猜不透女人……"

"我想听听你的看法。记得吗？祭司长焦皮西斯，那个有一个残臂的极端的预言家，说服公民大会通过了一项法律，禁止探索天空。你想过没有，这个法是针对我的？"

"是的。上次远征萨摩斯我就看到了，他仇恨你丈夫和你。"

"你想说，那次，当战船行驶在海上时，发生了日食，船长们害怕是不祥的兆头，企图返航。伯里克利知道，日食的原因是月亮处在地球和太阳之间、遮住太阳，就把所有的船长集合在指挥舰上，把他的斗篷罩在一个船长头上，问他：'你现在看不到太阳，害怕吗？'这样说服了所有的船长，继续前进。当时，焦皮西斯认为伯里克利的正确解释是对神的不敬。"

"这还不是唯一的原因，在萨摩斯，伯里克利释放了40名萨摩斯青年俘虏，阻止焦皮西斯用这些人祭奠宙斯。"

"所以，焦皮西斯和那个哗众取宠的克里昂不敢直接攻击伯里克利，就写文章反对我和安那克萨哥拉。"

"何时？"

"今天。你在市场没有听见吗？"

"我们一般不参与那些小市民的政治……他们指责你们什么？"

"指责我们一方面是无神论者,另一方面说我们没有道德。为了打赢官司,他们玩弄两种手法,提出两个指控。那个可笑的诗人,艾尔米袍斯,你知道的,那个独眼龙,污蔑我开妓院,为有钱的老头提供妓女。伯里克利把安那克萨哥拉派到林波萨克去。但是,我不走。我要留在丈夫身边,接受审判!我不瞒你,苏格拉底,我怕……"

哲学家点点头,表示理解她的恐惧,沉思了一会儿。事与愿违,阿斯帕西亚搅乱了城邦。她20岁时从爱奥尼亚海滨来到这里,充满令人陶醉的香气和美丽。在她的祖国,女人们是自由的和受教育的,而在雅典,女人们是被关在家里的和没有文化的。她的家乡米利都充满朝气,在公元前700年就占领了达达内尔海峡,牛津和黑海。在莱昂领导下(后来威尼斯效仿他),把整个东方,从克里米亚到埃及,变成了殖民地。

米利都最早绘制了航海图,那里最先试图不是靠鬼神,而是用推理来解释自然现象。阿斯帕西亚来到雅典后,很快把她的家变成了传播智慧和学问的俱乐部。她和人们谈论所有的问题,迷住了当时知识界的著名人物,如哲学家基诺,雕刻艺术大师菲迪亚斯,悲剧诗人索福克勒斯,哲学家欧里庇得斯,历史学家希罗德,巴特农神庙的建筑设计师伊克蒂诺斯,医生苏基底斯等。他们不知道这位女士凭借什么迷住了他们,是她的智慧还是她的美貌。后来,苏格拉底称她为"爱情和讲演的老师"。柏拉图证实,伯里克利每次重要的讲演,都是和她一起准备的。一天,索福克勒斯把伯里克利带到她的家,两人一见钟情,她和原来的丈夫提勒西比斯离婚,嫁给了伯里克利。雅典人对于伯里克利抛弃他的原配妻子娶米利都女人不感到奇怪,只是吃惊地看到,他把自己的新妻当一般人对待。不是把她关在女人房间里,而是让她和他在一起,放任她在家里举行派对,和他最好的朋友们交谈。每天清晨她外出或者晚上归来时,他都在众目睽睽之下亲吻她。这简直无法让人相信!对雅典那些小市民来说,阿斯帕西亚喜欢炫耀和张扬,尽管她是个规矩的女人。她是伯里克利唯一的伴侣。伯里克利从政30年,过着非常紧张的生活。你一会儿看到他在路上,一会儿又看到他去议事厅。他从来不接受宴请,从来没有喝酒消闲。他认为,一个从政的人应该把自己的生活献给国家的事业上。经过一天处理国家首脑必须承担的工作后,他精疲力竭地回到家里,唯一的乐趣就是在自己美丽的妻子身旁休息几个小时。烦恼时,她安慰他;和贵族斗争时,她鼓励他。是她鼓动他美化雅典。她的到来在当地的精神、社会和政治生活中留下了深深的烙印。伯里克利对米利都女人的崇拜不仅仅是欲望,还有深深的尊敬。对他来说,阿斯帕西亚无论黑夜和白天都非常重要。正是由于她对国家最高首领有重要影响,所以伯里克利的政敌,那些保守党贵族,把她当作了攻击的目标。他们怂恿喜剧撰写者,诸如克拉提诺斯,艾尔米托斯和阿里斯托芬在剧院里用最下流的语言谩骂她。

苏格拉底看着她想,这个搅乱了雅典的女人,随着时间的推移,不仅没有收敛,反而变本加厉了。现在到了她为自己的强势付出代价的时候了……阿斯帕西亚敏锐的目光看出了哲学家的想法。

"苏格拉底,你也怕这次审判吗?"

"是的。我不担心那些说你拉皮条的坏话。我看到许多富人把他们受人尊敬的夫人请到你这里来,你教她们如何能使自己的丈夫感到幸福,就像你对伯里克利做的那样。这种指责站不住脚。但是,我怕他们控告你不敬神。在雅典,跟神闹着玩是危险的。我们的城市是神圣的,因为这里生活着雅典娜女神,对她的信仰源于黑暗的远古时代。在阿提卡地区周围的山上和丘陵,到处充满描绘希腊神和半神的神话和传说。古老的宗教仿佛在这个地区复活了。"

阿斯帕西亚不耐烦地打断他:

"苏格拉底,你作为一个有智慧的人,怎么也相信那些最普通的故事?"

"我不相信,但是我尊重,因为这些故事使一个普通公民保持美好的道德。切断人民宗教的根是危险的。我跟自己的推理法斗争,就是怕这个推理法否定12神,尽管这些神是无作为的。我内心正在酝酿一种思想,将来会成熟的,我相信灵魂的不死,相信一个智慧之神,相信天意之神。但是,我不敢向普通民众去宣讲。将来,在人成熟到能够接受时,会有人来宣传这些思想的。假如,我现在敢于公开我的思想,将会引起造反。我现在仅限于把自己内心的秘密说给一些杰出的人听。"

"请你不要失望,我的朋友,我更尊重安那克萨哥拉,他有勇气公开否定12神,而你却畏畏缩缩。"

苏格拉底
ΣΩΚΡΑΤΗΣ

"我有勇气当一个胆小的人,阿斯帕西亚。有时需要你高举旗帜前进,有时哲学家也必须防止走下坡路,要阻止陡然冒进。对于当代,我只担心物欲横流带来的堕落。聪明反被聪明误,我的夫人。智者和自然学者枉费苦心寻找神。只有靠虔诚才能接近创世主。所以,我相信……"

阿斯帕西亚笑了,表情天真地说:

"看来我们得看着你像卡尼弗拉斯那样,深更半夜到卫城的岩洞里去喂蛇神了。"

苏格拉底平静地回答:

"我们雅典人总是吹嘘说,我们是诞生在这片土地上最古老的民族。当地球上其他地方还是各种野兽横行霸道的时候,这里已经诞生了人。当其他城邦的人靠野果生存时,我们同是母亲生下来的兄弟们,就相信平等,就不再接受领袖成为更有权势的和最富有的人,不接受独裁统治,就要求所有的人都要有知识和道德。不管父亲是穷人还是无名之辈,都不影响他的孩子担任官职。这种平等的象征就是我们的蛇神,它们跟我们一样,也是大地哺育的。我不相信岩洞里有蛇,但是,我崇拜诞生这一美丽神话的奴斯。我非常乐意深更半夜登到岩洞上去,但是,不是为了去喂养那些不存的动物,而是去朝拜平等的思想。爱奥尼亚人,安那克萨哥拉,你,你们,都是根离本土的人,因为你们被波斯人驱赶出来了。你们没有和某个固定的地方联系在一起。而你的丈夫出身于乌尼族,他们在阿提卡地区种小麦已经有几千年了。伯里克利是谷物女神得墨忒耳的后代,每年都要在11月举办谷物女神节,乌尼族人要在那一天发出开始播种的信号。你知道现在人们怎样说你吗?说你使自己的丈夫不信神,他本人不再祭奠神灵,举行公共祭奠时,他也只是无动于衷地站在那里。阿斯帕西亚,你内心可以信你相信的,但是,公开场合下,不要和普通百姓信仰的宗教对立,因为对他们来说,信仰和面包一样重要。"

阿斯帕西亚站起来,显露出她迷人的身材,她用美丽的蓝色大眼睛看着哲学家,气愤地对他说:

"苏格拉底,你是个伪君子。而且,你要知道,不管安那克萨哥拉是不是有根的人,他仍是举足轻重的。如果他离开,你们的城邦会缩小。他在这里生活了20年,给你们打开了眼界。他是第一位出书的人,也是第一个画圣像的人。是他教会了你们科学，你们得以相互口头传授。从现在开始，你们可以读书，可以看圣像。但是，你要这些干什么……在这个地方，你称之为圣地的地方，所有纯洁的，生活中所有伟大的，都被堕落者拿走了，把它们变成肮脏的了。光荣属于安那克萨哥拉，因为，他是世界上第一个由于相信真理被无知的教会审判的人。"

苏格拉底拉住她的手，让她坐在自己身边，平静地对她说：

"你对于一文不值的教会的指责是对的。但是，教会对于神的不知，安那克萨哥拉的也不知；怀疑可以接近真理，比智者们对无法解释的解释强多了。"

苏格拉底停顿了一会儿。仿佛在衡量什么。然后继续：

"阿斯帕西亚，我喜欢傍晚时分一个人在郊外散步。一天，我在伊利索，在得墨忒耳和女儿的神庙旁碰到了求神的队伍。是一些平常的百姓，他们经过木雕女神面前时，都虔诚地低头弯腰。我知道，那块木头跟女神毫无关系。但是，我注意到，一个女人流下了眼泪，祈求队伍到达后，那个女人跪在了木头前，求女神救救她患病的孩子。那时我明白了，需要有两种宗教：一种给有知识的人，一种给平民百姓；这种宗教能够用谎言在死亡、疾病和贫穷等问题上安慰他们。现在，你想知道我信什么吗？"

"当然想知道。"

"对我来说，每个知识分子的宗教是个人问题。个人问题。我的神不在庙宇里，而在自己的良心里。你明白吗？我要直接和创世主接触，我的灵魂就是他的教堂……"

院子里传来吵闹声，苏格拉底不得不中断谈话。

"没什么。"阿斯帕西亚说，"亚西比德和伯里克利的孩子们在争吵，每天从早到晚都这样。不要停下来，苏格拉底，我对你说的这些感兴趣。"

尽管外面吵得很厉害，苏格拉底还是继续说下去：

"既然神不坏，我们就应该教育人民不要怕神。联系神和人的不应该是恐惧，而应该是爱和尊重。在达到此目的前，我们应该让百姓信一个有美德的神。因为，今天人们相信许多神，神各有优缺点，这让他们怎样做才算对？信那些浑身是毛病的神？克罗诺斯吞食自己的儿女们，宙斯猥亵漂亮的男孩；阿弗洛狄忒通奸；赫尔墨斯盗窃。我努力教导人们说，神是

有美德的,是好的;爱有美德的好人。你知道吗?这思想,和安那克萨哥拉的思想相矛盾,总有一天,我也将面临被祭司长焦皮西斯起诉到法庭的危险。"

阿斯帕西亚房间面对院子的门突然打开,伯里克利最小的儿子帕拉罗斯冲了进来,鼻子流血,后面的亚西比德在追赶他。

"怎么了?"阿斯帕西亚问。

"亚西比德打我……"孩子告状。

伯里克利的长子,克桑西珀斯,进来解释说,两个孩子摔跤,亚西比德不能够战胜帕拉罗斯,就打了他。

"你干什么了?"阿斯帕西亚严厉地说,"你最大,管不了他们?"

"我试图用水把他们浇开,但是,他像女人似的咬我。"

亚西比德纠正他:

"不是像女人,而是像狮子。"

苏格拉底注意观察亚西比德,这是个英俊的小男孩,一双闪光的黑色大眼睛和满头卷曲的金发。还不到15岁,却显出许多敢为人先的特点。他花重金买了一条名贵的犬,为了表明属于他本人,把狗的尾巴剪掉了。一次,他和同龄的伙伴们在路上玩"掷骰子"游戏,轮到他掷时,来了一辆马车。他喊叫驾车人停车,但是那人不听,继续赶车往前跑,其他孩子们吓得跑到路边,怕被马踩倒。但是,亚西比德却毫不胆怯地躺在了马的前面,车夫费了九牛二虎之力才勒住马。

有一天,他看到伯里克利准备汇报收入管理情况,他说:"伯里克利,你最好研究一下,怎样才能不向雅典人做这种汇报。"

他是一个孤儿,四岁时,他的父亲,勇敢的战将,在克罗尼亚一次战役中牺牲,他成了一笔巨大遗产的继承人(他们家族的地产从伊米托斯山脚下开始,直到爱维亚海滨)。把他交给了叔叔伯里克利抚养,这是一个非常淘气和不听话的孩子。

"在亚西比德进入我们家之前,帕拉罗斯和克桑西珀斯是两个非常安静的孩子,"阿斯帕西亚解释说,一边给挨打的孩子清理血:"他来后,一切全乱了,简直是灾难。总吵架,谁的话也不听。能管住他的只有伯里克利,他又没有时间。我每次跟他抱怨,他就笑着说:'你可不要让我为亚西比德头疼。'你看，生孩子容易，做一个父亲难啊。而且，这个小家伙把这两个孩子也带坏了，现在不是一个，是三个小坏蛋了。"

苏格拉底转向亚西比德，用藐视的口气对他说：

"难道你觉得长大后会成为像你的祖先那样伟大的人物，所以你现在就认为表现得越坏越好吗？"

小家伙骄傲地盯着苏格拉底，像一般娇生惯养的孩子那样，摇头晃脑地说：

"不要用你的嘴说我的祖先，你忘了，我的祖先是爱埃克斯，是宙斯的儿子吗？"

"那又怎么样呢？无论是出身，还是财富，都毫无价值，如果具有这种出身和财富的人一文不值。一个懂得自身价值的人，不会去炫耀自己的祖先。看来你就一文不值，因为你不是按祖先那样去行动，而是把祖先挂在嘴上说事。"

"我一文不值？假如你不是大腹便便，我要和你摔跤，让你看看你在跟谁讲话。"

苏格拉底说：

"假如你在摔跤时战胜了我，就说明你是对的吗？公牛的肌肉最发达，但是它还是公牛。贵族的标志不是身体多么强壮，而是道德。你只不过是一个四肢发达头脑简单的人。"

这个出身高贵，相貌英俊的孩子，从来听到的都是奉承的话，今天有人这样藐视他，还是第一次。他斜眼看了一眼哲学家，气鼓鼓地推开门，跑到院子里。

阿斯帕西亚看到亚西比德的反应，对苏格拉底说：

"只有你能改变他，把他交给你吧。"

"还太小，也许过一些时候……"

8

苏格拉底行走在路上,一个衣着褴褛的青年走近他,自我介绍:

"我叫安第斯塞尼斯,家住比雷埃夫斯,我想当你的学生。已经好多天了,我从比雷埃夫斯徒步走到这里来听你演说。我喜欢哲学,喜欢你简单的讲解。你所讲的一切我都能理解。你接受我做你的学生吗?"

苏格拉底注意到这个青年有乐感的声音和眼光透出的聪明,就说:

"你跟着我吧,但是,不是作为学生,而是作为朋友。有的人为了有力量而学,有的人为有好马而学,有的人为有好猎狗而学。我只有一个愿望——交朋友,如果你留在我身边,我教你做人。"

"如果你能成功,我会跑遍比雷埃夫斯,到处喊叫:'谁想做人,就到雅典去找苏格拉底!'"

哲学家微微一笑,说:

"谢谢你。我不要很多朋友,只挑选一些杰出的人。我要自己挑选。安第斯塞尼,你告诉我,关于过去的哲学家,你都知道些什么?"

"几乎一无所知。我想找戈尔伊亚斯学习,但是,他要钱太多,我没有钱付学费。我到你这里来,就是因为我听说你不要报酬。穷人的命是苦的,苏格拉底。"

"只要你有头脑,我的孩子,就有财富。"

"在码头,人们都叫我刺头。有一天,来自奥菲亚的一个祭司宣讲说,地下王国里亡者的生活多么美好;所有在场的人被他的话迷住了,我却问他:'既然死亡是庆典,为什么你还不死?'这次提问使我在比雷埃夫斯有了名。码头上我可以学做生意，学习航海，但是那里讨厌哲学。既然你收我为学生，我就每天跑8公里来这里，我渴求学识。"

苏格拉底和安第斯塞尼斯继续向市场走去。经过体育场，走过伊利索斯河边，清晨这个时刻群鸟歌唱，河水流淌。从吉奥美亚斯门绕过塞米斯托里斯墙，向阿利奥·帕奥① 走去。

年轻的比雷埃夫斯人唠叨：

"我父亲是自由民，可妈妈是来自色雷斯的奴隶。人们嘲笑我是混血种，我就回答他们说，纯种的公民并不比雅典的蜗牛好多少，因为自从有了世界，它们就有了本地的妈妈和爸爸。"

青年停顿了，苏格拉底说：

"继续说，让我来分析你。"

小青年用幽默的方式讲述他艰苦的生活，一直到市场。在那里，安第斯塞尼斯问：

"苏格拉底，怎么神的祭奠地和市场混在一起呢？"

苏格拉底给他解释说：

"在过去的古代，没有贸易，只有强者的掠夺。后来，人进化了，开始感觉到交换产品的必要性。就挑选一个地方，贵族称呼这个地方为圣地，因为在那里人们可以放心大胆地交换物品。为了请神保护这个地方不受强盗骚扰，就把市场敬献给神，并在市场中心建立神庙。这样，就把神和微不足道的买卖联系在一起了——请神保护贸易。"

"我明白了。"安第斯塞尼斯说。

在他们面前，从克罗诺斯山丘到新建的赫淮斯托斯神庙②，是雅典人的市场，正方形的四周是公共建筑物和拱门。西门栽种的梧桐树已经长得又高又大，美化了市场，还在炎热的中午为市民提供纳凉的地方。一条大路把市场按对角线分成两半。这条大路，举行全雅典盛典时是游行队伍必经之路，也是骑兵检阅之处。人们赞赏马匹的英俊和骑士的风范，菲迪亚

---

① 阿里奥·帕奥（AREIO PAGO）最早是雅典卫城下的一块巨大的石头。那时雅典人遇到纷争解决不了时，便积聚在大石头周围，评判处理。现在这块石头仍然在那里，上面用红字写"AREIO PAGO"。后来这个词成了"最高法院"。——译注

② 现在的忒修斯庙。——原文注

斯用他的雕刻使这一场面永留后世。

市场中心是商店，手工艺作坊，豪华的大商场和兑换钱币人的长条凳子，当时称为银行，因为只有在这里允许交换。为了按商品分类，把市场分成环形场地。食品场地，奴隶市场，卖面包的场地都是一些手艺好的妇女。还有鲜花场地，卖祭奠专用的桃金娘花环的场地；卖蔬菜和水果的场地。在这里经常出现欧里庇得斯，因为他母亲是卖菜的小贩。强壮的庄稼汉在市场外边卖葡萄酒，他们从地中海用山羊皮囊把葡萄酒运到这里来。从清晨开始，市场就人山人海，拥挤起来。在这里很难看到漂亮的女人，因为贵族夫人不宜出现在这个地方，都是女奴和妓女到这里买东西。乡村人深更半夜就赶到这里，他们把牲口栓在大车上，在旁边卖他们自家的产品，有卖葱头的，卖木炭的，卖家禽的。商贩们站在那里大声叫卖，吵闹声此起彼伏。奴隶们零售他们主人的手工艺品，演说家被一群人包围着，就当天的问题发表高见；英俊的年轻人头发梳理得平平的，手戴镯子，穿颜色鲜艳的衣服，在市场上逛来逛去。市场管理员在警察——由表情凶恶的西徐亚人弓箭镞手组成——保护下，在人群中巡视，维持秩序。

现代的任何一个市场都无法给人古代市场那样的印象，因为现今的市场仅限于商业活动，而在古代，市场是城邦心脏跳动的地方。在这里每天弥漫的不仅是经济，而且还是城邦的政治和社会生活。人们天黑之前不会散去，这样，如果有什么重大问题，很容易把群众聚合起来，开会并做出决定。希罗德曾经写道，波斯国王说过一句话"我不怕那些聚合在雅典城市中心的居民们，他们一起唠叨，相互争论……"

但是，正是这个在苏格拉底前一代形成的市场上的民主基础，给了雅典自由民，哪怕是唠叨鬼们，心灵的力量，使他们得以战胜潮水般涌来到波斯浪潮。

苏格拉底指着城堡上陡峭的山崖，对安第斯塞尼斯说：

"你看，朋友，这个不可摧毁的城堡是专制的地方。在那上面，野蛮的国王们依靠少数忠于他们的人轻易奴役平民百姓。伯里克利做得对，他只让神住在岩石上面，而把城邦的管理移到了低处，在人民中间，这就避免了独裁专制。让我们等着瞧，人的本性能让他们永远自由生活下去吗？或者，我担心，人还要重新变成奴隶……"

苏格拉底离开克罗诺斯，走进拱门，来到西蒙的鞋匠铺①前的井旁。西蒙在门里看到老师，马上跑出来，从嘴里拿出准备钉鞋用的钉子，欢迎老师。把三个女客人扔在了铺里。于是她们像一群野鹅似的，共同喊叫起来。鞋匠赶紧跑回去招呼她们。一位个子矮一些的女士要求西蒙在她的鞋里加一个垫（那时还没有高跟鞋），使人显得高一些。另一位个子较高，指甲涂得红红的，要求鞋面是金色的，环也要金的，不要骨头的。一看就是一个妓女。第三位定做了一双黑皮鞋，鞋带要求是红色。西蒙扶着她登上桌面，拿来一块黑色牛皮，让女士把脚放上，女士怕自己摇晃，手扶西蒙的光头，鞋匠很熟练地剪出皮子。然后，为了几个奥沃咯，开始了没完没了的讨价还价。安第斯塞尼斯对女人不了解，他转向苏格拉底：

雅典学院派

"这些女性真低下，就知道在小事上唠叨不休，晕头转向。"

苏格拉底说：

"是的。但是，错在我们男人身上。自然造出的女人和男人是一样的，只是性别不同罢了。假如我们男人不把女人关在闺房里，让她们也受教育，她们也完全有能力管理国家。她们的头脑更实际，少野心，多温情。她们是家庭的支柱。雅典和斯巴达的区别就在女人。在雅典，孩子们在家里生活，在母亲的甜蜜抚养下成长，他们就能成为有善心的公民。而在斯巴达，男孩子生下来后，被城邦抱走，集体养育，目的是培养战士。他们能成为战士，但是，残酷，单调。安第斯塞尼，女人在社会上的作用非常之大，我们的错误在于不让她们受教育。"

"你真的相信这点吗，苏格拉底？"安第斯塞尼斯问，"我第一次听到有人这样赞美女性。"

---

① 美国人在古代市场考古发掘时，发现了西蒙的鞋匠铺。——原文注

苏格拉底
ΣΩΚΡΑΤΗΣ

真的,那是第一次说出来的这些话,表示苏格拉底和他的学生柏拉图不仅是古代希腊的,也是那时世界唯一的女权主义者。只是在近代,女人才和男人平等了。

9

苏格拉底坐在一辆驾驭两匹骏马的车上，向比雷埃夫斯驶去。这辆马车的主人是一个年轻人，名字叫克里迪亚斯，是哲学家的一个新学生。他出身雅典一个富有的家庭，是雅典古代国王爱来何塞雅思的后代。人非常聪明，成熟早，有写诗的天才，善于演讲。贵族党看中了他，认为他将来可以成为党的领袖，可以战胜强大的伯里克利。当克里迪亚斯找到苏格拉底，请求成为他的学生时，哲学家非常高兴，因为他找的正是这样的人。他本人回避政治，却努力塑造合适的年轻人，期望他们忠于城邦，能按照他的逻辑推理和道德管理国家。

他们前往码头，为了去观看即将前往色雷斯分配到土地的雅典公民。伯里克利每年都通过抽签的办法，让一些穷人能得到被占领地区的一块富饶的土地。通过这个办法，一方面可以减轻城市面临的穷苦的和不安静的平民百姓的压力；另一方面，又能巩固雅典在地中海各地建起的新基地，确保雅典的海上霸主地位。

实际上，古代人反对首都城市不断扩大，通过法律限制首都人口的增长。当时市民的家庭观念是不允许家族有外来血统。他们认为，混血会使家族解体，破坏世俗的生活习惯。所以，经常向各地疏散人口，确保雅典总人数不超过 50 万。

马车行驶在雅典和比雷埃夫斯之间的路上，经过赫拉神庙。这座神庙没有入口，也没有庙顶，曾被波斯国王薛西斯烧毁过。市政当局决定保留被烧毁的样子，为的是让历史不要忘记波斯的野蛮行径。马车沿着直达海

滨的城墙行驶,虽然克里迪亚斯的马跑得快,这里却发挥不出来威力,因为道路狭窄,行人不断。每天都有大批货物,数亿千吨计,从码头运往内地,靠的是骡子和牛车,行驶缓慢。

苏格拉底的习惯是通过问话了解对方:

"克里迪亚,告诉我,你打算干什么?"

"成为演说家,为了说服议会里的元老们和公众集会的人民。"

苏格拉底继续问:

"我想,你想用对你有利的东西去说服他们,而不是告诉他们什么是正确的,什么是不正确的。因为你不可能在有限的时间内教会人们那么多重要的事情。"

"你猜得对,苏格拉底。我要说服人民接受对我和我们的政党有利的东西。"

"不管正确与错误吗?"哲学家很吃惊。

"自然。因为在政治上,没有绝对的好与坏;无论你做什么,总是对一些人有利,而对另一部分人不利。"

"克里迪亚,你知道吗,对人民最大的坏是不公平?"

"不。比这更坏的是对自己不公平。"

"你不能这样说。"老师说。

"这样说来,苏格拉底,你宁可被人负,而不愿意负人吗?"

"我当然不乐意这样或者那样。但是,如果非让我选择不可,我宁可被人负,而不负人。"苏格拉底回答。

"你想说,你不希望自己至高无上?你不愿像伟大的波斯国王那样,幸福生活,随心所欲吗?"

"我不知道波斯国王有多么幸福,我没有和他交往过。"哲学家简单地回答。

"什么意思?难道你一定要跟他交往才能知道一个万众之上的国王多么幸福吗?"

苏格拉底毫不犹疑地回答:

"正是这样,因为我不知道,他是不是正义的。"

"什么?你把一个国王的幸福局限在正义上,苏格拉底?"

"是的。只有正义的人才是幸福的，不正义的人是不幸的，我的好朋友。"

克里迪亚斯犹豫片刻，没有回答，然后，以他那个年龄的人固有的自信说：

"我感觉，实际生活和你相信的不一样。所有的人都尊敬和崇拜强者。自然法则比人类的法律更强大。智者们教导我说，法律是弱者和全体平民百姓制定的。他们立法是为了限制强者为所欲为。他们说，一些人比他人占有更多的财富是不正义的。尽管他们低下，却要求和强者平等。但是，苏格拉底，自然法则是，强者就要多占有。你看看自己的周围吧——所有的强者，独裁者，专政者，都是有实权的，他们按照自己的意愿制定法律，按自然法则管理；他们按自己的意愿压制无知的群体；他们握有财富，花天酒地，没人敢惹他们。这才叫幸福！"

苏格拉底微微一笑，他的眼睛里闪出一丝狡狯：

"你谈话很有胆量，克里迪亚，我请你今后不要改变自己表达思想的方法，以便我了解你。我愿意听你的意见，我们应该怎样生活才正确。请你告诉我，你认为不控制自己欲望，任其所为是正确的吗？"

"是的。"

"那么，你是不是认为，没有欲望就是幸福的。"

"当然不！"克里迪亚斯回答，"如果是这样，石头和死人都是幸福的，因为他们没有欲望。"

"但是，你所期望的生活也有痛苦。"苏格拉底给他解释说，"你要知道，一个放纵的人的灵魂就像下面有洞的陶罐，永远填不满。一个没有欲望的人能安详地生活。"

"你说服不了我，苏格拉底，因为生活中的欢愉是你抓紧生活。"

"你说的'生活中的欢愉'是不是指：饥饿时，有饭吃，口渴时，有水喝？"哲学家问。

"这还不够，还要能满足所有的欲望。"

"请你注意，克里迪亚，我不想让你难堪：你认为一个长虱子的人，如果能轻而易举达到挠痒痒的欲望，他就是幸福的吗？"

"苏格拉底，你在开玩笑吗？"

57

"完全不是,我想让你明白,生活中有些是'有益的',有些是'欢愉的'。说得再简单些,厨艺是一种技能,是'欢愉的',因为能满足味觉的需要,并不在乎对你是不是有益的。而医学是科学,能治病。有时也带来麻烦和痛苦,但是最后还是有益的。你同意吗?"

"我同意。"

"正像我们谈论的人体一样,同样的道理对灵魂也适用。有些能力对灵魂是'欢愉的',有些是'有益的'。我们看看你的演讲技能。当然,正如你刚才所说,如果演说家为了满足自己的欲望,或者讨好人民,以达到诱骗他们的目的,这时,他的演讲技能就是坏的。如果演讲者要使人民变得好一些,阻止他们一些非分的欲望,这样演讲技能就是好的。你接受这个观点吗?"

"我接受。"

"所以,我的孩子,你最应该关心的是不要负人,而不是怕被人负。所以,如果你犯了错误,就要请求对你惩罚,只有这样,你才会有进步。你一定要避免阿谀奉承,无论对少数人还是对多数人。政治最大的悲哀是对人民阿谀奉承。"

"我高兴地听到你不喜欢伯里克利。"克里迪亚斯说。

"不论他,还是他之前的那些人,我都不喜欢。因为他们本应该努力使公民成为有道德的人,反而不惜损害盟友,用疯狂的手段去壮大雅典。伯里克利不好,因为他让雅典人懒惰和喋喋不休;投了他的票后,他让挣工资的人付钱,不停地演戏,寻欢作乐。"

哲学家停顿了一下,然后继续:

"你听我的劝告,克里迪亚:运用你的演讲技巧为崇高和正义服务,哪怕你会因此受到多数人的孤立,受到咒骂,受到侮辱……甚至,看在宙斯的份上,甚至扇你的耳光,这被认为是最大的耻辱,你也不要生气。因为,假如你真是有美德的人,无论现在的生活,或者未来的生活,你都不会受到任何伤害。克里迪亚,留在我身边,我们共同用道德教育平民百姓,来改造社会……"

克里迪亚斯没有立刻回答,因为马车这时正经过法力罗斯墙和法力罗斯碑。法力罗斯曾经和英雄伊阿宋共同出征,经过艰难险阻,取回了金羊毛。苏格拉底和克里迪亚斯从牟尼西亚门进入比雷埃夫斯,离开右侧大理石的月神阿耳忒弭斯神庙,慢慢通过泽阿斯军港;它的对面是海军军事法庭法官的合议厅。当年,海军军事法庭审讯时,法官坐在海边的岩石上,而被告则站在海水里的礁石上。

军港到处是战士的叫喊声,那里正在进行训练,士兵们把三层桨座的战船放进海里,然后,再把船拖回岸边,隐藏在美丽的掩蔽洞里。军港入口有两个结实的堡垒,保卫港口;同时,夜间在堡垒上面点火,当航标灯用。只要用一根巨大的铁索架在两个堡垒之间,就可以关闭入港口。但是,骄傲的比雷埃夫斯人不用这铁索,因为没有人敢进犯这个海上女王。

绕过军港,克里迪亚斯驾车奔向比雷埃夫斯商业码头。路,越来越宽,越来越平,越来越直,以便容易行驶和停靠。这座古代城市码头的设计令人称奇,因为是第一个按着棋盘的正方形规划的。

来自米利都的城市设计师伊波塔莫斯是一个奇怪的和反常的艺术家,一头浓发,风一吹会飘动起来。当他把比雷埃夫斯城市设计图展示给伯里克利时,后者发现,所有问题的细节都完美地考虑到了,于是马上批准了①。雅典在公元前479年被毁后,为了解决群众的居住问题,开始匆匆忙忙在废墟上建房,没有规划,没有设计,各家按自己愿望和能力;结果是街道狭窄,弯弯曲曲。伯里克利要把比雷埃夫斯建成这样一个城市:它能够完全满足商业中心的各种需要。为装饰港口花费了巨资,投资和建卫城的费用相等。两座城市被城墙连在一起,但是,各自有不同的居民:雅典居住着贵族和文化人;而在比雷埃夫斯是海员和商人。雅典有的是艺术和无休止的辩论;比雷埃夫斯有的是劳作的蜂箱,这里为国家创造了利润。雅典以精美的城堡为装饰,代表的是艺术理想,诗歌创作;比雷埃夫斯(非常现代,直到20个世纪后西方世界才敢效仿)所展现的是最大利益的辉煌。港口根据功能分成许多部分。大码头是巨大的货轮停靠地,小一些的供各种进口货物的小型船只使用。在码头上,靠后面,建了一排半圆形的拱门,今天称之为仓库。船主付一定数量的租金,把货物存放在那

---

① 阿里斯托芬对于伊波塔莫斯曾这样写道:"他还是作家,写过最好的城邦研究。"——原文注

苏格拉底
ΣΩΚΡΑΤΗΣ

里。一座美丽的建筑，称为寄阁码，是那个时代的交易所。在那里，商人们摆放自己的商品样品，与买主讨价还价。或者现货成交或者预订大批期货，由银行担保，根据成交量向担保人偿付一定的报酬。在那个古典时代，做生意的人取钱或者存钱，根本没有单据，全凭口头承诺。

在码头上的海员居住区，有个阿弗洛狄忒小庙，这里是受航海者欢迎的妓女居住地。在对面的一个大拱门里，正在从船上卸小麦。在贸易上，伯里克利给了商人们绝对自由，只有面包受到限制。市场管理员检查小麦的质量，度量检查员监督分量，而仓库管理员只有得到国家命令才允许小麦出库。在防波堤上有许多小客栈，这里吵吵闹闹，到处是谎言；嚎叫出来的歌声和岸边船厂打铁声混合在一起，在空气中传递。

大海友善的手为阿提卡地区提供的产品，"来自地球的每个角落"——骄傲的雅典人这样说。在比雷埃夫斯你可以看到卖草纸的埃及人，卖牛皮的非洲人；卖牲口的南俄罗斯人；卖腌制鱼的色雷斯人；卖铜的塞浦路斯人；卖香料的叙利亚人；专门卖西顿①细布的犹太人；用船运来象牙的阿维索人，贩卖小亚细亚木材的商人和贩卖西班牙金属的迦太基人。

看到伯里克利的伟大工程，克里迪亚斯问苏格拉底：

"你看伊波塔莫斯的工程如何？"

"他的思想正确，实施有益，不是为了少数人，而是为了多数人。伊波塔莫斯做得好。"

"你不担心他的目光低下，只看中了实用吗？"克里迪亚斯问。

"不。满足人的要求不是坏事，哪怕这个人是奴隶；只要我们不要忘记，实用不是我们的目的，不是财富，只是用来满足公民日常需要的一种手段。但是，我们的伟大目标应该永远存在，一个和唯一的——道德。没有道德，无论你怎样把人的活动艺术化，人还是不幸的。你不要忘了我跟你说过的，凡人的欲望是填不满的陶罐。你找一个奴隶来，解放他，给他在他被奴役时梦想的一切，但是，他永远不会满足。无论你怎样减轻他的劳动量，而且，你让他享受一千年，他如果不休养自己的灵魂，仍然是不幸的。"

---

① 西顿是腓尼基的古城。——译注

克里迪亚斯又没回答,苏格拉底自问,他对这个年轻的贵族能有多大影响?年轻人驾车转向比雷埃夫斯的宗教中心,将在那里举行出发仪式。他们经过一些豪华别墅,房子周围鲜花盛开。这是大富商的住宅,这样的豪宅你在雅典是看不到的。首都人瞧不起零售小商贩,却给了大富商许多特权。他们来到雄伟的救世主宙斯神庙前,外面是精美的铜雕像[①]。他们看到那些抽签得到土地的人带着行李集合在那里。一个祭司从神庙里走出来,头戴桂冠,手擎火把。他把火把交给这个队伍的领头人,命令他在到达目的地后,要在那里建一座宙斯神庙,在那里永远保存母邦的火种。神和这些雅典人共同前往他乡。

然后,为祭司拿来一个大筐,里面装满用葡萄酒浸泡过的大麦,和一个盛满圣水的盆,为远行者祈福。人们抬着它们,奴隶扛着一头羊,用来祭祀;他们围着祭坛转了几圈。祭司开始祈求,求宙斯为即将远行的人降福,等待羊点头。只要羊一点头,就说明它自愿献给宙斯,于是,屠宰手举起刀,杀死羊。预言家拿出羊的肝脏,经过仔细察看,宣布说他们会一切顺利,于是下令上船,并祝福他们一路平安。人们开始告别,有的大声喊叫,有的默默流泪。所有的船只渐渐远去,码头上只留下了苏格拉底和他的新学生克里迪亚斯,他们站在用于拴缆绳的石桩前。这些石桩都做成了美人鱼的形象。克里迪亚斯盯着石头姑娘看了好一会儿,然后转向苏格拉底,说:

"你看,苏格拉底,伊波塔莫斯多么细心,就连船用的缆桩他也做得像雕像一样。"

"我不欣赏这个艺术,克里迪亚,记得我跟你说过的厨艺吗?美只能满足愉悦,无益。"

[①] 最近在比雷埃夫斯发掘出来的两座美丽的雕像,宙斯和雅典娜,可能就来自这个古庙。——原文注

10

还是深夜,苏格拉底和安第斯塞尼斯就动身前往德尔菲。几天前,他听到来自灵异的神秘声音,同意他前去朝拜世人尊崇的预言发布地,不敢怠慢。他们带着行囊前往,苏格拉底背食品,年轻人背夜晚用的铺盖。他们沿着圣路走,这条路如今通往埃来福西纳。他们穿过基非西亚的石桥,那里每年的9月底都是庆祝"桥梁节"游行队伍的必经之路。周围的农民化妆游行,用烟灰涂抹自己的脸,用下流的话招呼朝拜者,那些朝拜的人也从车上用更下流的话回敬他们。这样,这个求神队伍的庄严性就可以暂缓一下,让这些不断念经而头脑昏厥的信徒们靠玩笑稍事休息。

他们经过头戴桂冠的阿波罗神庙①,来到海滨,在两个湖边停下。这里有数以千计的朝拜者,他们点上火把,唱起祈求得墨忒耳的圣歌:"求你,女神,赐给我们丰收,美食……"他们很快抵达了埃来福西纳——谷物之神得墨忒耳的城市。每个角落都是圣地。这里有女神的围裙痕迹,那里是冥王普路东掠去女神女儿的地方,在这块土地上女神教村民种小麦……苏格拉底和安第斯塞尼斯站在那里欣赏庙前门,这完全是雅典卫城的复制;还瞻仰了感恩祭坛,这两处都是不知疲倦的伯里克利所建。在感恩祭坛每年都要举行秘密的宗教仪式。这个神庙与其他古代神庙不一样,不是长方形的,而是正四方形,三面墙下有座位,第四面墙正中间有门,跟现在的教堂一样,神职人员从那里进出。屋顶是第一次采用带有彩色绘

---

① 现在的德尔菲。——原文注

画的拱顶，非常漂亮。

哲学家问他年轻的朋友：

"你知道得墨忒耳的神话吗，安第斯塞尼？"

"知道，你能不能要给我解释一下这个神话的意义？因为所有的古老故事都有某种象征。"

"是的。"苏格拉底回答，"这个传说最早要解释的是种子的循环，开始6个月在黑暗的地下，另外6个月，春天后，出现在地面上。后来逐渐形成神话，把自然的阶段与人结合在一起。正像干燥的种子播种下去会再生一样，死去的回到土地里的，也会再生并开始新的生活。"

"我听你也说过，存在着轮回。"

"如果我把这个问题倒推回去几年，逻辑推理会使我相信灵魂的不死。会有这样的时刻，和肉体紧密连在一起的灵魂，由于被疾病的折磨，由于受到赖以存在物质的痛苦，会怀疑一切，会怀疑神的存在，会怀疑有更美好的明天；怀疑自己不朽的力量。为了帮助一般人度过这个艰难的时刻，就在埃来福西纳举行神秘的宗教仪式，证明死后灵魂的存在。这种神秘的宗教仪式是有用的。至少让普通的民众知道，只要正大光明地活着，就不怕死亡。使我们的人民不在死亡面前发抖。"

的确，在古老的民族中，古希腊人不惧怕死亡。这可以从刻在亡者墓碑上的诗句中得到证明。下面是一位老妇人的碑文：

"我生育了两个男孩，我依偎在他们的手上，幸福地死去。过路人，走你的路吧，不要为我难过。"

下面是一个商人的碑文：

"我一生旅行，做生意，历险，在这里止步了。这是命运的意志。现在我再也不担心狂风暴雨，惊涛骇浪和生意受损了。谢谢你，死亡，你使我从繁忙中解脱。我要说：谢谢，宝贵的神！"

苏格拉底和安第斯塞尼斯离开埃来福西纳，向卡塞罗讷攀登，天黑前抵达到山脚下。他们睡在一片松林里。年轻人蜷缩在毛毯里，山上很凉。苏格拉底什么也没盖。

"你不冷吗？"安第斯塞尼斯问。

"不，我已经习惯了冷和热。"

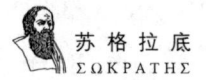

过了一会儿，从黑暗处传来年轻人的声音：

"苏格拉底，在埃来福西纳，你参加过神秘仪式吗？"

"我没有感到有参加的必要。任何一个热爱智慧和好好生活的人，就是最好的秘仪参加者，尽管他没有参加秘密仪式。假如我们认为，一个正直的穷人会下地狱，一个富有的骗子因为有钱到过埃来福西纳，死后会升天，那是荒谬的。到埃来福西纳去的人很多，正直的是少数的，睡吧，安第斯塞尼……"

黎明的光唤醒了他们。松林树叶在晨光中呈现玫瑰色。松叶对阳光非常敏感：当清晨的阳光照射它们时，反射玫瑰色；只要阳光被遮住，马上显现出绿针叶的本色。刚刚离开山向忒拜走去，安第斯塞尼斯就好学地问：

"狄俄尼索斯①的祭礼在哪里举行？"

苏格拉底手指着周围，说：

"整个山都是神的。春天到来时，从山顶到山坡，酒神的疯狂女信徒们都可以祭礼。"

"你，苏格拉底，见过她们吗？"

"有一次，我当兵的时候，在这里……"

"告诉我，那些祭礼是怎么回事？"安第斯塞尼斯很想知道。

"这是一种非常古老的传统，是从亚洲传来的。女人像大地一样能够生产，所以只有她们仰面躺在大地上，（古代人幻想）告诉大地怎样做才能受孕和有好的收成。俄耳普斯②把亚洲的这种方式提到道德高度，把亚洲的醉鬼巴克科斯升为天上的狄俄尼索斯，欢乐保护神。俄耳普斯在吉萨龙山上找到祭礼，他不能取缔，就把身体的疲劳作为祭礼的仪式。"

---

① 狄俄尼索斯，酒神，罗马神话中的巴克科斯。相传他首创用葡萄酿酒，并把种植葡萄和采集蜂蜜的方法传播各地。——译注

② 俄耳普斯，色雷斯的诗人和歌手，善弹竖琴。相传他的琴声可使猛兽俯首、顽石点头。他曾随同伊阿宋航海觅取金羊毛，一路上他借助音乐战胜了不少困难。妻子死后，他追到阴间，冥后珀尔塞福涅被他的琴声感动，答应他带妻子回人间，条件是他在路上不许回顾。当走到快接近地面时，他想回头看看妻子是不是跟在后面，结果妻子又回到了阴间。他后来被宙斯用雷击死。——译注

真是这样,那里人们整夜酩酊大醉。春天清新的空气,浓浓的松香味;到处数以千计的火把的照耀;单调的音乐和性感的舞蹈;让所有的人都如醉如痴,很多人失控做出违犯道德的事。天亮时分,狄俄尼索斯仪式的执行者出来,他们一身洁白,把那些寻欢作乐的人召集在一起,控制住他们。在几个小时前还是疯狂化装舞会的地方,现在响起了深沉的音乐和祭司的声音:"让那些有邪念的人离开圣地。"于是,开始驱赶那些用玉米须子粘成胡子的村民。他们根本也不在乎仪式的第二部分,反倒乐意追逐女人。在那里,刚刚还是肉欲横行的地方,现在开始了宗教赎罪仪式。现在,那些疯狂的女性们开始游行,她们上身还裸露着,但是,已经显得卑微了,她们对破坏贞操的行为表示忏悔。饮酒过多血管发胀的男人们走过,高唱歌颂神的赞歌。神敞开胸怀,乐于接纳那些愿意投奔到他那里去的人们。很多人逃离这个世界,寻求天国的宁静。

两个行人来到吉萨龙北侧,苏格拉底指着阿索珀斯河岸,就在那里,由于命运的安排,在他们的上一代,在坡拉塔尼亚,消灭了10万名波斯人。从阿索珀斯河岸到吉萨龙山下的一片平原上土地是用血浇灌的,在这里,具有历史意义的战争取胜;从此,波斯人留在了亚洲,让希腊人安全地创造了他们不朽的文明。

在老师和学生走向忒拜城的路旁,到处是肥沃的田野。雅典干燥的空气在这里和克巴依达盆地的潮湿相遇。他们在面对土地背朝天的驼背农民带领下,穿过橄榄林间的小路,急忙行进,目的是要赶在天黑前,在帕尔纳索斯山下过夜。这座高山傲视万物的气势,在其他山上很难看到。几个牧羊人管住猎狗,用仅有的大麦面包和羊奶招待他们过夜。

第二天,经过长途跋涉的劳累,终于到达了德尔菲。他们在清凉的卡斯特里亚泉洗了澡,惊叹展现在面前的景色:帕尔纳索斯山峰高耸入云,白雪皑皑,一条深沟直达珀里桑托斯河。无论你仰望苍穹,还是俯瞰深渊,都感到一种超自然的雄伟,感到你的奴斯处在不停的兴奋中;好像在这里,是隐蔽的神力主宰万物。大地预言女神选择这片蛮荒的山岭来传达她的秘密。

洗浴后,两个雅典人经过摆放雕像和供品的路走向神谕发布地。他们看到了世界上的第一份报纸,在一块四四方方的墙面上,书写各种消息和

朝拜者的留言（花钱才可以在墙上发布）。他们经过萨拉米海战纪念碑来到雄伟的阿波罗神庙前。这是一座巨大沉重的神庙，需要在山的斜坡上修建三个工程才能固定住它。

苏格拉底离开安第斯塞尼斯，在一旁陷入深思。他最尊崇德尔菲的神，是不惧艰辛探索希腊奴斯透明度的人格化，是灵魂宁静和最高和谐的神。神谕发布地关注的是现世的未来，看到、阻止并拯救了许多城邦的解体；为希腊文明注入了光明，是这个民族的先知，使这个民族保持在一定的道德水平上。

神谕发布地建立后，保护了古代邻族联盟，成了司法和协调的最高权力机构。一个弱小城邦如果受到一个强大城邦的威胁，都来找邻族联盟，请求停止暴力。这样，阿波罗干预那些动乱的希腊民主城邦，让他们之间进行文明的战争，不允许相互毁坏水利设施，不允许杀害俘虏；不允许污染水源。

这个观点和现代的战争有很大区别，现代战争不符合文明。有一种高度，无论是艺术的进步，甚至是火箭镞，都达不到，这就是有美德的国家。那个时代的世界，尽管简朴，尽管贫穷，仍比今天的世界更文明。

苏格拉底在神庙入口读到刻在石头上面的镀金格言："君自省"。他感到这个"君自省"是神对每个来访者的欢迎词，不说"欢迎"，让我们不要嬉笑轻浮，而要自重和思考。好像神让人自我反省，对人说："闭眼，发现缺点，改正缺点，看清灵魂面临的危险，保护灵魂。"

苏格拉底从这里得到勇气，他尽最大努力调动奴斯：

"存在一个最高的财富——学识，和一个最大的愚昧——无知。那些不了解自己的人，那些被自己的人生价值欺骗的人，注定要犯错误和失败。人感到'善'，会去追随。需要用光明来改善愚昧的人。用辩论法寻求'永世的真理'，你要产生怀疑，也让他人怀疑，不管生活中的法律看似多么正确。只有学识能改善这个靠过时的警世格言维系日常生活的现今社会。阿波罗站在逻辑推理上，他为看到美德而兴奋。神的第一个认识是善。在人的逻辑推理思维觉醒前，我们必须用一切办法清除乡巴佬们粘在12位神身上的缺点。我来承担这项必要的工程。我来证明，神充满智慧和慈悲。我还要证明，创世主的伟大和民众的传说中谦卑的神是完全不符的。自由的信仰者总有一天要摆脱掉原始的恐惧。"

苏格拉底所思考的这些在那遥远的时代是另类。庙门打开,祭司出现。他身穿盛装祭服,手擎棕榈树枝。那些来祈求神谕的人到他身边,把进献的牲口交给神职人员。祭司亲自把排骨肉扔在燃烧的炭火上,撒上一些葡萄酒。示意朝拜者们安静,因为也许从烤肉的呲呲声中听到什么难以理解的话语。他举起一只手,开始祝福和祈求。然后,朝拜者们一个一个按顺序把写好的问题交上去,准备从神谕发布圣坛得到回答。他们都小心翼翼,焦急地等待回音。安第斯塞尼斯走到自己的老师身边,指给他看塞萨利亚国王阿莱瓦斯进献的 100 头牛,牛角都涂了金。

"哎呀!"年轻人说,"塞萨利亚的礼多重啊!"

哲学家一笑:

"你相信,神会更看重他的请求,只因为他的礼多吗?"

"是啊,礼越多……"

"你错了。对神来说,他看重的不是黄金,而是祈求人灵魂的纯洁程度。安第斯塞尼,假如神看重的是礼,而不是灵魂,那么所有的财富都将集中在有钱人的手里,哪怕他们干了无数的坏事。那将是非常可怕的。你听我说,在神的眼里,一个虔诚的老妇人的一把面粉重于一个双手沾满血的独裁者的金角牛。"

这时,听到传令者四处呐喊:"品达罗斯[①],用餐啦!"这位忒拜诗人在这里度过了他生命的大半时光。他用自己的诗歌歌颂阿波罗和他的宗教。他死后,没有人相信他的影子会离开这个他心爱的地方。所以,每天到吃饭的时间,传令官都在庙内呼喊他的灵魂,到庙内,和阿波罗共同进餐。

苏格拉底继续说:

"安第斯塞尼,听我说,假如你求神,千万不要祈求物质财富。万能的神知道你的需要,人们所求的金钱和幸福往往带来灾难性结果。有人因

---

① 品达罗斯(公元前 518/ 前 522—约前 438 年)古希腊诗人,所写颂诗是公元前 5 世纪希腊合唱抒情诗的高峰。据说在古代,品达罗斯的各种合唱抒情诗有 17 卷之多,但现在保留下来的只有竞技胜利者颂歌 4 卷 44 首。品达罗斯的诸神赞美诗使他名声大振,他同德尔菲神庙的祭司关系密切,在那里享有特权。据说他活到 80 岁,死在阿戈斯。——译注

为神给的巨大礼物而毁灭。"

苏格拉底没有来得及说完，一位受人尊敬的老者来到身边：

"你是索弗洛尼斯科斯的苏格拉底吗？"

"是的。"

"跟我来。祭司长要见你。"

苏格拉底站起来，高兴地跟着长老，安第斯塞尼斯惊讶地看到，他的老师径直走进后殿，那里是阿波罗居住的地方。那里有大地的肚脐眼，阿波罗就坐在上面。过了很长时间，苏格拉底回到原处，安第斯塞尼斯非常想知道，老师在那里看到了什么，听到了什么，但是，哲学家不想向他透露任何事情。

11

太阳都快下山了，议会还没结束。今天，克基拉和科林斯派使者到雅典来请求援助。这两个海上城邦多年来一直在争斗，都企图控制爱奥尼亚海。为此还进行了多次海战，但均无结果。他们为了消灭对方，都来到雅典，向这个海上霸主请求支持。

议会发生了分歧。年轻一代的主战派提议马上出兵攻打老对手科林斯，用不着讨论。但是，保守派认为最好不要干预，因为一旦卷进去，很可能得罪另一个军事大国斯巴达。伯里克利讲话，要求大家冷静思考思考，明天再心平气和地做决定。苏格拉底整个下午都极其佩服伯里克利，因为一个醉酒的好战分子大骂他，诽谤他，可是，伯里克利就是不回答他。天黑时，议会解散。伯里克利准备回家，表情安详严肃。但是，那个诽谤他的人堵住他的路，用最下流的语言骂他。苏格拉底出于好奇，想看看这位元首何时失控发火，就跟在他们后面。到大门口时，天色已经暗下来，伯里克利要求拿来照明的油灯，并命令一个仆人把骂人的议员送回家中。

这时，在油灯的光亮下，伯里克利注意到，苏格拉底站在他身边，就请他和他一起回家。他们走进家门，看到阿斯帕西亚在弹琴和小声唱歌。在她修长的手指下，乐器有了生命。看到他们，她站起来，和丈夫亲吻。就在那一瞬间，苏格拉底看到了她苗条身材的美，想："她这样美丽，她的一切都可以原谅。"

伯里克利留下他们二人，自己回房间去洗浴。苏格拉底受到这位女性

美的影响,说:

"生活,阿斯帕西亚,不是梦,但是,你在梦中生活。你和伯里克利的伟大爱情就像神话故事。"

"但愿我们能够白头到老。除了爱的阶段,在大地上任何一个地方都没有理想的婚姻。两个结婚人心灵的牺牲精神从来不能维系多年。我是幸运的,在你们这个落后的社会找到了一个丈夫,他想成为妻子以外的一切的主人。你们雅典人有一个很大的错误,那就是只知道教育男孩。"

"你说得对,"苏格拉底回答,"城邦的所有的工程和所有的管理机构都属于男人,只因为他是男人。一个城邦最大的进步是能让更多的妇女展示自己的才能。"

"你是唯一一个懂得这个重要性的人。苏格拉底,请你告诉我,今天的议会开得如何,伯里克利发言了吗?"

"发言了,非常理智。随着时间的推移,他慢慢抛弃了自己独占一切的狂热,开始冷静思索……"

这时,伯里克利返回来,放下了他总是戴在头上的头盔。这也是证明他元首身份的象征。实际上,光头就显出了他的缺欠。头的上部显得不成比例的大,这个欠缺也使他的对手喊他"香瓜头"。米利都女人转向自己的丈夫,说:

"你知道吗,苏格拉底怎样看你?他说,你随着年龄的增长善于思考了。"

她笑了,露出洁白的牙齿,问哲学家:

"你忘记了,20年来,伯里克利意识到其他城邦惧怕雅典,就通过议会投票决定向所有的希腊人,包括在欧洲的、亚洲的和非洲的,所有的城邦,大的和小的,发出邀请,建议联合起来,组成泛希腊同盟,让所有的人都享受和平,摆脱战争的梦魇。"

"是的,"伯里克利好像在自言自语,深陷在对自己过去伟大行动的回忆中,"是的,我派出了20位使者和参加过马拉松战役的元老,请希腊人来签订同盟。这将是个强大的同盟。将保证世界和平,人类将无限幸福,各个不同民族不是通过战争而是用和平竞争共处。但是,苏格拉底,你记得吗?结果是一事无成,因为斯巴达反对。这个美丽愿望的失败,使我意识到，斯巴达的嫉妒不会到此为止，他们要想法设法和我们争下去……"

苏格拉底打断了他：

"不仅仅是斯巴达，还有许多其他城邦，因为你只想索取而没有给予。在你的心灵深处暗藏着统治所有希腊人的野心，你渴望实力，伯里克利，你把雅典变得越强大，你的野心越膨胀。你和近邻都打过仗，包括维奥迪亚、洛克利亚、艾维亚、麦加拉，直到埃及，你想征服他们。你试图扩大国家版图，好像把大地赐予了你，你可以随心所欲占领你要的地方！你固执地遵循一个庞大的计划，但是，命中注定是要失败的。无节制的对于实力的渴求，将把城邦和国家引向混乱，这是诅咒。对寻求占领的人，界限是死亡。界限唤醒仇恨，动员人民。人世间的罪恶不是神带来的，是人的贪婪。贪婪把生活变成地狱……"

苏格拉底继续说下去：

"我想向你们，亲爱的朋友，提起一个古代的神话。当赫拉克勒斯取回由赫斯珀里得斯们看守的金苹果，这个长生之果时，他的保护神雅典娜跑到他身边，阻止他吃这些苹果。因为他不是不朽的，如果这个食物被他吃掉，就会使他超越自然的界限。赫拉克勒斯听从了女神的劝告，又把金苹果放回了原处。政治上也一样，任何想超越界限追求成为巨人的人，都适得其反。难道你们二位就不怕因贪婪而受惩罚吗？"

他想走近阿斯帕西亚说点什么，但是，她的丈夫用手阻止了他，他要回答他。女人脸上呈现出紧张的表情，她专心期待伯里克利要说的话，她本人也准备随时介入，说点什么。以便堵住苏格拉底这个难缠的对话者的嘴。

"尽管你是哲学家，"伯里克利回答，"你还是犯了一个大错误——夸大了人的欲望。在这个地球上，每个生物都在奋斗。每天除了奋斗还是奋斗。这样，危险就构成了生命的基础。任何一个勇敢的人都不会满足于节制。雅典人充满活力，内心的冲动推动他们，要冲破过去，要高于他人。难道你没有看到，那些劳动者，那些年轻人，为了实现一个更伟大、更辉煌的祖国梦做出的牺牲吗？没有任何力量能够阻止成功，不管是可能的和还是不可能的。有的人没有别的能力，只能提供原料，而有的人就有能力把原料进行加工。雅典仅靠周围的贫瘠土地无法生存，必须靠实力扩展，

苏格拉底
ΣΩΚΡΑΤΗΣ

寻找新的领地，这些领地能够给雅典提供更多的奴隶和更多的原料，为雅典的贸易和工业提供新的消费者。所以我给雅典建立强大的海军，供给充足的奴隶；我让雅典强大起来，足以保护自己的财富。这些都是我的所作所为。我为自己的工程骄傲，我问你，这三件事情你能指责我哪一件：我们强大的海军？我们充足的免费劳动力奴隶？我使用金钱的方式？"

伯里克利住口，等待苏格拉底回答。阿斯帕西亚抢先打破沉默：

"我知道，苏格拉底，你主张有节制。但是，我的丈夫也没有浪费，他把钱都用在了工程上。他花费了大量的钱，一半用在了生产上，一半用在了美化城市上。而且创造了永世的工程。50年前，希腊每个角落都有自己的艺术和自己的思想，而现在，自从伯里克利掌握政权后，所有杰出的成就都集中在了这个角落，雅典。雅典已经成为现实的学校。戏剧方面出现了埃斯库罗斯，我的朋友索福克勒斯，你的朋友欧里庇得斯。我们创建了音乐堂。我们在世界上首次颁发了文学奖：希罗德获奖12块金币。提到雕塑和建筑，请看卫城……伯里克利是从贸易和盟邦获得的金钱，但是，这些金钱都用在了改善人民的生活和建造工程上。没有财富谈不上艺术，谈不上思想。贫穷的国家的艺术和精神脊梁是软弱无力的。你想让我告诉你，伯里克利最伟大的功绩是什么吗？那就是，他使最普通的公民有了自己的翅膀。无论他需要多少钱，他们会马上投票赞成的。他们和他共同梦想一个幸福的祖国，这个梦想已经实现了。雅典已经成为一座美丽的城市，繁荣的城市。就连奴隶在这里也生活得很好。国家抚养孤儿，甚至连苍老的动物都得到关照。这个城邦每年都推动文明前进一步，都在改变世界的面貌。伯里克利时代，不管你喜欢不喜欢，将是后人的楷模。梅迪克战前雅典以毛驴的缓慢速度发展，而在伯里克利执政后，雅典以暴风雨般的速度前进……但是，说这些有用吗？我们也碰到了常人碰到的最大问题——嫉妒。斯巴达人，处于低级发展阶段，好战，嫉妒我们。斯巴达人对于我们的进步感到恐惧。我们回避不了这些顽固的斯巴达人，我们之间总有一天要开战……"

阿斯帕西亚越讲越愤怒，苏格拉底注意到这个女人蓝色的眼睛像大海一样清澈。他耐心地回答：

"无论我们多么热爱自己的城邦，阿斯帕西亚，也不应该妨碍我们尊重其他的城邦。斯巴达人有缺点，但是，他们也有长处。他们相信自己的理念，这种信念比剑更可怕。我们从来没有去理解他们，去接近他们。我是个主张仁爱的人。我相信，不仅要善待盟友，以便在需要的时候来帮助你；而且要接近你的敌人，向他表明，你认为他的国家和你的国家一样神圣。就是在通过暴力轻而易举取得胜利后，也需要善待那里的人民，哪怕这很困难。没有他们一切都不能巩固。阿斯帕西亚，你顺口说出了战争，你知道战争多么可咒吗！你的话和那些好战的工业家，送给你孔雀的刻法罗斯和比罗拉比斯说的一样。就在此前，你还赞扬和平的宝贵和生活的欢乐。有办法保持我们人民的这种幸福，只要你的丈夫知道何时应该停止扩张的欲望。财富只有在美德的陪伴下才有益，美德源自对所有人的爱。如果一个民族为了金钱而追逐金钱，财富就是诅咒。需要美德来支撑幸福的重量。"

哲学家转向伯里克利，说：

"我相信，当你一天工作劳累，回到家里，夜间入睡后，斯巴达人的鬼魂会出现你的梦中，对吗？"

"是的，"他回答，"我看到战争从伯罗奔尼撒以飞快的步子走来，我不得不日思夜想。不像有些人想象的那样，我在用金钱赎买和平，不是，我在争取时间，以便做好充分的准备。我曾经相信全希腊人联盟，我比自己的同胞看得远，当同盟还没有成立时，我就渴望了。但是，现在我的心凉了。现在我明白了，我们祖国的进步和好战的斯巴达的停滞之间的平衡被破坏，将引发战争。苏格拉底，你们这些认为存在着受友谊和同情影响的国家的人，你们这些把人与人之间的相处比喻成国家和国家之间相处的人，不仅自欺，还欺骗人民。人的美德，有节制和讲信义，不是，也不应该是民族的美德。一个人可以做到神圣，一个国家永远做不到！你，苏格拉底，是哲学家，关于政治你一窍不通。"

他说完，倒上一杯水，一饮而尽。他面部显得疲惫。很明显，现在需要做出重大决定，两种情感在他的内部斗争。他在城邦的地位，经过30年的统治，开始削弱了。当他的政治生涯刚刚开始时，和一批贵族共同掌管政权；像西门，极其富有，他的朋友；他供一批劳苦的人吃和穿，他打开自己庄园的栅栏，让他们进去摘葡萄。伯里克利尽管出身王族，但是本

苏 格 拉 底
ΣΩΚΡΑΤΗΣ

人没有钱财。只好担任民主党人的首领。但是，他自己没有供养下等人的礼物。所以，在最初的年代，伯里克利不得不在预算中留出余额，供给那些忍饥挨饿的人们，因为他本人无能为力。这正是他开始掌权年代的长处，也是他后来的短处。平民百姓不断要求他给予，并威胁说，如果得不到，就要抛弃他。伯里克利大大方方供给人民酒，把人民灌醉了。现在他只有坚持下去，或者走向成功，或者走向毁灭。苏格拉底预感到了这一点，在他丑陋的脸上露出一丝可爱的同情的微笑，回答说：

"对我来说，伯里克利，我更担心雅典，而不是怕斯巴达。在这里，你，只有你，是多数，你可以为所欲为。这还好，因为你理智。如果你离开，政权将落在那些哗众取宠的人手里，如制皮匠克里昂①，已经崭露头角。对我来说，危险不是来自斯巴达，而是来自雅典的平民……"

就这样，两个男人，热烈讨论着，每个人都坚持自己的观点，把他们的思想留给了后世。有人掀起当作门的厚厚帘子，走进来。是亚西比德。他喊：

"伯里克利，来了一个浑身尘土的送信人。我设法让他说话，但是，他不张口。我看出来，是一个你派往伯罗奔尼撒的间谍。让我听听他对你说些什么。"

伯里克利站起来，安详地把亚西比德推到一旁，离开前，对苏格拉底说：

"苏格拉底，我能轻而易举地说服全体人民，却说服不了你。"

---

① 克里昂（？—公元前 422 年）在雅典的政治中，商业阶级的第一个著名代表人物。伯里克利死后，他成为雅典民主派的领袖。在伯罗奔尼撒战争中，他力主进攻。米蒂利尼曾经叛离雅典。公元前 427 年把米蒂利尼攻陷后，他提议处死所有公民，把妇女和儿童变为奴隶。公元前 425 年围困斯法克特里亚岛，生俘斯巴达人，这时，他的声名达到顶峰。但是，后来在重新攻占色雷斯城邦时，他被斯巴达将军布拉西达斯打得落花流水，死于安菲波利斯。——译注

12

　　天刚刚亮，苏格拉底就来到市场。午前来到拱门，雅典人积聚在那里讨论问题。傍晚他喜欢在体育馆度过。他喜欢在那里看训练有素的青年人摔跤。不管谁取胜，他都要跟他攀谈询问，他可以和一个陌生人谈上几个小时，只要看到对话者的面部闪着对一个更美好世界的期待。

　　他的学说是首创的。他不遗余力地批评智者们的主张，如"人为己"，"人应追求己所好和己所爱。"这类教导用自私自利灌输青年一代，教育他们说，现在这个世界上，高贵的人就是要寻欢作乐和追求金钱，对弱者造成残酷的压抑气氛。

　　学美德是基础，苏格拉底掌握"君自省"原则，给他的听众以美德教育。他跟智者们不一样，他不用干巴巴的定义教育人，而是在和雅典人谈话中，不知不觉地阻止他们继续走向堕落。开始时，他的同胞乐意听他讲话，感到和他对话是一种享受。今天我们很难想象，在公元前5世纪，运用逻辑推理会成为一种享受。柏拉图在对话中写道："我们沉醉于逻辑推理中。"苏格拉底的论辩法犹如一把坚硬的钳子，抓住你就不客气。他证明，普普通通的手工艺人、木匠和铁匠比政治家高明，因为他们知道自己的本行。而政治家们却是盲人骑瞎马，不知方向。

　　从早到晚，这位反常的哲学家扮演着教化社会的角色。但是，却得不到他的努力所应得的响应。他批评过去和现在，便与所有的当权者，祭司们和智者们发生了矛盾。不但没有得到朋友，反而慢慢造就了敌人。就连一般的民众，本来是喜欢听他演讲的，现在也开始怕他了。中间阶层，我

们今天称之为资产阶级,反对他。因为他们依靠伯里克利的政策赚钱,满意这个政策的成功,无论从哪个角度也没有看到危险。只有好心的克里同想方设法使他进入贵族圈子里,他们关注和支持苏格拉底,因为他对他们有用。但是,那些大地主贵族,看到这个光着脚板走路的人,听他讲那些鬼话,侮辱古老的宗教思想,都离他远远的。

那时克里同建议他:

"你为什么不追寻两个政党之一,或者保守党或者民主党,那样你不就有靠山和支持了吗?"

柏拉图

"我能去追随那些我指责为无文化和无道德的人吗?克里同,我宁可找少数人,他们慢慢会吸引更多的人,有限的人多起来,在大地上传播正义和美德。"

苏格拉底依靠自己的坚持,又有了新的信徒。几个月后,又来了4个青年,2个贵族,2个平民。最杰出的卡利亚斯,是伊包尼克斯之子。他的财富用奴隶来衡量,有600个奴隶。出身基利克家族,在埃来福西纳继承了达祖霍斯爵位,在普通百姓中有很大威望。

卡利亚斯是一个英俊的黝黑青年,能理解文化,但不深刻。他对来到雅典的哲人都奉送丰富的礼物,热情款待。在他的家苏格拉底见到了6位智者:普罗塔哥拉①,希庇亚斯②和波罗迪克斯,历史学家希罗德,还有欧

---

① 普罗塔哥拉(约公元前485—约前410年)希腊思想家和教师、希腊第一个最有名的诡辩学家。一生绝大部分时间住在雅典,对当时的道德和政治问题方面的思想甚有影响。主张要在生活的行为中教导人们应当有"道德"。其著名格言是:"人是一切事物的尺度"。尽管他接受传统道德观念,但在《论诸神》中对信神一事表示了不可知论的态度。他被控以不信神之罪,著作被焚,他本人于公元前415年前后被逐出雅典,在外地度其余生。——译注

② 希庇亚斯(活动时期公元前5世纪)古希腊智者派哲学家,他曾发现可能用来三分一个角的特殊曲线(矩形球边弧),从而对数学做出巨大贡献。他是多才多艺的人物,曾教授诗歌、语法、历史、政治学、考古学、数学和天文学。写有大量文学作品,包括挽歌和悲剧。——译注

里庇得斯。但是，卡利亚斯天真，非常乐意接受一切新主义，轻易相信那些能言善辩的骗子。他招待那么多阿谀奉承和拍马屁的人，为了安置他们，他不得不建房子，仓库，甚至把自己的浴室都用上了。这样慢慢耗费了自家的巨大资产。

第二个追随苏格拉底的富人门徒是赫莱峰。这个青年人喜欢苏格拉底，全心全意爱护他。他腿瘸，驼背，骨瘦如柴。皱纹堆积的面孔像蝙蝠。阿里斯多芬在他的戏剧《云》中讥讽他为"僵尸"①。他天生就信教，苏格拉底的话令他兴奋。

另外两个新学生是手艺人，一个是雕刻师阿波罗多斯，外号叫"疯子"。在认识苏格拉底前他是唠叨鬼，骂天骂地骂人。认识苏格拉底后突然变成了另一个人，改变了思想，安静下来。尽管他的雕刻天才得到公认，但是，他被苏格拉底的演讲深深打动，放弃了雕刻艺术，追随老师，把传播老师的教诲作为终身目标。

第四个学生是欧几里得，一个来自麦加拉的青年，受过扎实的哲学训练。在巴门尼德和季侬身边学习了他那个时代所有的知识。苏格拉底马上明白这个学生的重要价值。后来，伯罗奔尼撒战争爆发，禁止所有麦加拉人逗留在雅典。欧几里得男扮女装混进城里，跑到苏格拉底家。苏格拉底和他面对面跪在地上，同意接受他为自己的口授辩答学生。在后半夜，欧几里得冒着抓到被绞死的危险，又化妆成女性混出城外，回到麦加拉。

老师对接近他的人有益，同样，他也非常需要听众。固然他喜欢一个人在安静中思索，但是，他的思想还是在和人们的交谈中更加深化。通过相反的看法加深他的奴斯。那些跟他一起学习的人都成了"思维宽阔"的人，能够准确地为概念定义。通过讨论寻找真理。当有人跟他谈论某一个抽象的概念时，如伦理，他就会打断他："在谈论伦理时，你想说什么？用词汇可以容易地解决所有的问题。但是；让我们来看看本质——什么是伦理？"于是在讨论中开始了辩论术。经常在开始时，他常常会让对话的人比以前更加糊涂。但是，他教他思考。靠他的方法消除人头脑中的很多

---

① 《云》是阿里斯多芬于公元前423年发表的一部喜剧，主要攻击诡辩哲学派所提倡的"新式的"教育和道德观念。剧中苏格拉底和他的弟子受到揶揄。——译注

苏 格 拉 底
ΣΩΚΡΑΤΗΣ

疑云；明确什么是神，人，美德，邪恶，谦虚，爱。在苏格拉底之前，对这些几乎没有明确的说法，是他确定了这些概念。

苏格拉底从来不在短时间内打发一个新人，他总是反复考虑自己的思想。从来不让他们满足于一孔之见。他唤醒他们求知的欲望和好奇心。他对人们心灵深处沉睡的光进行雕刻，给他们注入知识；这就像一个利用水晶球能令深埋在地下的泉涌出来水的巫师。苏格拉底把导致人们注重小事，眼前的欢乐和痛苦的无为变成对信念的追求。和那些通过奉承，让普通人对自己的弱点津津乐道的智者们相反，苏格拉底总是想方设法，有时甚至是残酷地锤炼他的对话者。只有那些愿意提高自己的人追随他。这些人是少数，因为那时的雅典沉浸在幸福中，那些享受生活的市民不愿意寻求什么带来麻烦的理想。

公元前435年左右，保守党由新的领袖尼西亚斯①领导。他和伯里克利有一些共同的特点。他接受了指挥战争的任务。是贵族，富有，冷静，诚实。但是，相差很大。他个子很矮，怕神，犹豫不决。他怀着恐惧的心情得知，伯里克利竟然相信太阳（想想，那可是阿波罗神啊！）是一块燃烧的石头，或者，他竟会和那些无神论者在一起。所以，他认为自己的神圣使命是推翻伯里克利。尽管他对哗众取宠的克里昂极为反感，还是决定和他联手。这样一个极左和一个极右两个极端联合起来，再加上那个疯狂的祭司长焦皮西斯，他用尖尖的嗓音发布刺激民众的预言。第一步，他成功地放逐了音乐家达蒙。达蒙是伯里克利的老师，他教导说："好的音乐能够培养好的公民，如果改变一个人民的音乐，慢慢地，就能改变他的思想，甚至制度。"实际上，他藐视平民，他说，如果伯里克利是个集权的首领，不给予平民对所有问题的否决权，会统治得更好。这样，雅典人没有经过多大争论，就通过表决，把他这个民主的危险人物放逐了。第二步，尼西亚斯—焦比西斯—克里昂三驾马车联合起来攻击伯里克利的好朋友菲迪亚斯，指控他盗窃了用来塑造雅典娜女神的黄金，但是他们没有能

---

① 尼西亚斯（？—公元前413年）伯罗奔尼撒战争时期的雅典政治家和将领。在叙拉古保卫战中曾任雅典军队的司令官。他长于进攻。公元前421年与斯巴达议和。但由于斯巴达盟邦以及雅典将军亚西比德的反对，战端重启。后来他的军队被叙拉古击溃，他本人也被俘处死。——译注

够审判菲迪亚斯。因为菲迪亚斯早已预见到会有人诽谤他，所以在他塑造雅典娜塑像时，把黄金和骨架分离开来。他在陪审团法官面前称量了黄金，结果一德拉米也不少。对雅典充满厌恶之情的伟大艺术家愤怒地离开了，到了奥林匹亚。在那里创造了流芳百世的宙斯雕像！当他再次回到雅典后，这个极端的宗派又开始起诉他，指控他"亵渎神灵"，因为在雅典娜女神的盾牌上有一组表示大战阿妈宗人的浮雕，那里他把自己和伯里克利的头像放了上去。这倒是真的。因为在保留下来的大战阿玛宗人的浮雕中，可以清楚地看到，一个秃头的老年人——菲迪亚斯——举起一块巨石，而另一个武士——戴着头盔的伯里克利——用标枪刺向阿玛宗人。这两个形象被认为是对神庙最无廉耻的咒骂，结果菲迪亚斯被判有罪。这个伟大的艺术家，为自己的祖国带来永世光荣的艺术家，被关进了监牢。

然后，他们把矛头转向好心的安那克萨哥拉。伯里克利在夜间亲自把他送到比雷埃夫斯港，把他藏在了运送小麦的船上，及时拯救了他。

在清除了伯里克利的第三个合作者后，他们在伊利亚陪审法庭审判阿斯帕西亚，要判处她死刑。大难当前，伯里克利决定或者和她一起站立，或者一起倒下。他不得不一个一个单独找法官求情。在最后审判阿斯帕西亚时，他亲自担任自己妻子的辩护律师。这一天，这个举世闻名的伯里克利，这个当年痛失亲生儿子都没有掉一滴眼泪，这个面临死亡和被剥夺全部财产都临危不惧的领袖，却流着眼泪请求伊利亚的陪审法官们不要夺取他在这个世界上最爱的女人的生命。这位伟大的统治者在那一刻表现出的卑微深深打动了雅典公民，最后陪审团判处阿斯帕西亚无罪释放。

尽管米利都女人得救了，但是，这四次审判动摇了伯里克利的地位。他花费那么多精力建造起来的辉煌大厦开始颤抖了。他的对手看到人民已经开始厌倦他，于是开始了更大规模的反对他的宣传攻势。过去秘密举行聚会的政治团体现在开始公开和大胆活动。

就在三驾马车破坏了以伯里克利为首的智囊团的同时，斯巴达派使者来到雅典，要求雅典对干预斯巴达的友好城邦——埃依纳，麦加拉——作出解释。科林斯也鼓动自己过去的殖民地、如今归顺雅典的博迪得亚造反。在这种气氛下，在公元前432年，雅典人欢庆了"泛雅典节"，这也是雅典人最后一次享受这样的节日了。

13

8月13日,雅典娜女神的生日。每年的8月13日全雅典人都要举行盛大的泛雅典节游行,这个盛大的节日让穷苦人忘记自己的痛苦;让富人忘记自己的财富;让恶人忘记自己的敌意;让所有居住在阿提卡地区的人沉浸在节日的幸福中。今天,蔚蓝的天空洒下生命的欢乐。谁也不能相信,在这样美好的日子会降下灾难,会发生战争。不相识的人们也相互问候,到处是友好的、诚挚的气氛。全城邦是鲜花的海洋;雅典人穿着洁白的衣服(法律规定这一天不允许穿带颜色的服装),一个穷人因为没有第二件外套,穿着脏衣服出来,被观众发现,给了他一件白色袍子换上。所有的工作都停止,作坊关闭;师傅和奴隶全部休息,店铺一律用橄榄树枝装扮起来。所有的人都出来观看游行。在古代希腊没有专供休息的星期日。劳动者只有节日才能得点清闲。这个盛大的节日为期6天。头两天举行体育比赛,接下来两天在伯里克利建起的音乐堂举行音乐比赛;第五天赛马,投掷标枪比赛;在奔腾的马背上跳来跳去的马背跳赛;同时在法力罗海滨举行马拉车奔跑赛。在盛大游行开始的前夕,举行舞蹈比赛,人们整夜都来观看火把的传递。这样,所有的店铺关闭6天,普通民众可以休息。这个节日就是雅典人的复活节。

苏格拉底和忠实的克里同又来到市场。那里人山人海。外国人,来自世界各个角落的人,都在从盖拉米克到卫城的路两侧占好了位置。在人群中混杂着来自东方库柏拉①的祭司们，他们用巫术给人治病，卖护身符，他们携带的头盖骨和他们自己肮脏的大胡子让人看了感到恐怖。各种各样走江湖的、卖艺的人在游行开始前占一块地进行杂耍和吞剑等表演。那些站在迪比洛斯大门（游行从那里开始）附近的人因没完没了的准备而焦虑不安，他们对组织者大声喊叫："哎！快点呀，急死我们了……"

突然，号角响起，顿时安静下来，吵闹和杂耍停止。在绝对的安静中，游行队伍的团队开始展现。他们的目的是充分显示雅典的富有，要在卫城上把新的长袍献给雅典娜女神。这个长袍是黄色的，毛织的，是最好的手艺人整整一个冬天劳作的成果。上面用金线绣出雅典娜女神大战巨人的场面。

游行队伍最前面是以伯里克利为首的贵族领袖们，后面是由强壮的驾驭手控制的100头祭献用牛。动物后面是来自贵族家庭的美丽姑娘们，她们穿戴简朴，手里捧着祭献给雅典娜女神的礼物：鲜花，水果，苹果派和银制祭祀用刀。这些身材漂亮的处女们步履轻盈，散发着青春的美丽和贞洁；令人群着迷。接下来是10位运动裁判员；为这次庆祝游行花钱赞助的每个富有家族的一位代表；然后是为雅典娜女神织长袍的"纺织姑娘"，她们是手艺人，穿戴朴素，表情庄重；和菲迪亚斯在雕刻作品中表现得完全一样。在游行队伍中间的，是最重要最美丽的长袍，这是献给雅典娜女神的礼物，人手是不能碰的。所以有一艘下面带轮子的三层桨座船，长袍挂在桅杆之间，像船帆似的；人推着船在游行队伍中缓缓行进。经过严格挑选出来的姑娘和小伙子们组成的合唱队伴着船行进，他们分成小组，高唱歌颂雅典娜女神的赞歌。一个小组唱完，另一个小组马上接着唱。在古代，合唱是音乐的最高形式，如同我们现在的交响乐。

在他们后面是体育比赛的获胜者们。身材苗条的长跑运动员，体格健壮的摔跤运动员；获奖的史诗朗诵者和长笛吹奏者；还有戴头盔擎盾牌的赛车手和他们的驷马车。中间是火炬竞赛胜者，他高举燃烧的火把，将在处女神庙前点燃祭礼仪式开始之火。

---

① 库柏拉，古时在小亚细亚弗里基亚地方代表自然界生长力的女神，在小亚细亚和希腊受人崇拜，她的教仪与酒神的教仪相似，后来又传至罗马。——译注

  团队继续展开……下面出现的是移民的队伍，他们手擎枞树枝，表明：他们尽管不是纯粹的本地公民，但是受到好客之神宙斯的保护，宙斯爱枞树。他们后面是白发苍苍的老人们，他们都是在老人选美中的获胜者。他们手执橄榄枝，表明在城邦里，百岁老人也青春焕发。对美的崇拜是他们生活中主要部分。现在，美成了最高的法则。他们相信，美使他们变得更善了，因为他们认为，美是无形的神的唯一可见之点。有一些职位是不能授予形象不好的公民的，将军必须是英俊的，因为只有这样军队才甘心情愿听从他的指挥。在怀孕的女子房间里要放上那喀索斯①的雕像，祈求生下的婴儿能像他一样漂亮英俊。

  老人过后，出现的是城邦的军队。前面是将军和军官们，带领着队形密集的陆军士兵，他们崭新的武器在阳光下闪亮耀眼。接下来是来自城邦贵族阶层的骑兵，这些人从来不愿脚踏地，在城邦里，无论到那里，或者游行，或者打仗，他们只在马上。在市场中心，骑兵停下，为了显示他们的能力，让战马作舞步表演，市民为之欢呼。再后面是一般市民的队伍，他们严肃行进，不言不语，外国人感到非常惊愕，因为这些生下来就吵吵闹闹、唠唠叨叨的人，竟能在宗教的节日这样虔诚和安静。

  游行队伍最后是外国的和盟邦的使节们，他们携带着送来的重礼。这些使者们穿戴着自己国家的服饰，给全雅典的一片白增添了色彩。

  游行队伍抵达卫城后，开始了蛇形攀登。苏格拉底的老朋友、菲迪亚斯喜爱的学生雕刻家阿格拉克里同斯和画家帕拉斯奥斯来到他身边。

  他们对苏格拉底说：

  "今天，你应该感到羞愧，因为你抛弃了艺术，无所事事，在市场转来转去。如果你没有离开雕刻，今天也可以像我们一样骄傲地说，你也为卫城奉献了力量。"

  苏格拉底回答：

  "不用替我操心。加工石头的雕刻家们很多，但是，我们这个地方缺

---

① 那喀索斯，希腊神话中最美的少年，因为他太美了，所以他只爱自己，不爱别人。回声女神厄科向他求爱，遭到拒绝。爱神阿佛洛狄忒为了惩罚他，让他爱恋自己在水中的倒影。最后憔悴而死，死后变成水仙花。希腊语就把水仙称为那喀索斯。——译注

少改善人灵魂的人。我的工作更重要,你们不用担心……"

帕拉斯奥斯笑了:

"你从就听一敬百,话多。你对自己企图改变雅典人津津乐道——难道你还没明白吗?他们都是头脑轻浮的人。"

阿格拉克里同斯为了赞赏卫城的美,对他们说:

"昨天,伯里克利攀登山上来察看完工的卫城,对建筑师姆奈西克里斯①说,卫城建造得比他想象的还要美。他观赏了好几个小时,还没有看够自己的工程。你要知道,教会没有批准山门和处女神庙的位置,因为比被波斯人烧掉的原来的位置偏右。如果焦皮西斯看到伯里克利坚持在他选的位置重建,一定会诅咒他,说他的不敬神会给城邦带来不吉祥。"

帕拉斯奥斯说:

"仅仅是教会吗?难道人民乐意吗?你们记得吗,一天在公民大会上伯里克利的对手指责他为建卫城浪费大笔经费,他就问公民们:他们也认为是浪费吗?公民们大声喊:'很浪费!'于是,伯里克利对他们说:'这样的话,我一个人承担建造的全部费用,但是,建成之后,在纪念碑上只写下我个人的名字。'他的话刚出口,那些嫉妒的人怕把功劳都记在伯里克利一个人名下,就喊叫起来,说需要多少钱,都从公共财务中开支。从那时起,支出就没有停止过。"

几个贵族和他们并肩攀登,听到了他们的对话,其中一个转向帕拉斯奥斯,好像认识此人(因为,他总是头戴金环,鞋用金带,手杖金头),他用蔑视的口吻说:

"伯里克利用过分的装饰把这座圣城变成了站街的妓女,她的美貌可以吸引傻瓜们,但是谁也不想娶她为妻。"

帕拉斯奥斯想回答他,阿格拉克里同斯阻止了他:

"这样的日子争论对神不敬。不要说了!"

---

① 姆奈西克里斯(创作时期公元前5世纪)古希腊建筑师,与伯里克利、菲迪亚斯、伊克蒂诺斯、卡利克拉特等为同时代人。据普鲁塔克的记载,他是雅典卫城城门的设计者。有些学者认为厄瑞克忒斯神庙也是他设计的。——译注

他接着说：

"现在，伯里克利准备再建一座无翼胜利女神庙。"

"我听说了。"苏格拉底说，"也许他幻想，建一座没有翅膀的胜利女神庙，胜利不会飞走，永远留在我们身旁。"

三个人边说边走，进了山门。这座山门建造得那样完美，每一个走过的人都会感到，这里就是人间和永恒圣界的分界线。他们赞赏在几年前被烧毁的荒凉山头上，灰色岩石和光亮的大理石反差之间的和谐，你感觉到，仿佛在干枯的岩石上突然长出了美。

当时太拥挤了，所以阿格拉克里同斯建议他们等等，等人散去，他们就来到一旁的大地女神该亚雕像前。雕像表现女神跪在地上恳求宙斯降雨。周围的祭坛冒着烟，到处是乳香和杉木味道。在处女神庙前正在举行仪式，宰杀那100头牛献祭给女神。伯里克利和官员们把新的长袍进献在雅典娜女神雕像脚下。三个朋友看到，仪式刚刚结束，伯里克利就离开了。他本来是个高个子英俊的男人，但是，现在腰弯了，人老了。他走过山门，那里耸立着五年前克里特人克雷斯拉斯创作的他的半身雕像，你会看到可悲的变化，这是最近以来的困难引起的。

人群散去后，三个朋友来到处女庙前，今天撤掉了所有的支架，第一次展现出她的全部光辉。这三个完全不同的人一下子产生了同一种感觉——在绝对的美前，他们完全忘掉自己的存在。仅仅是比例的魅力，这个巨大雄伟的雕像，就足以令人陶醉。他们长时间站在那里沉默不语。最后，还是帮助菲迪亚斯设计雕像的阿格拉克里同斯给他们讲解说：

"简单永远不是容易的。我的老师菲迪亚斯和建筑师伊克蒂诺斯认为多利斯列柱庙宇太沉重，决定减轻重量又不使其失掉庄严。于是伊克蒂诺斯这位数学家开始几何设计，为了给观者在视觉上造成错觉，他没有设计成正方形，第一次为菲迪亚斯提出了特别的比例，他们共同完成了，把科学和艺术完美结合起来，赋予大理石以生命，变静为动。在这座处女神庙里，没有一条线是垂直线，全部是曲线；眼睛看不出弯曲，却恰恰是为视觉而设计。一天，委员会发生了争论，讨论阿提卡的强烈阳光照耀在石柱的厚度上将产生什么样的影响。最后决定，靠四个角的柱子比其余柱子还要加厚，这样，当阳光照射上去视觉感觉柱子会缩身；加厚的部分恰恰是被光线'吞噬'的部分,所以现在你们看到的,所有的立柱是一样的。另外,请你们注意另一点:所有的立柱看上去是平行的,实际上不是,它们向内倾斜。在高空有一个点,如果所有立柱延长线向上伸展,它们将在那个点汇合。这个无形的创新只有用毫米计算才能成功,才能创造出你们看到的这个活生生的机体。"

"我记得,"帕拉斯奥斯补充说,"一次我登上山,把我的方案给菲迪亚斯看,他正在那些汗流浃背的工匠中间转来转去,不知疲倦,晒得黑黑的,他指导他们如何把立柱连接准确,他不允许任何灰尘、泥沙混进去,完全做到大理石连接大理石。我吃惊地看到,就是在人的眼睛永远看不到的地方,他们也是一丝不苟、分离不差地加工。你们想不到,他们把大理石立柱连接得那样天衣无缝,就连一个刮脸刀片都放不进去。只有艺术家把他的气息传达给工匠们后,让他们懂得艺术家追求的完美,才能完成这样无与伦比的工程。在卫城上工作不是劳累,而是欢乐。所以,我看到工匠们在炎热的太阳下边工作边歌唱。我在埃及见到的金字塔是奴隶们建造的,卫城是欢乐的公民建造的,这就是这两个伟大工程的区别……"

苏格拉底无言地听他们谈话,最后问阿格拉克里同斯:

"庙有多高?"

"36英尺。"

"只有这么高?我感觉要高得多。你没办法……艺术充满神秘!菲迪亚斯和伊克蒂诺斯让我们用普通的眼睛看到了他们最先用灵魂的眼睛看到的作品。我喜欢这些排挡间饰,表现了文明对野蛮的斗争。我看到了阿玛宗人——婚姻的敌人,肯陶洛斯(头部与上身为人,躯干与四肢为马,简称人头马)——破坏和平生活,和巨人——暴力的象征,之间的大战。我喜欢在女神的庙里有这些画面,这是光明战胜黑暗的作品。"

阿格拉克里同斯引导他们来到内厅,观瞻由黄金和象牙制成的处女神雕像。在那里他们仰望女神雕像,感到诚惶诚恐。既没看到印度的象牙,也没看到黄金,更没有看到巨大宝石的眼睛。只见到了菲迪亚斯从天上请到人间的女神,来保护她所爱的城市。她的面部表情甜蜜而威严,是战神又是和平之神。凡是在近处看到这座雕像的人都感到一种"震撼",神圣得令人肃然起敬,给凡人带来的是超越自然的力量。没有任何一个雕刻艺

术家在表现神时能达到菲迪亚斯的水平，因为只有神可以和他的天才成比例。当他塑造神的时候，实际上把神请到了人间世界。

三个朋友站在雕像前赞赏了多少时间，他们自己都不知道，仿佛时间静止了。最后还是苏格拉底打破了沉寂：

"菲迪亚斯是伟大的创造者，这个作品出自他内心深处对神明的敬畏。但是，这里有什么使我感到惊异……色彩。你的老师接受了涂彩墙的建议，为的是掩饰大理石的冷感；挂上了色彩鲜艳的布帐，庙顶涂成蓝色，给人天空之感。我宁愿这是一个纯粹的庙堂，一个虔诚的信徒来这里朝拜，不应该有任何干扰，分散他的注意力。"

帕拉斯奥斯用手指着雅典娜的盾牌，说：

"这就是毁了菲迪亚斯的浮雕像……为了这个大战阿玛宗人的一个老人头像，艺术家腐烂在监狱里。阿格拉克里同，我可以把我的想法如实告诉你：菲迪亚斯消失了，得益的是你们，他的学生们。现在只有你们了，你们可以充分展示自己的才能了。年轻的卡利玛霍斯接受了制作无翼女神庙浮雕的任务，他摆脱了你们老师的监督，他制作的雕塑模型非常漂亮，表现的女人身材短小，迷人，如果是菲迪亚斯老师，只会把这些作品放在小饭馆里。"

阿格拉克里同斯气愤地打断他：

"你，这个嫉贤妒能的人，忘记了，如果我们有所成就的话，不都是老师教导的结果吗？难道能够允许……在全希腊世界都在赞赏菲迪亚斯的伟大作品时，却让他因为受到诬陷而死在狱中吗？他们邀请我到阿尔戈去塑造赫拉雕像，我拒绝了。我每天都到监狱去看望我的老师，我为他慢慢死去而痛苦。现在，他将在我的怀里离开这个世界……"

他说完，眼泪流下面颊，为了不被他们看见，他转过身，离开。另外两个朋友尾随着他。走下神圣的岩石前，他们回过头，又看了一眼神庙。阿提卡强烈的阳光照射复活了庙宇和雕像，希腊精神的最高精华，在这里得到完美体现。

政治家有时也像诗人一样，往往一个无意识的灵感会推动他去实现一个梦想，他会想方设法，不惜一切代价。伯里克利为了完成这个工程，不惜让雅典破产。实际上，他从来没有这样慷慨、这样大胆地投资过。卫城在过去使雅典受益,今天使雅典闻名于世。

  三个朋友面对美和雄伟,饱了眼福,走向城里。他们感到骄傲的是,生是雅典人。

14

亚西比德①刚满18周岁,就在卫城上宣誓成为一名士兵,取得了公民权,接受了家族巨额资产管理权。从那一刻开始,整个雅典都围着他转。没有人不赞扬他的财富,他的出身,他的聪明和他无与伦比的英俊。这个尚不成熟的青年一下子被崇拜者包围,失去了尺度,投入了疯狂的和无节制的生活。他目空一切,什么都不在乎,踌躇满志,幻想成为《伊里亚特》里阿喀琉斯那样英俊伟大的英雄。像他那样勇敢、坚韧不屈和名垂千古。亚西比德非常热爱《伊里亚特》和诗人荷马。有一次他到学校里去找这本书,老师告诉说,他们没有,他竟然给了老师一个耳光。

雅典人对他宽宏大量,原谅他的胡作非为。他们认为他的性格活跃,等长到一定的年龄时,自然就能改变。但是,随着时间的推移,亚西比德却变得越来越坏。

直到有一天,苏格拉底在路上见到了他。

"寇里尼亚斯的儿子啊!"苏格拉底说,"也许你会感到奇怪,我也很喜欢你,但是,我一直没有和你说话,也从来也没有跟你打过招呼。"

---

① 亚西比德(公元前450—前404年)雅典政治家。在本书中第一次出现是在第七章,当时是15岁的孩子,第一次见到苏格拉底。公元前446年,其父在彼奥提亚的克罗尼亚指挥雅典军队作战时阵亡。他的监护人伯里克利忙于政务,未能对他进行适当的教育。亚西比德长大后虽然仪表堂堂,机敏过人,但是,自私自利,缺乏责任感。不过,他非常钦佩苏格拉底,苏格拉底也喜欢他。他们成为好朋友,并肩战斗过。后来亚西比德于公元前420年当选为将军。战争胜败参半,404年被杀害。——译注

"我正想问你,你为什么总干扰我,无论我到哪里,你都出现在哪里。却从来不跟我说话,你想干什么?"

苏格拉底:"神的旨意,命令我离你远一些。尽管如此,我还是注意到,你自认为比所有的人都高一等。你的野心无止境。假如有一个神对你说,他允许你统治整个欧洲,却不许你插手亚洲。你宁可去死,也不愿意接受这个条件。"

亚西比德:"是的,你很理解我!但是,我的野心跟你有什么关系?"

苏格拉底:"亲爱的,你所幻想的这一切,没有我的帮助,你一个也不能实现。除了我,没有任何人,无论是政治家,还是你的朋友,都不能给予你所期望的力量。只有我和神,才能帮助你。还要告诉你,神到目前为止一直阻止我,现在允许我来帮助你了。"

亚西比德:"我觉得你很奇怪,苏格拉底,今天你跟我说话了,这之前我到处看到你在我身边,但是你却像个哑巴。告诉我,为什么你帮助我实现我所有的梦想?"

苏格拉底:"你很快就会明白的。我猜想,你刚刚获得公民权,就要登上讲坛,建议雅典人应该做什么。在你发表第一次演讲前,我阻止你,问你:你比他们知道得更清楚你建议他们要做的事情吗?"

亚西比德:"当然!"

苏格拉底:"你现在认为你很清楚,过去有个阶段你不清楚吗?"

亚西比德:"应该有过那个阶段。"

苏格拉底:"据我所知,你学习了一些文化,会弹吉他,会摔跤,对吗?"

亚西比德:"是的。"

苏格拉底:"你将谈什么问题呢?你谈语法吗?谈音乐吗?谈体操吗?"

亚西比德:"这些我都不谈。"

苏格拉底:"那你谈什么?"

亚西比德:"当他们讨论时,我要发表演说,苏格拉底,谈战争与和平。"

苏格拉底:"你想说,当公民们讨论应该和谁签订和约,应该和谁打仗时,你告诉他们怎样做更好吗?"

亚西比德:"正是这样!"

苏格拉底:"好,我们继续,告诉我,怎样做才为'更好',和平还是

战争?"

亚西比德:"这可不容易回答你……"

苏格拉底:"那么,你自己还没有完全弄清楚之前,你怎样站起来去演说?但是,我可以帮助你回答。你建议雅典人跟谁去打仗?跟正义的还是非正义的?"

亚西比德:"根据需要,跟非正义的。"

苏格拉底:"是谁教导过你,什么是正义,什么是非正义?"

亚西比德:"谁教导的有什么意义吗,难道我自己不知道吗?"

苏格拉底:"你可能知道,假如你曾经有一段时间意识到你不知道,而要学习的话。"

亚西比德:"我从小就知道,什么对我不公平,我就是这样学的。所有的人都是这样学的。"

苏格拉底:"所有的人是谁?"

亚西比德:"就是大家。"

苏格拉底:"你找到了杰出的老师们!我的孩子,你是不是相信,所有教导他人的人,首先他本人比其他人更清楚?"

亚西比德:"那是,当然了!"

苏格拉底:"那些了解同一事物的人,能够相互看法一致。比如,什么是石头,什么是葡萄酒,大家都知道,谁也不会争论。你说对吗?"

亚西比德:"当然。"

苏格拉底:"而在城市的教堂里,讨论战争与和平时,你只能听到争论。这说明,公民们有不同的看法。换一句话说,就是他们不知道什么是正义和什么是非正义。"

亚西比德:"看来是这样……"

苏格拉底:"就是说,你找到的老师是这个'大家',你现在承认这个老师也不知道应该怎样做才是正确的。而你却想登上讲坛,去奢谈你根本不了解、从来也没有想学习过的严肃问题。"

亚西比德站在那里思索了一会儿,仿佛找到了答案。

亚西比德:"苏格拉底,雅典人并不在乎,什么是正义,他们关心的是什么更有利。众所周知,正义和利益往往不是平行的,许多重大的非正义给雅典带来了巨大的利益，而正义的行动反而损害了城邦。"

苏格拉底："那样的话，请你告诉我，你知道什么对人有益和为什么吗？"

亚西比德："我当然知道，除非你又要问我是从谁那里学来的。"

苏格拉底："看得出来，每次你都想听到新的证据。过去的证据你认为是过时的，就像过时的服装一样。现在我应该给你一个全新的证据。但是，要我这样做，我们放弃目前的对话方式，我让你来提问，由我来回答。"

亚西比德："啊，苏格拉底，我做不到像你那样提问。"

苏格拉底："假设，我的孩子，我就是你面前的公民大会，你要说服他们。来，开始！"

亚西比德："我看还是你提问吧。"

苏格拉底："至少你认为，正义有些是有益的，有些是无益的，对吗？"

亚西比德："是的。"

苏格拉底："你想说，正义有些是好的，有些是不好的，对吗？"

亚西比德："你怎么能这样说？"

苏格拉底："我想说，到目前为止，你见过这样的情况吗：有人做了非正义的事，但是结果很好？"

亚西比德："至少我没有见到。"

苏格拉底："那可以说，所有的正义都是好的吗？"

亚西比德："可以说。"

苏格拉底："那就是说，如果一个行为引出坏的结果，我们说这个行为是坏的；如果引出好的结果，我们说是好的。"

亚西比德："是的。"

苏格拉底："那么，所有好的都是美的，所有坏的都是丑的？"

亚西比德："看来是这样的……"

苏格拉底："请你告诉我，好的有益还是无益？"

亚西比德："有益。"

苏格拉底："所有从事正义的人，都是从事好的，你有异议吗？"

亚西比德："没有，我没有异议。"

苏格拉底:"亚西比德,正义的,好的,同时也是有益的,对吗?"

亚西比德:"我认为是的。"

苏格拉底:"这样的话,假如你站在公民大会上,像你刚才说的那样宣讲说,正义是无益的,人们不会嘲笑你吗?"

亚西比德:"看在神的份上,苏格拉底,我和你在一起不知道说什么。你有时让我有一种看法,有时又让我有另一种不同的看法。"

苏格拉底对他的说法微微一笑,没有放弃追问。

苏格拉底:"假如有人问你,你有两只还是三只眼睛,你每次回答会不同吗?你做出不同的回答,是因为你没有真正明白你要回答的问题。更坏的是,你还没有认识到自己的无知。"

亚西比德:"你怎么这样想?"

苏格拉底:"犯错误不是那些知道问题的人和那些知道不知道这个问题的人。像你这样的人,明明什么也不知道,却认为自己什么都知道,才犯错误。你现在是不是在一些重大问题上,好与坏,正义与非正义,感到茫然?"

亚西比德:"导致了这个结果。"

苏格拉底:"哎呀,亚西比德,你的问题严重了!你想进入政坛,却面临无知的现实。现在你想怎么办?是自暴自弃还是改变自己?"

亚西比德:"一方面我同意你的看法,我知道的甚少。但是,另一方面我认为,我不比那些搞政治的人知道得少,只有伯里克利除外。但是他老了,我已经不在乎他了。你明白我想说什么吗?假如我的对手很有学问,我很难对付他们。但是,他们跟我一样无知,我干什么要为无知而伤脑筋?无论如何,我在自然条件方面都优越于他们。"

苏格拉底:"你这样说,不配做亚西比德。"

亚西比德:"为什么?"

苏格拉底:"因为你要和一般小人们竞争。"

亚西比德:"难道还有别的人吗?"

苏格拉底:"你看,你看起来是个胸怀宽广的人,思想却非常狭窄。"

亚西比德:"请你解释解释,我不能明白你的意思……"

苏格拉底:"既然你想统领雅典和她的盟邦,你应该和雅典对手的首领比。"

亚西比德:"谁?"

苏格拉底:"那些对我们的祖国虎视眈眈的人——斯巴达人和伟大的国王。"

亚西比德:"是…是…,你说得对。"

苏格拉底:"所以,你不要效仿这里的政治小人,如养鹌鹑的米迪亚斯和揉皮匠克里昂,他们是些粗人;要把自己和你的对手比。"

亚西比德:"可是,苏格拉底,我觉得斯巴达人、波斯国王和我们这里的这些人没有什么区别。"

苏格拉底:"你说什么呀?在波斯,国王的继承人一降生,就要把他交给四大智者:最虔诚的人教他宗教,最公正的人教他在一生中永远说实话;最坚强的人教他控制自己的欲望,使之成为真正自由的人;最勇敢的人教他成为无所畏惧的人,如果胆怯,就要沦为奴隶。而你,亲爱的,直到现在,你的监护人伯里克利把你交给了最没有用的佣人,老年的佐比洛斯手里。假如,你不想和波斯和斯巴达的国王比,你也要知道,在他们面前,他们是巨人,而你是侏儒。如果你看重自己的财富和地产,请你到希腊地图前,指给我,你那300坡莱仕弄① 在你所在埃哈亚区能不能找到?连一个小点都没有。我告诉你,在波斯,有非常肥沃的地方,跟伯罗奔尼撒半岛一样大。而这里每年的收入却只能供给波斯王后买首饰用。另外一个伯罗奔尼撒提供给她服装。假如阿尔塔薛西斯② 得知一个叫亚西比德的小屁孩,按波斯的标准,又穷,又没有文化,还要跟他较量,只会让他笑掉大牙。也许,他会想,这个孩子是不是有学问或者很好学?因为只有这样的希腊人能够超过他们。如果他得知一个雅典的小子只想靠自己的英俊去较量,他会认为你是个疯子。"

亚西比德又陷入沉思,苏格拉底继续说:

"你不觉得敌人这样来看你是我们的耻辱吗?你知道我们应该怎样才

---

① 坡莱仕弄(Plethron)古代希腊表示面积的单位,1坡莱仕弄=10000平方希腊尺。——译注
② 这里指的是波斯国王阿尔塔薛西斯二世。——译注

能战胜对手吗?跟我来吧!既然你想考虑我今天跟你说的一切,你想想德尔菲的警言'君自省',神命令你严肃起来,承担起对付雅典对手的重任和听从我的教诲,我将毫无报酬地帮助你。"

这时,从远处来了一群整天围着亚西比德转的朋友和马屁精,他们正在寻找他。

苏格拉底认出了他们,对他说:

"听我说,孩子,你最好远离这帮来人,因为他们会毁掉你的。他们一无是处,也企图让你一无是处,这样他们才能讨好你,可以和你为伍为伴。你的伟大抱负和他们的无所事事水火不容。如果你愿意在我身边学习,你将成功,不然的话,你就会跟他们混下去,将来在希腊人中间,只能听到谈论你的缺点。"

苏格拉底没有继续说下去,因为这群人围了上来,苏格拉底离开了。

15

　　四天前，在市场和周围所有农村的墙上都贴满了大布告，告示将召开公民特别大会，议题是："回答斯巴达的最后通牒。"

　　吕底亚造反后，斯巴达召集了所有的伯罗奔尼撒盟邦，讨论对海上霸主开战的问题。那时正好雅典的使者也在斯巴达首都拉科尼亚，他们是被派去和斯巴达解决争议不大的小问题的。他们也参加了会议。从斯巴达首都回到雅典后，他们向雅典人报告说，雅典民主大国正遭到斯巴达人的嫉妒，面临战争的威胁。在斯巴达的会议上，科林斯指责雅典，说雅典已经奴役了一半希腊人，现在试图奴役另一半。他们说，雅典人生来就不安分，他们不仅自己不安静，也不让别人安静。他们还威胁斯巴达说，如果斯巴达不出兵打仗，他们将脱离斯巴达。科林斯人讲完话后，雅典使者要求发言，得到会议监督官允许后，他们提醒斯巴达说，斯巴达欠雅典的账，雅典是一个强大的国家，所以在冒险和雅典对抗前，必须好好衡量衡量，这种对抗将是旷日持久的。他们说："任何一场战争，只要拖下去，只有交给命运来判断谁将取胜"。

　　雅典人在拉科尼亚的发言得到老国王阿希达穆斯[①]的支持，他预言，这场野蛮的战争将使他把王位交给孩子们，战争将进行多年，将把希腊

[①] 这里指的是阿希达穆斯二世，约公元前469年他继承祖父莱奥提基德斯王位。公元前432年他曾试图阻止伯罗奔尼撒战争的爆发，但是，没有成功。后来他的二个儿子亚基思二世和阿格西劳斯二世都成为斯巴达的统治者。——译注

苏格拉底
ΣΩΚΡΑΤΗΣ

毁掉。

但是，监督官司塞拉伊达斯用煽动性的讲话要求斯巴达人将多年对雅典人积压的"慢性仇恨"变成行动。当司塞拉伊达斯看到他的话已经点起好战者的怒火时，利用监督官的位置，大喊："你们中间，赞成战争的站在右边，赞成和平的站在左边。"结果，主战派绝大多数，主和派极少数。所以，今天他们派来使者（那个时代没有常驻代表），要求雅典解散同盟。很明显，在雅典这个公民大会上要决定的是关于战争的大事。所以，从清晨开始，市场就人头攒动。就连那些农民，这个季节本来农田活很多，一般是离不开土地的，今天也跑到这里来，因为事关祖国和他们的切身利益。城邦不允许公民派代表参加市政大会，本人必须出席表决。500 名代表——议员——的任务是准备立法，向民众提出。如果没有议会的"提前准备"，立法是不可以投票表决的。但是，哪怕一个小小的法律，议员们也不能擅自通过，更不用说战争这样重大的问题了。必须由公民亲自投票决定。所以，今天的市场挤满了人，带着包裹和水罐的农民，被海风吹得黑黑的、头戴草帽的渔民；从帕尔尼萨来的烧炭人；从大庄园赶来的、手擎令牌的地主贵族们。所有的人都焦急地等待白旗从颇尼卡[①]升起，这是公民大会开始的信号。信号终于发出，传令官大声喊："大会开始！"来自徐西亚的弓箭镳手执行警察任务，他们用涂成红色的绳子围住市场，只留下一个通道，通向颇尼卡。所有人排队走通道。如果有人企图偏离队伍，靠近绳子，衣服上就会被染上红色，作为处罚，将不发给他"公民大会补贴"。

颇尼卡在卫城对面，一般能容下几千人。但是，今天要讨论的是生死攸关的大事，所以挤满了人，直到城里。里面的一块方形巨石就是主席台。石头旁有为秘书和记录员准备的桌子。后面，高出他们，坐着 50 位议事会成员。今天的会议主持人是城邦"议长"，这个职位每人只能担任 24 小时，需要每天更换一个人。他们附近是气象专家麦同安置的日晷和限制发言人时间的漏壶。

---

① 颇尼卡（PNIKA），位于卫城西侧，是在山坡上开辟出的一个圆形的露天会场，古时是雅典公民大会会场。——译注

大会开始，专职的祭司长宰杀小猪，把猪血洒在颇尼卡周围，嘴里诅咒那些胆敢用演讲欺骗公民的人。把宰杀的小猪内脏祭献给宙斯，人们相信，是无形的宙斯在掌管大会。然后，主持人宣布"演讲开始"。许多人登上讲坛，发表看法。民主派主战。少数人反对，主张不惜一切代价维护和平。

两方面越争越激烈，到后来，一方讲话另一方便大声起哄干扰。主持人只好示意让传令官命令安静。那个时代，没有中间阶级，只有富人和穷人，他们之间的分歧通过政治斗争解决。在每个城邦都有穷人的民主党和少数人的贵族党。他们相互仇恨，这些城邦总是生活在内部纷争中。少数贵族党把民主派看成是城邦的毒根，毒根深入到国家内部，破坏自古以来流传下来的伦理。所以，如果一个富家的子弟要成为贵族党成员，必须宣誓说，他将终生仇恨平民大众，与民主党为敌。

太阳偏西，就要落山了。这时，最后一位发言人——伯里克利站起来。全场顿时静下来。伯里克利很少发表演说，有时公民大会上吵翻天，他也能安详地坐在那里。他往往让其他人，助手们来向公众作解释。但是，今天他本人走上讲坛，于是讲坛的石头马上有了生命。他说：

"雅典公民们！当初，是斯巴达人同意通过调节来解决我们之间的分歧的。而今天，他们出尔反尔，想要战争。他们来到这里不是来提意见，不是来讨论问题，而是来给我们下达命令的。你们以为，他们的要求不大，我们可以接受。不！对手的第一个要求是试探性的，如果今天你们接受了，明天斯巴达人就会要你们做更大的牺牲。因为他们想，你们既然害怕，开始让步，那么他们就会得寸进尺。如果你们听我的建议，今天就坚决拒绝他们！让他们明白，不可小瞧你们的实力。我们不比伯罗奔尼撒人弱小。他们没有钱，战争是需要钱支撑的。他们也没有海战经验。当然，我不十分了解他们的陆军战斗力。就算很强大，我们也不惧怕。因为我们在不可攻破的高墙后面设防，同时我们的海军舰队可以在他们的海域横行无阻，破坏他们的海滨。他们是靠农业吃饭的人，怎么能和我们海上行驶的人抗衡？我们可以在海上封锁他们。如果伯罗奔尼撒人来到我们阿提卡，破坏我们的阿提卡地区，对我们也丝毫无损，因为我们的舰队可以给你们运送来所需要的全部物质。而我们一旦烧毁斯

巴达人海滨,他们的田地将颗粒无收,他们将忍饥挨饿。控制海是一件伟大的事业。我们靠海取胜。假如我们是岛民,就不在乎农村和田地,我们设防在城里,不和人数上比我们多的伯罗奔尼撒人打'阵地战'。就是我们的家园被烧毁,树木被砍伐,我们也绝不动摇!假如你们听我的话,我就建议你们自毁家园,让斯巴达人明白,任何物质损失都吓不倒你们!"

公民们倾听伯里克利这位首领的演讲,他的声音像音乐,他们屏住呼吸,全神贯注,是他有节奏的讲话,而不是崇高的意义迷住了听众。现在无论他要求什么——生命,财产——他们都会像着了魔一样奉献给他。

伯里克利今天的讲演特别热情奔放,好像他要把自己变成城邦的一部分,他感到需要人民的支持,继续说:

"我相信,我们将在这场战争中取胜,只要你们在和斯巴达战斗的同时不要有其他的追求,不要承担其他的风险。我的建议是,既然我们坚持调节,你们就把斯巴达的使者们赶回去!我们永远不会首先开战,但是,如果开战,我们将采用一切手段奉陪。这就是我们对斯巴达最后通牒唯一的和自豪的回答。你们应该理智地意识到,战争就在眼前。不要忘记,我们的父辈们是抗击波斯人的英雄,尽管那时没有我们城邦今天这样的实力,没有今天这样的手段。那时,我们的先辈是靠勇敢战胜波斯人的。我们不应该比先辈差,也不应该把我们的祖国比先辈交给我们时小一点交给我们的下一代!"

伯里克利讲完话,献了花圈。全场一片欢腾,铺天盖地的掌声表明,将按着他的意愿回答斯巴达的最后通牒。伯里克利,作为政治家,深深明白,人民的情感在没有爆发前是蕴藏在他们灵魂里的,他预料到了这点,也利用了这点。今天,他根据自己的计划,把一根羽毛抛到了非常遥远的地方,那就是目标。他把雅典交给了命运之神,不管前景如何,胜利的辉煌或者失败的毁灭,都在命运之神手里。伯里克利是真正的魔术师,从梦幻到梦幻,已经实现了奇迹。他本人也陶醉在超人的能力中,无法自控,假如没有能够控制世界——不,那不是他的理想,他的理想是民主。

伯里克利仇恨的斯巴达不过是 10 岁幼儿。没有房舍,没有家庭。男人们睡在兵营里。他们伟大的国王亚基思①新婚不久，远征凯旋归来，请求和他新婚妻子共同度过第一夜都遭到了执政官们的拒绝，把他送到了兵营。

如果一个男人婚后没有生子，就强迫他把妻子交给自己的朋友们，直到妻子怀孕为止。在这个城邦里生活是残酷的。但是，斯巴达公民也是人类杰出种族的典范。证据就是以莱奥尼达斯为首的300名斯巴达勇士，和人数超过他们无数倍的波斯军队战斗了4天，他们被包围在中间，一直战斗到最后一口气，最后全部阵亡。一个斯巴达妇女的三个儿子和莱奥尼达斯在温泉关战斗，当她得知报信人来到消息后，跑过去见他。报信人告诉她，她的三个孩子也战死了，她回答：“傻瓜，我没问你这个，我问的是，我们胜利了吗”。

斯巴达向希腊证明了纪律的意义。但是，他们是外族人，与希腊文明的活生生潮流不符。在希腊民主制度之前，他们也生活在这个星球上，但是，或者像埃及和波斯，是专制的王朝，或者像北方的蛮族，桀骜不驯。一方面是对民众的奴役，另一方面是无法无天。在幸运地得到希腊民主后，才第一次有了权利和义务的明确认识。但是，难以在两种邪恶中选择一条道路：既不能陶醉在权力里，又不能跪倒在奴隶制度前。这条道路叫做自由，永远解放人。伯里克利看到，斯巴达的军国主义要扼杀的正是这个无与伦比的礼物。他认为，无论雅典人付出多么大的代价，为了保卫这个带来文明繁荣的民主制度，是值得的。

伯里克利非常满意，今天他又得到了公民们支持。返回家的同时开始思索这场战争，他意识到，这将是一场残酷的和耗资的战争。他已经老了，但是，在他走向坟墓前，要在世界上巩固民主制度。在他之后离开颇尼卡的是那些还被会议燃烧起来的人，他们一路上还在热烈谈论。那些失望的贵族愤怒地挥舞令牌，发泄他们的不满。但是，已经无能为力了，已经多数通过了。苏格拉底的学生们在老师发表意见前，也议论纷纷。贵

---

① 这里指的是亚基思一世，斯巴达早期国王，传说他是创立斯巴达的双生兄弟之一鸥里森尼斯的儿子。他可能是一个实有人物。据4世纪希腊历史学家埃福罗斯记载，他曾占领拉科尼亚的希洛人城市，并把其居民降为奴隶。——译注

族出身的克里迪亚斯最为活跃,他说:"很明显,你们看到吗,是讲演术,而不是头脑,驾驭民众。自由容易使人陶醉,但是,应该有个尺度。伯里克利把我们推向战争,目的是为了转移面临的困难,这些困难正是沉醉于自由之酒的结果,这个自由是他灌输给普通平民百姓的。"

安第斯塞尼斯说出了自己的想法:

"我感到奇怪的是,我们不能要求葡萄园里长出无花果,不能要求橄榄树上结出核桃,但是,我们却要求一个政治家万事通:艺术、军事、经济和政治。伯里克利今天又给我们上了一堂战略课,仿佛他无所不知。他不知道,未来是不考虑人民的愿望的。"

鞋匠西蒙投了支持伯里克利的票,还是抱怨说:

"如果打起仗来,我们会没有小葱头的。他们安慰我们说,我们的船队会供应我们一切,可是,船队到哪里去找小葱头啊?……"

好心的克里同不想听他们的意见,他想知道苏格拉底的看法,转向他:

"告诉我们,你的想法……"

苏格拉底回答:

"每次听伯里克利讲演,我都需要三天的时间,才能从迷幻中醒过来。他那动人的声音和美丽的言辞使我无法准确判断,等过了这着魔的三天后,我会冷静思考,那时你们再来问我的看法……"

16

宽阔的海面，风平浪静，希腊舰队穿过迪克拉迪群岛。现在，仿佛海面上一下子冒出了全世界的玫瑰花，把东方染成了粉红色。燕鱼和海豚围着三层桨座战船嬉戏，成群的海鸥愤怒地吼叫，因为船队影响了它们的懒惰。

伯里克利得到消息，科林斯派出1000名雇佣军去帮助造反的吕底亚，于是，他急急忙忙动员了2000名战士，用海军船队运往马其顿。任命卡利亚迪斯之子、勇敢的卡利亚斯为统帅。船上有年轻的亚西比德和40岁的苏格拉底。运输舰上的生活非常单调，统帅就把一些特别的人，如年轻的贵族亚西比德和哲学家苏格拉底他们，都叫到了指挥舰"纳克拉都撒号"上。

船队出发时，亚西比德穿着全金的盔甲，雅典最美的妓女们都来送他。招来海员和士兵们无比羡慕的眼光。在另一边，苏格拉底和密尔托在一起话别。密尔托是法律学家阿里斯提得斯的孙女，今天她哭着对他说，她爱他。这是一个黝黑的姑娘，大大的眼睛，比黑夜的星辰还要亮。一年来，这个姑娘喜欢与老师为伴，吸收他撒向周围的丰富的精神营养。密尔托有纤细的身材，男人的头脑，苏格拉底超人的精神征服了她。她向他请教各种疑难问题，他的教导使她升华，最后她把自己的灵魂和肉体都交给了老师。哲学家也乐意和她在一起，因为，在享受了做爱高潮的兴奋后，可以在床上和一个有能力的女人讨论重大的问题。

密尔托附在他的身上，轻轻哭泣，她感到会失掉他："我知道，抱怨

是没有道理的。你不要生气,原谅我的软弱……我全心全意祝福,祝福我能看到你健康地回来。在这贫贱的生活中,只有你使我感到幸福。我爱你,苏格拉底,作为女人,我应该有节制,但是,我爱你,控制不了自己……"

她哭泣,叨念,但是,没有人注意她,因为所有的目光都集中在迷人的妓女们和英俊的亚西比德身上,直到升起信号旗通知战士们上船。

第一天,船在风平浪静中行驶。第二天刮起夏天的北风。风击打海面,指挥舰甲板落下浪打船帮溅起的水珠。苏格拉底和亚西比德来到船后,站在船尾一个遮雨棚下。浪越来越大,三层桨停了两层,只留下中间的桨手继续划船,以便在风浪中更好地驾驭船。船长本人操起当舵用的后桨,防止大浪直接冲打船帮。他张开鼻孔,闻海上的空气,全神贯注,稳稳操舵,直至天黑,连看一眼航海图的时间都没有。这张航海图是天文家阿那克西曼德①于公元前580年绘制的。三层桨座战船和运输船经受了风浪的考验,因为杉木船体是有经验的工匠制造的。

船在颠簸中争斗了三天三夜,直到第四天,船长们才在马其顿抛锚,但是离吕底亚还有一段距离。统帅卡利亚斯率领部队急行军奔向哈尔基季基,他急于赶到吕底亚海峡,经过一条河流时都没有做必须像河神祭献的仪式。靠近敌人后,他召集起军官,登上一块高地,侦察敌情。他马上意识到面临的危险。他发现了敌人的两处集结地,一处在前,是保卫吕底亚海峡和城市的;另一处在后面6公里处,在奥林所思高地上,准备从后面包抄他。每一处的军队都和他的实力相当,有2000人。一位军官建议马上撤退,防止被两处军队夹击。卡利亚斯反对,他说,应该赶在他们合围前马上出击,各个击破。他决定后,走下山头,先问了巫师,有什么兆头。得到的回答是,一切顺利。他对神发誓,如果神保证他获胜,他将把战利品的十分之一祭献给神。然后,他把为数不多的骑兵派到奥林所思山,阻止那里的军队增援守卫吕底亚的部队。最后下令所有连队排成纵

---

① 阿那克西曼德(公元前610—前546/545年)被称为天文学奠基人。发现宇宙论或有关世界系统哲学观点的第一位思想家。说他曾是米利都的泰勒斯的弟子。他写过多篇关于地理学、天文学和宇宙论的论文。他还就当时所知的世界画过一幅地图。他赞成这样一种哲学观点:在一切复杂事物的背后,都一定可以找到统一。——译注

队（8排）向仅有700米宽的海峡进发。训练有素的雅典军人马上布好阵，战士肩并肩，盾牌靠盾牌，几分钟之内，这个人群组成的方阵就像一道铁的栅栏，上面还带有铁刺——标枪尖。进攻号角响起，整个方阵前进，战士们高声歌唱进行曲，目的是摧毁敌方的士气。队伍前进，可以看到战士们。胆小的在衡量双方的距离，心跳随着距离缩小而加快。勇敢的急于向前，只是由于相邻战士的控制才没有让他们脱离开方阵。亚西比德就是这样的一个人，他像疯子一样高呼"前进！""前进！"径直冲向前，苏格拉底费了很大力气才拉住他。当雅典军队离敌人20米远的时候，苏格拉底找到了他要攻击的敌人，这是一个体格健壮的士兵，留有短须。他们面对面站好，敌人刚刚举起标枪，准备投向苏格拉底，苏格拉底却抢先一步稳稳地把标枪扎在了对手的脖子上。苏格拉底看到亚西比德没能击中对手，马上拔出标枪，趁对方举起手臂暴露出腋下的时刻，攻击他的肩膀。同时，苏格拉底感到头上遭到重重一击，一只标枪击打过来，但是，没有击破他的金属头盔。他一阵眩晕，摇晃几下，又站住了。他努力和亚西比德在一起，不失掉联系。雅典阵线像坚不可摧的墙壁，冲向左翼，重压敌人。正像两个摔跤手，开始时只是互相推推搡搡，试探对方的实力。古代的军队作战也一样，他们用盾牌相互推搡，然后用标枪扎向对手，直到一方倒下。所以在第一线的都是身强力壮的战士，如果他们杀死对方同样力大无比的对手，其他人就会望而生畏。古代战争实际上是一对一的单打独斗，个体之间的决斗构成了整个军队的战斗。无数标枪扎向亚西比德的头盔，但是，都未能穿透它。因为头盔制造时，在铁模基础上加了十层厚厚的黄金叶片。苏格拉底对他大喊："现在你为自己虚荣心付出代价了！你戴着金头盔，都以为你是首领，他们都抢先来围困我们，要把我们杀死。"他说，迅速低头，躲开了一条投来的标枪。这条标枪闪电般飞过，扎在了后面一个战士身上。一个马其顿弓箭手射出的箭镞穿透了亚西比德的盔甲，扎到他的胸部，他受了伤。苏格拉底低下头，为他拔出箭镞，看到伤口流血。他喊："停止前进！退到后面去，脱掉盔甲。我看不清你受伤的程度。"亚西比德根本不听，战斗使他发疯，他举起剑，毫不留情地劈杀前面的敌人。

这时对方出现一个头盔上插着三根白羽毛的军人，他们一下子就认出

苏格拉底
ΣΩΚΡΑΤΗΣ

了这是他们的首领。一个雅典士兵非常准确地投出标枪，正好命中盔甲没有保护的脖子。军官口吐鲜血倒在地上。他周围马上展开了一场肉搏。他的士兵要保护他，雅典人要活捉他。最后还是吕底亚的士兵把他抢走，盾牌留在了原地，苏格拉底顺手捡了起来。统帅受伤，马其顿士兵乱了阵脚，雅典人一鼓作气冲进敌人阵营，几乎把他们分割成两块。在卡利亚斯带领下，最勇敢的士兵冲在最前头，吕底亚士兵害怕被围困住，开始逃跑，战线全面崩溃。一下子战场混乱起来，逃跑就是死亡。吕底亚的战士们背部暴露出来，没有保护，雅典人无情地砍杀。到处听到伤者的惨叫声，他们被雅典人的8排纵队踏在脚下，地上血流成河。

　　苏格拉底关照亚西比德，亚西比德两眼冒火，口吐白沫，英俊而疯狂，和他的偶像阿喀琉斯非常相像。哲学家和他相反，他多年当兵，久经沙场。无论是进攻、是撤退，还是在安静的兵营里，他都是他自己，他总能保持冷静。现在他不慌不忙，攻击面前遇到的敌人，最后也由于不断出击感到疲倦了。统帅卡利亚斯尽管年事已高，还是一直战斗在第一线。最后，这位伯里克利的朋友，基农的学生，雅典人中最有学问的人之一，战死在了沙场上。吕底亚人惊慌失措大溃败，他们越过带有铁刺的护城河，逃进城里。雅典人追到城下，企图攻破城门，但是巨大的石头砸了下来。是老人、妇女和孩子们从城墙上抛下的。这些石头如雪片飞下。亚西比德在城墙下被飞下的标枪击中肩膀，受了重伤。苏格拉底迅速把他抱起来，为了防止再次遭到打击，像抱小孩一样，把他紧紧抱在怀里，冒着自己背部被击的危险，向后撤退。幸运的是，那么多标枪、箭镞从天而降，竟没有一个击中苏格拉底。他把亚西比德送给了奥纳克里同斯。这是由公民大会选出的远征军医。他在海滨架起了帐篷，给伤员做手术。看到贵族青年亚西比德进来，他马上把手中的伤员交给助手，命令在地上铺一块羊皮，上面放上干净的床单，让亚西比德躺在上面。军医跪在他身旁，很快解开红色的佩剑腰带，解开盔甲，剪开外套。从帐篷外的大锅里打来热水，用春黄菊水为他清洗了肩头的伤口，命令他的助手佐波塔摩斯为亚西比德送上一杯"曼陀罗花"[①]麻醉酒。亚西比德拒绝饮用麻醉酒，他说，自己是

---

①　曼陀罗花含有莨菪胺。——原文注

16

男子汉大丈夫，能够忍受疼痛。军医拿来烧红的工具，把伤口烧焦。佐波塔摩斯在伤口上涂抹了止血草药，同时低声哼唱治疗创伤的咒语。这是荷马时代流传下来习俗，人们相信这个咒语能够驱赶死神。佐波塔摩斯用亚麻绷带把伤口小心包扎好，因为流血过多，就让亚西比德饮下一大杯萨摩斯葡萄酒。那个时代，宗教严禁解剖尸体，一般医生都不了解人体结构，只有军医掌握，因为经常在做外科手术时犯错误，通过错误学习。因常年做外科手术，他们积累了治疗各种创伤的经验。他们甚至可以用原始的工具做开颅手术。那些当助手的奴隶们学会后，被卖到富人家里，成了他们的家庭医生。

亚西比德治疗完毕，苏格拉底寻找地方架设帐篷。吕底亚人已经战败，雅典人完成了对城市的包围。苏格拉底在固定牵引帐篷的绳索时，看到城门打开，手擎白旗的传令官走出来，接替卡利亚斯任统帅的将军迎了上去。战败方要求允许他们出城收阵亡将士的尸体。雅典人首先把所有兵器收集起来，堆在一棵橡树下，然后吕底亚人出来收尸。雅典人围成圈，架起鼓，唱歌跳舞，欢庆胜利，吕底亚人在城上悲伤地观看。

第二天，雅典统帅和军官们协商后，决定给苏格拉底和亚西比德授奖，因为他们的分队首先突破了敌人防线。苏格拉底被认为是杀死马其顿将军的英雄，因为他缴获了敌方首领的盾牌。将军把他们请到了指挥所帐篷里。苏格拉底架着亚西比德。但是，苏格拉底拒绝了得奖的荣誉，他解释说，自己没有做任何事情，最勇敢的是亚西比德，他应该得奖。

将军非常满意地听了苏格拉底的解释。他本人也是贵族出身，亲自向城邦写报告，称赞亚西比德是2000名战士中是最勇猛果敢的人。

就这样，把奖授予了亚西比德。

雅典人从海上和陆地包围了吕底亚。但是，吕底亚的城墙又高又厚，没有办法攻破。只有饥饿能够迫使居民投降。围城将是旷日持久的，雅典士兵在城外修了两道战壕，作为防御工事，一道防备城里被围困的人偷袭，另一道防备马其顿人从后面攻击。两道战壕之间有瞭望塔，士兵昼夜轮流值班巡逻。军队就驻扎在防线之内。士兵们根据自己的情况安排住处：有的找一个窝，夜间随便挤在里面，就像籽在石榴里一样；有的用泥土和树枝搭成窝棚，里面的地方稍微宽敞一些；有钱的人从雅典带来了帐

篷。最大的帐篷是亚西比德的,里面铺满地毯。这位贵族子弟拒绝把他作为伤员送回雅典的家去,每天躺在地毯上面养伤。和他作伴的是苏格拉底。

秋天到了,下起了雨,两个人盘腿坐在帐篷里,哲学家用快活的方法教授给他学问,又不让他感到疲倦。雨停后,太阳一出来,苏格拉底就扶着亚西比德在军营里散步。军营的土地雨后冒气,就像刚刚跑过的战马在出汗。

在他们战壕附近有一个市场,很热闹,这是那些敢冒险的人搭成的。古代士兵缺乏管理,每到一处,都有各种商人相随。战士们把不能携带的战俘、战利品卖给商人们。军队不供应伙食,战士们只领取报酬,他们不得不拿钱到附近的农贸市场去买食品。在这个市场里和周围,穷人们有架灶为士兵做饭的,有烤面包的;有妓女;还有老太太们,她们利用一些战士的胆小怕死的心理,念咒为他们驱赶恶鬼,用魔法保护他们远离死亡。

秋天过去,冬天来临。今年的冬天特别寒冷,士兵们艰难度日。他们用毯子裹上身子,用头巾包上头,用从市场买回来的羊皮盖住脚。只有苏格拉底对于严冬无动于衷。他没有增加任何衣服,还是那件外套,还是赤脚在雪地里行走。不仅亚西比德,全军战士们都对他赞不绝口。当大雪封路、食品供应不上时,只有苏格拉底能抗住饥饿。

寒冷和饥饿驱使希腊士兵大量饮酒。只要看到从利姆诺斯开来的装酒小船,士兵们就涌向海滨,有的抱着铜酒罐,有的拿着羊皮酒囊,把能找到的酒具灌得满满的。整夜大醉,以抵挡严寒。亚西比德命令他的奴隶为他准备好"季开奥纳"(葡萄酒,羊奶酪粉,葱头和少许面粉),坐在火盆旁,醉意朦胧地对苏格拉底说:

"今天晚上,我要把你灌醉……假如利姆诺斯的葡萄酒不能让你醉,我的呼吸也能醉你……我就要喝那么多。"

但是,苏格拉底在所有的方面都高人一筹,他从来不失理智。就是在亚西比德命令奴隶不用罐而是用桶上酒时,他也非常清醒。当年轻的亚西比德发现,无论如何也不能灌醉苏格拉底时,承认失败,倒下呼呼大睡了。

严冬,军队纪律松散。战士们为了发泄心中烦闷,无缘无故吵架。他们难以忍受这种连痛苦都无处诉说的生活。军队就在这种状况下迎来了春天。太阳出来，战士们感到生活就像百合花似的在他们面前开放了。湿漉漉、香喷喷的小风轻轻吹，无数小鸟儿从天而降，在他们周围嬉戏玩耍。灰色土地上扁桃树花盛开，大自然一下子美丽起来，就像卖弄风情的女人那样招人喜欢。就连苦海也散放光明。在每一条线光里都闪烁着成千上万的钻石，好像大海深处充满了光，稍有风吹草动，这些光就跑了出来。

春天的温暖使围城的和被围的都活跃起来，春天甜蜜的气息渗透到他们的血液里，使他们骚动起来。内部的冲动撞击他们的心。亚西比德在和苏格拉底的控制力较量。他在他面前洗澡，在他身边躺卧。他的美可以说超过任何形容，没有一座雕能像他那样完美。许多雅典人相信，这样的美男子只有在上天神的参与下才能出现。他们常常在夜间来到他家门口，等待他出来，好看上一眼。

柏拉图为了描写这个现象，写过这样一句话："就连他的脚趾甲都优美地长在脚趾上。"就是这尊活生生的雕像要挑逗哲学家。他脱得光光的，喷上香水，在苏格拉底身边搔首弄姿。苏格拉底学过雕刻，他非常欣赏亚西比德体格的健美，但是站在那里毫不动情。他问：

"你准备干什么，病了吗？"

"我为你准备的，苏格拉底。"

"为我？没有一个男人为了另一个男人洒香水……"

"这是我特意为你从雅典订购的香水，你不喜欢吗？……"

"不！我喜欢的是体育馆里涂抹人体的橄榄油的味道。那种油散发的是美德。去，快去洗掉这女人的味道！"

"不，苏格拉底，你要不拥抱我，我就不离开你。"

"一个男人对女人的爱是肉体的，我的孩子，而一个男人对另一个男人的爱只能是精神的。我只能全心全意给你这样的爱——没有别的……"

哲学家的拒绝刺激了亚西比德，他跪在苏格拉底面前，用甜蜜的声音颤抖着说：

"很久以来，在雅典没有人不期望得到我，无论是当地人还是侨民。你知道那个黎巴嫩人的故事吗？他见到我后，卖掉了所有的家产，要给我

100斯达迪尔①，让我跟随他，被我拒绝了。这事，我没有跟任何人说过。但是，我感到奇怪的是，和你在一起我有一种特别的感觉……你的谈话对我影响很大，不瞒你说，有时我会感动得流泪。我想和你成为一体……我想用你的爱使自己达到更高的境界，这就好像——我如果和神睡在一起，我就变得神圣一些一样……"

苏格拉底沉默不语，亚西比德摇晃他：

"你说呀！……"

哲学家不慌不忙地回答：

"你长大了，还在战斗中受了伤，但是，你仍然是个孩子。你仍然听命于你认为能使你享受的欲望。你不爱我，不爱任何人，只爱你自己。你期望得到的，就要马上得到。任何拒绝都被你看做是对你阁下的羞辱。你没有能够真正了解你的父亲，不然，你会向他学习的。你只是从伺候你的奴隶那里学了榜样。你现在向我提出的要求，颇像下贱的奴隶。自由人懂得，身体的外表美价值甚微。一个外表丑陋、但心灵美的人比你更受欢迎。美，在天上，在理智，在科学，都存在，这才是不朽的美，这种美不会老，也不会衰退；是唯一的和永永恒的美。任何一个人，只要能够理解这个世界是充满美的海洋，就会藐视个人的美，包括你的美。亚西比德，去，洗掉你身上的味道！……"

他说，敦促他的朋友离开。亚西比德非常愤怒，他想要结合的是苏格拉底的灵异，而不是他本人——这个像个奇形怪状的萨蒂尔的人。一种黑暗的无法控制的需要从他身体的深处升起，他需要和魔鬼般的老师睡同床共枕，羞辱他的肉体，阻止他精神的延伸。亚西比德意识到，（尽管在雅典听到无数的阿谀奉承）他的人格有缺欠。要求他努力摆脱开现在的自我。他相信，今天晚上，如果能够和这个魔鬼一样的苏格拉底同眠，就会提升他的自然人性。他赤裸裸站在他面前，深情地说：

"啊呵，你不理解我……我要求你做的非常是深刻的，超越做爱的兴奋。我把自己交给你，是为了使自己成为导师的一部分。我们之间爱情的

---

① 斯达迪尔（STATIR），雅典金币，值20德拉克马。最早的金币是吕底亚国王克里索斯铸造的。波斯国王大流士一世也铸有金币，称为"大流士金币"。——译注

结合会使我忘掉过去的亚西比德，我的灵魂让我找你，而你却要拒绝我？"

哲学家面前站着这个个子高高的，英俊的，一丝不挂的美男子。金发蓬松的头在双肩上，宛如盛开的花。面部呈现出全神贯注的表情。

为了逃避这诱惑——巨大的诱惑，苏格拉底开玩笑说：

"亚西比德，你让工匠克莱西拉斯在你的盾牌上刻上这样的句子：'一见钟情'，你一定相信，无论你看谁一眼，不管是男人还是女人，都会对你一见钟情。现在你怎么想，我是不是比你更漂亮？"

"你？"

"是的。你把油灯拿来，照我的脸。"苏格拉底命令，亚西比德把灯拿在手里。

"你知道我们为什么要有眼睛吗？"

"为了看。"

"你看，我的眼睛比你的眼睛漂亮。"

"怎么会？"

"因为我的眼睛正视前方，而你的眼睛，当睁开的时候，还能斜视。"

"这样说来，螃蟹的眼睛比你的还要漂亮。"

"毫无疑问。自然给了它完美的眼睛。你看……我的鼻子也比你的好看，因为你的鼻孔朝下，而我的鼻孔朝天，像猿猴的鼻子，可以闻到四方的味道。还有，我的大嘴可以嚼大块的食物。最后，我内心比你美得多，因为你的灵魂浮浅。"

"但是，所有的人都爱我，神这样造就了我……"

真的，神造就他，就是为了爱。他端着灯站在那里，整个面孔放射光芒，完美的身材令人想入非非。美丽，性感，无法抵御——雅典的骄傲。苏格拉底非常艰难地压抑男人的情欲。他坚强的精神在撒旦美的影响前是微弱的影子。欲望之火燃烧他，他也不是圣人，他的意志快崩溃了。在那个偶像崇拜的时代，爱恋美少年的同性恋是公认的习俗。生活中迷人的蛊惑也影响了苏格拉底。在人体内，就是最有智慧的人的体内，都窝藏着黑暗的欲望。肉体也是神创造的，它也有权利。哲学家和求爱青年的冲突现在成了悲剧。这两个头脑清楚的人相互吸引又相互排斥，相互需要又相互回避。对每个人来说，诱惑都是可悲的现实。在他生活的某些时刻诱惑是

苏格拉底
ΣΩΚΡΑΤΗΣ

考验。今天，在这个美丽的春天夜晚，苏格拉底正经受着古代美少年的考验。当初，哲学家苦修时，没有碰到过这种情况。彻底排斥是反自然和引起反感的，因为缺乏人性。他的要求带来的既不是做爱的快感，也不是对苦修的否定，而是两个人的结合。每种享受——美酒，女人——都植根在人的本性中。想到军队远征他乡的枯燥、乏味和不得不禁欲，苏格拉底开始动摇。美几乎要驾驭他，但是，他不能失败！苏格拉底紧握拳头，手掌都被压迫疼痛了。

亚西比德感觉到了苏格拉底的动摇，把他可爱的头倚在了苏格拉底的胸前，颤抖地说：

"来吧！我们不可以用常人的尺度衡量自己。来吧！……"

就在这一时刻，苏格拉底体内的灵异说话了：

"不要忘记你的使命，拒绝他！"

苏格拉底一下子站起来：

"青春，亚西比德，不是让你来享受欢快的，只是让你奋斗的。我可以和你的灵魂做爱，但是讨厌你的肉体！"

说完，快步走出帐篷，奔向海滨。他坐在沙滩上，感谢那神秘的声音。是它及时警告他，使他悬崖勒马，没有酿成大错。

过了很长时间，苏格拉底返回帐篷，看到亚西比德已经沉沉入睡，但是很不安稳，头不时左右摇晃，仿佛要甩掉受到的屈辱。

6月快过去了，但是吕底亚没有投降的迹象。军营单调的生活越发难以忍受。太阳一露头，天气就炎热起来。天空像一个大大的聚热器，把集中的火送到了地上。阳光刺痛眼，你就是闭上眼睛，仍能感到眼皮外边强烈的光。大地失去了鲜花和绿草，只剩下裂缝了。只有喘着粗气的蜥蜴在炽热的岩石之间爬来跑去。战士们找不到一点凉快的地方，就是夜间炎热也不退去，因为干燥的土地把热度一直保存到天亮。

亚西比德开始厌倦，不知何时雅典才能派军队把他们轮换回去。苏格拉底利用夏天充裕的时间思索。一天黎明，他突然感到非常需要孤独思索，于是离开军营，整个上午待在一个偏僻的角落。中午时分，一些战士发现了他，他们吃惊的是，他站在那里一动不动。几个战士悄悄来到他身边，看到他丑陋的面孔毫无表情，仿佛进入了梦境。为了干扰他，他们大声喊他的名字，甚至把石头扔在他的赤脚上，他都毫无反应。天黑时，有几个好奇的战士，把自己的卧具拉到他附近，睡在那里，看他这样能坚持多久。结果，苏格拉底就这样，完全集中在内心世界，一动不动，像被催眠似的，整整过了一夜。

他的内心深处，正在进行一场革命。他感觉，他已经切断了自己与城邦和宗教的联系，准备和当今决裂，甚至要去批评诸神。到现在为止，他最为担心的是理智和宗教之间无法调和的矛盾。现在，他反而要抓住它，研究它。他相信，很快，现存的 12 位神将消失，需要寻找新的神。现在的宗教只成了祈福的窗帘，成了人之间狡狯的商业交易。祭献给神的，要尽量少；向神索取的，要尽量多。这类欺骗必须取缔，取而代之应该是诚信，诚信这个道德之神——美德的典范。苏格拉底期望造就光明的灵魂，在那里可以容纳一个纯洁的宗教。把荷马那 12 个浑身缺点、充满欲望的神换成内心之神。给宙斯一个比他在奥林匹斯山上的金宝座更美好的归宿——人的灵魂。

从现在起，他的任务是阻止他的同胞们这样生活下去，不要每天处在紧张和恐惧中。"既然人能够改善自己，就应该努力用智慧改变他们。"他想。用道德完善人，使人幸福的想法激励苏格拉底。用智慧和学识浇灌自己的同胞，使他们能够和最高的存在和谐。教给他们用辩证法掌握自己准确的思维，指给他们通向科学的道路，为此可以粉碎过去的美、诗和神话。这种"有逻辑推理"人的新生活，如果雅典能够接受，将扩散到整个大地。

这时，苏格拉底感到，自己掌握着通向幸福的钥匙——逻辑推理。他会对雅典人说："我教你们知识，知识会拯救你们。我，妈妈之子，将生下逻辑学，我要教你们过一种丰富的精神生活。我打开的道路将改变世界的面貌。"

这唯一的使命感使他看得很远，他看到了人类充满光明和科学的未来。看到了人缓慢的，但是巨人般的崛起，从大地的泥土中解脱出来。这是不可忘却的时刻，他相信，他的革命将使未来无数代的人生活在幸福之中……

哲学家周围无限宁静。他的思维跨越了物质世界，抵达到天庭。实际

上,现在,只是他的身体还在吕底亚,而灵魂早已飞向远方。

一丝微风吹过,预示黎明到来了。蟋蟀唱着单调的歌儿,斑驳陆离的晨光不断变幻形状。这时,他又听到了体内灵异神秘的声音:

"你错了,苏格拉底,假如你认为逻辑就是一切的话。不合逻辑也需要,它源自灵魂。神靠不合逻辑把人类控制在自己身边,控制他们永不满足的欲望,控制他们的绝对自由,把自由控制在需要之内。如果平民百姓真的有了知识,他们会相信自己也成了神。那时,将是毁灭。外部的世界,一切现象,都是虚假的;只有内部世界,灵魂,才是不朽的。只有在那里,你才能找到永恒的真理;无论是时间,还是人类,都不能改变这真理。你可以按自己的意愿改变你的同胞,但是,注意!不要搅乱人的奴斯。智慧是光明,但是,它像太阳,太阳照耀,万物生长;但是,如果阳光照射到植物的根,就会把根烧毁而令其枯萎。无论你感到宗教多么可笑,你也要容忍。人心浮躁,需要信神。民众的崇拜是需要,妇女和儿童所幻想的生活世界是真实的,就像你的科学世界一样。有些神秘现象是超越人的认识的。苏格拉底,不要忘记,信神不是逻辑,是善良……"

苏格拉底

灵异的这些话使苏格拉底茫然。难道他幻想充满光明和幸福的世界错了吗?难道应该相信"正常的逻各斯"而成为这个时代的俘虏吗?他的生活怎样才能在逻辑和迷信之间找到结合?他在瞬间感到神秘的声音目标错误,可是,他内心却倾向收到的指令。他想:"重要的不是人和人之间的关系,而是人和神之间的关系。把你和神的关系定位准确了,和人的关系就变为次要的了。灵异说得对,创世主最大的特点是善良。智者美好的斗争是把仇恨变为爱,打碎人心灵的孤独。生命——所有的生命,是一种义务。有人受苦,我们应当帮助他。为了敬重神,你应该做善事。如果人人都袖手旁观,对周围的人无动于衷,神就不存在了。人生下来的目的就是要慢慢超越自我,灵异说得对,如果能够同时学会知识和爱,人就能更容易超越自我。"

现在，苏格拉底明白了，他能够把光明和隐蔽在深层的潜意识联系起来，他相信得到了新的使命：进行一场反对愚昧和邪恶的斗争——哪怕到死……

这个使命丰富了哲学家的灵魂。他感到幸福拥抱自己，思维开阔。不管道路多么艰难，此刻的命运为他找到了通向大马士革的路。

太阳升起，苏格拉底沐浴在黎明之光中。他从入静中醒过来，看了看周围，确定了自己的所在地。然后，他向最大的星球祈祷：

"亲爱的太阳，请赐予我灵魂美丽，请赐予我和外界事物和谐，让我的心灵充满爱。让我成为富有学识的智者，给我更多的智慧……"

说完，他返回自己的军营，那些无知的人正在取笑他。

17

在雅典军队包围吕底亚的同时，伯罗奔尼撒人向雅典宣战，发兵进攻雅典。以阿希达穆斯国王为首的斯巴达军队踏过埃来福西纳平原，穿越帕尔尼萨峡谷，占领了阿哈尔奈斯的荒凉地带。伯里克利按计划早早安排农村人退守到城里。就像前两代人躲避波斯人入侵一样，农民们舍弃了房屋家产，带上能带的东西，搬进城墙以内，安顿下来。对于习惯于农村生活的人来说，拥挤的城市生活很难忍受，再加上没有足够的房屋，他们只好像难民那样，在庙里，在仓库，在临时搭起的房舍里，临时居住下来。这样，在敌人没有到来之前，雅典自己已经进入被围困状态了。

现在的群众充满怨气，必须服从一个人的指挥。伯里克利下令暂停召开公民大会，他自己承担所有的责任。伯里克利从政40年来，从来没有像现在这样，每天都感到芒刺在背。

敌人开始在阿尔哈奈斯大肆破坏，烧毁了3000间房子，拔出了葡萄秧，砍伐了橄榄树。雅典人在城墙上看到家园被毁，浓烟滚滚。阿尔哈奈斯的农民和战士忍无可忍，要出城去和伯罗奔尼撒人拼命。伯里克利坚决阻止了他们。

如果这时候在颇尼卡举行公民大会，市民们肯定会作出错误的决定。但是，现在他们没有办法表达自己的意愿，于是就集合在市场，抱怨执政者的专制和独裁。伯里克利根本不予理睬。为了安抚群众的激昂情绪，伯里克利决定派出100艘战船，满载士兵，去洗劫伯罗奔尼撒海滨沿岸，直到科林斯海湾。战船和运输舰浩浩荡荡出海的情景震惊了伯罗奔尼撒军，他们想到自己没设防的家园可能被雅典占领，不得不撤退回防。于是他们像蝗虫一样，把阿提卡地区一扫而光后扬长而去。

这时，伯里克利向他们发动了进攻。他派出2万名的军队到达麦加拉，采用敌人在阿尔哈奈斯的同样方式，对麦加拉烧毁、破坏和掠夺。战争的第一年就这样结束了。

这场战争表明，雅典在陆地上打不过伯罗奔尼撒，但是，在海上有绝对的优势。所以，伯里克利不顾反对派的意见，在为第一年战争中阵亡的将士举行的葬礼上发表了演说。在战争中死亡的雅典人并不多，伯里克利转而称赞城邦对这场抵抗斗争做出的巨大牺牲。伯里克利的演讲非常动人，不仅赞扬了民主制度的优越，还给受惊扰的雅典人指出了他们美好的前景。听了他的讲话，人们勇气大增。第二年春天，当阿希达穆斯国王为首的斯巴达军队再次入侵，砍伐树木破坏家园时，他们就比上一次冷静得多了。去年认为是不可忍的事，今年能够勇敢地面对了。

但是……但是，爆发了前所未闻的大灾难——霍乱。病从非洲传到比雷埃夫斯港，又以惊人的速度从港口传到了城邦，因为找到了适合疾病传播的土壤——居民拥挤，没有清洁的水源。公元前430年秋天，当苏格拉底和亚西比德从吕底亚返回雅典时，这个致命的传染病正猖獗蔓延。居民往往突然被击中，从头部开始，然后到达嗓子，从胸部到达腹部，呕吐，腹泻……到第五天，没有死的人浑身发烧，令人发疯，有些人跳进海里寻求降温而被淹死。祭司们靠祈福求神帮助居民，但是毫无作用。传染病使人间万户萧索，地狱冥王应接不暇。这个致命的传染病引起的恐慌是那么严重，以至于患病者的亲朋好友都望而生畏，不敢伸手相助。就连及时埋葬死者的神圣传统也放弃了，城里没被埋葬的尸体腐烂，尸体成堆，散发恶臭。自然灾害往往能把人民联合在一起，这个霍乱却打破了所有的联系。惊恐万分的市民发现，瘟疫对信神的和不信神的一样对待，毫无差别。所以一些人本性大暴露：有的人认为完全是一种无形的力量控制人的命运，所以只顾自己活命，不管他人；有的人下贱到去盗窃死难者的家产；一些过去曾经是正派的女人感到来日不长，采取一切手段寻欢作乐。国外的商人害怕传染病，不敢到比雷埃夫斯靠港，结果不到几个月，开始缺乏食品，穷人们开始挨饿。在霍乱面前金钱也一文

苏格拉底
ΣΩΚΡΑΤΗΣ

不值了。

苏格拉底心爱的城市变样了，城外阿提卡平原一片焦土，无人耕作，无人看管，连一棵树木都没有了；城里是可怕的瘟疫。他看到一个妇女，年纪轻轻的就头发全白，她用绳子拖着两个死去的孩子，大声说，她带孩子去散步。井边的景象更令他毛骨悚然：快要咽气的人不能忍受高烧，自己投到井里，而旁边的人还从井里汲取水饮用。

好心的克里同绝望地指给苏格拉底他在基非西亚的庄园，当年那里是硕果累累的橄榄林，现在只有没有烧尽的树枝还在冒烟。他说：

"我彻底毁了，现在无法养活自己的孩子，也没有办法再帮助你了。"

"你不用为我难过，"哲学家回答，"我已经习惯贫穷了，我会在贫穷中解决自己的需要。"

他们所在的高地上，在一个堡垒旁，还集结了其他一些市民。在哈拉尔格地区，伯罗奔尼撒人毁坏了所有葡萄园，农民们的心都碎了。在对面山坡上还剩下一些橄榄树，敌人还在砍伐。一个栽种这些橄榄树的农民捶胸顿足，他已经培育这些橄榄树10年了，今年本来应该结果了。他要跑过去，救自己的橄榄林，被人们拉住了。他要去市场，咒骂叛徒伯里克利，另外一些遭到破坏的农民也加入他的行列，他们大声喊叫：

"混蛋，你看他们把我们的橄榄林糟蹋成什么样子了？"

橄榄，神圣的树，是古代人的奶牛。那时人们认为黄油是低劣的食品。在体育比赛中，奖品是橄榄油；在竞技场，运动员身上涂抹的是加香料的橄榄油；用橄榄油做菜；用橄榄油照明。午饭和晚饭都离不开黑色橄榄果；用橄榄枝编制的花环是对体育比赛获胜者最好的奖赏。雅典的橄榄油出口占第一位，在葡萄酒之上。许多贵族用橄榄树和大罐橄榄油来衡量自己的家产。而现在……

愤怒的农民在市场得到了商人们的支持。保守的和支持斯巴达的人要利用百姓的绝望情绪推翻伯里克利。祭司长焦皮西斯利用敬畏神灵的心理，散布说，阿波罗为了惩罚引起众神们讨厌的伯里克利，把致命的霍乱派送到城邦里。所以疾病只在雅典蔓延，而不伤害斯巴达。他们煽动起贫民百姓的不满情绪，不顾伯里克利的反对，召开了公民大会，会上一致要求和平。伯里克利登上讲坛，严厉、庄严地说：

"我忠于我确定的路线,而你们改变了。你们不是勇敢的人,而是心胸狭窄的人,让人藐视!你们为什么胆怯?你们抱怨家园被烧不可耻吗?当然,这里发生了瘟疫。我对你们失去亲人也深表同情,但是我不允许你们乞求和平。我不允许你们轻易放弃我们的父兄们流血牺牲得来的一切。如果我们的城邦被斯巴达人攻破,没有一个人能够幸免。斯巴达人破坏的物质不是唯一的财富。真正的财富是自由。你们一旦失掉自由,就失去了一切。"

但是,哗众取宠的克里昂得以把伯里克利推上法庭,审查城邦的财务账目。伯里克利没能够按着他们的要求提供必要的税务单据,法庭判他付巨额罚款(30万)。他们知道伯里克利无能力偿付这笔巨款,就根据法律解除他将军的职务,又以拖欠公共债务之罪,剥夺了他的一切政治权利。

祸不单行,伯里克利家里发生了更大的灾难:他的两个孩子死了,他的姐姐和许多忠实的合作者被霍乱夺去了生命。孤独的他只有阿斯帕西亚为伴。这样生活了几个月。

但是,伯里克利的对手们擅长的是耍阴谋诡计,而不会管理国家。他们在公民大会上亮相越多,就越显现出与伯里克利的巨大差别。雅典人多年来已经习惯了有强有力的人来管理他们。现在只好去请伯里克利重新回到政治舞台上来,遭到了伯里克利的拒绝。可是,无望的民众非常渴望把政权交给他,于是决定给他将军和国王的头衔。伯里克利回到执政位置后,成效立竿见影:由佛尔米隆率领的海军舰队彻底击溃了伯罗奔尼撒联合舰队。这次海战在编年史上成了典范。但是,对城邦最大的威胁仍然是瘟疫。为了控制疾病蔓延,伯里克利斯从科斯岛请来著名医生希波克拉底[①]。希波

[①] 希波克拉底(约公元前460—前377年)古希腊医生,被誉为医学之父。关于其生平可信的材料甚少,同时代或近乎同时代的柏拉图及米诺的作品中有过一些描述。仅知他出身科斯的医学世家,个子不高,医术超群,曾广泛游历希腊及小亚细亚,行医授徒,长期在科斯的医科学校任教。现存有60篇著作署以希波克拉底的名字,总称《希波克拉底文集》。但经研究,这些作品非一人一时之作,创作年代前后相差100年。内容涉及解剖、临床、妇儿疾病、愈后、饮食、药物治疗、医学道德、哲学等。杰出的有《流行病学》、《圣病》(指癫痫)、《预后学》、《格言》等。《希波克拉底誓言》实非他的手笔,至今许多医学生毕业时仍要宣读。——译注

克拉底家族20代在祖籍所在地的科斯岛的阿斯克勒庇俄斯[①]药神庙行医。他13岁时就初露科学天才。当时，他通过血液流通向父亲说明了病理特征，这在那个时代是绝无仅有的。他的名声很快传到了小岛之外。当马其顿国王佩尔狄卡斯二世患病无人能医治时，把希波克拉底请了去，他很快作出诊断，认定是心理疾病。于是采用了当时还没有人知道的心理疗法为国王治好了病。当然，在他之前，无论是在埃及，还是在小亚细亚，都有过医疗案例。但是，荣誉归于希波克拉底，因为他把零散的药方归纳成科学，确定了根据观察和哲学思想的诊断方法；抛弃了依靠祈求神灵的传统。

在他之前，人们用驴血医治肺炎，因为当时人们相信驴是有抗菌功能的动物。对于发烧到第四天的病人，让他们饮用银莲花水；让湿热病患者在脖子上挂黑狗长牙当护身符。希波克拉底相反，他对肺炎采用了牛膀胱气胸，他让湿热病患者到远离沼泽地的山上，让他们服用含铁的物质强壮身体。他第一个发现了恶性肿瘤，把这个疾病定名为"癌症"。他为眼睛做白内障手术，还能做剖腹手术。

希波克拉底来到雅典，不到三个月就有效地控制了传染病。苏格拉底亲耳聆听了这位医生是怎样成功的。苏格拉底的朋友、同龄人历史学家修昔底德[②]传染上了霍乱，苏格拉底每天照顾他。一天，伯里克利派把希波克拉底派来，给历史学家治病。这是一个子不高的男子汉，头稍微偏向左侧。由于连日照看病人，劳累过度，面部表情很沉重。虽然传染病得到了一定的控制，但还是有人感染。希波克拉底在修昔底德身边待了三天，观察他的病情。希波克拉底对苏格拉底说，虽然是同一种传染病，但是，不同的人反应不同。他观察非常仔细，从大便、皮肤染色到手指甲。他有个

[①] 阿斯克勒庇俄斯，希腊神话中的药神。相传他是阿波罗的儿子，曾在喀戎处学医，有起死回生术。由于他行医，人间死人越来越少，地狱荒凉，冥王上告到宙斯那里，宙斯用雷电将阿斯克勒庇俄斯击死。人们为了怀念这位药神，在希腊各处建阿斯克勒庇俄斯神庙，崇拜药神，在古代那里也是给人看病的地方。——译注

[②] 修昔底德（约公元前460年以前—前404年以后）希腊最伟大的历史学家。所著《伯罗奔尼撒战争史》从军事上、政治上，特别是心理上论述了那场战争。公元前430—前329年雅典流行瘟疫，他身患重疾。——译注

奴隶，专门用嘴尝病人尿的味道。苏格拉底和这位著名的医生谈了很多，学了许多知识。他发现他们两个人有相像之处，一个要了解人的灵魂，另一个要在人体上试验灵魂。

"你是怎样把我们从瘟疫中挽救回来的？"苏格拉底问。

"像我诊治一般的疾病一样，靠的是观察。我注意到，在所有的职业中，只有铁匠是没有受感染的。我明白了，是火保护了他们。所以我下令居民放弃宗教祈祷活动，手里拿上火。把病人接触过的衣服、被褥全部用火烧掉，尤其死者的尸体全部火化。另外，我还注意到，在井边的人，无一例外，全部感染，于是我下令从埃伊纳运来清洁水给人们饮用。我还找不出这场瘟疫的病源，但是我注意到，在你们城邦期间，除了瘟疫，没有发生其他任何疾病。仿佛这个瘟疫进入人体后，就蛮横地独霸一方，不允许任何其他疾病出现。你不要难过，有那么多同胞在瘟疫中失去了生命，因为，哲学家，死亡的是体弱者，身体健康的就抵抗过来了。自然就是这样来改善人种的。"

苏格拉底还饶有兴趣地听他讲解了"节制"的理论。他说，无论是什么，包括很好的东西，如果过量对身体都是极有害的。他解释说，人要使身体健康，就需要"适度"。就是说，要避免过度。他说，和一个女人同床共眠是自然行为。一切自然的都不损坏身体。但是，过度的性生活就会损害人体。哪怕是白水，你过度地饮用，也要生病。

他们在修昔底德病床边守了三天，这使他们成为了好朋友。当修昔底德的病好了以后，医生准备离开时，听苏格拉底称呼他为"救命恩人"，希波克拉底就说：

"我的技艺非常难，光靠经验是不够的。而生命又是短暂的。假如我能活上200年，也许我会成为杰出的科学家……"

"希波克拉底，这几天听你谈话我受益匪浅，你的话丰富了我的奴斯。"

"朋友，"医生回答，"在阿迪拉的思想家迪莫克拉托斯面前我一文不值。去年我曾经给他治过眼病。如果他到雅典来，你要结识他，他有一套独特的关于人生的理论。从来没有人能像他那样给我留下那么好的印象。"

伯里克利被疾病感染时，伟大的医生希波克拉底已经离开了城邦。霍乱在几天之内慢慢吞噬了最后一个病人。伯里克利马上就不行了，他周围

苏格拉底
ΣΩΚΡΑΤΗΣ

积聚了很多朋友，他们悲伤难过，担心没有了这个伟大的政治家，雅典这个海上霸主将何去何从。当时他们认为，伯里克利已经没有知觉了，纷纷赞扬他的美德。他们没有料到，冥冥之中的伯里克利听到了他们的赞扬，用微弱的声音问，为什么没有提到他最大的贡献，他说："我从政40年，没有任何一个雅典人因为我而穿黑衣。"这位政治家没有把无与伦比的建筑，辉煌的军事远征和伟大的政治看做伟大的贡献，看重的是不管他的对手怎样攻击陷害他，他从来没有报复过任何人，没有迫害过任何人。

公元前429年10月，伯里克利死在了阿斯帕西亚怀里。整个城邦为失去他而悲伤。那些日子，商店、理发店、体育馆全部关门停业，表明整个雅典的极度痛苦。伯里克利是一个伟人，在他周围积聚的是当时的重要精英。他鼓动雅典人前进，同时又能在必要时阻止他们；是他，敏锐地预感到，旧的文明正在衰落，需要为一种新的文明让路。而且，他修正了不符合新文明的东西，为新文明的诞生扫平道路上的障碍。他把雅典从一个小村庄变成了国际大都会。只有现代国家能够超越她。他很清楚，伟大的年代不会延续很长，需要抓紧时间尽量收获。这样他得以在这个繁荣的城邦创造了前所未有的奇迹：贸易，工业，海运，民主制度，司法，艺术，哲学……百花盛开。他深知，诗歌，戏剧和音乐陶冶居民的情操，提高公民生活的档次。而且是在欢乐中轻而易举完成的。他不朽的工程服务全人类，他的逝世使雅典孤独，使雅典失去了对历史的掌控。

18

瘟疫过后，雅典人又恢复了正常生活和过去的习惯，更多地来往于体育馆。直觉推动他们注重体育锻炼，因为他们发现，能抗过这场瘟疫的人，都是注重身体锻炼、身体健康的人。雅典人有崇尚体育注重锻炼的传统，因为他们生活在敌人包围之中，即使在城邦里，奴隶的人数也是他们的许多倍。他们意识到必须有强壮的体魄，才有安全感，才能随时准备参战。苏格拉底又经常出入体育馆，在那里观看摔跤比赛，欣赏运动员健美的身材，然后和年轻人交谈，他总是喜欢对他们诲人不倦。

一天，他到伊利素河对岸水仙瓦西里庙附近的摔跤馆，在各个角落见到许多熟人，大家分别从远处向他问好。他的信徒赫莱丰见到他，赶紧跑过来，拉住他的手，说：

"苏格拉底，你是怎样在吕底亚战争中幸免的？"

"是啊，正像你看到的，我幸免……"

"可是，我们在这里听说，战斗很残酷，牺牲了许多人。来，给我们讲讲，那里的详情我们不知道。"

"尽管在吕底亚战死了许多人，但跟瘟疫在雅典夺去的生命比，已经微乎其微了。赫莱丰，我回来两个月了，怎么一直没见到你？"

"我躲藏起来了，苏格拉底，因为我爱生病，害怕传染上霍乱，躲藏起来，请坐，苏格拉底，讲讲，你怎样救助亚西比德的。"

这样，他边说边拉着老师来到长条凳子前，请老师坐在另一个学生克里迪亚斯身边。

他讲述了战争情况,回答了他们每个人提出的问题。然后开始问他们,在他离开的两年,雅典在哲学上有什么变化,有没有出现新的青年,好学的,或者健美的,或者两方面都具备的。

克里迪亚斯看了看周围,发现在体育馆入口处积聚了一些人,回答:"关于美男子,你马上就会看到的,因为在门口已经挤满了他的崇拜者。他可以说是目前最美的男人。"

"你说的是谁?"

"你认识他,只不过你离开时他还是小孩。我的表弟哈尔米迪斯,格拉夫孔的儿子。"

真的,当这个小青年进来时,所有人都转过头去看他。不光是男人和小青年,还有小孩子们,他们都跑到哈尔米迪斯身边,好像在欣赏一尊雕塑。

"你看他的面孔如何,苏格拉底?"

"太漂亮了。"

"等他脱掉衣服后,你会感到他没有面孔,因为他的身材线条太完美了。"

"如果这个青年再有一个优点,那就无人能和他相比了。"苏格拉底说。

"什么优点?"

"美的灵魂。"

"没问题,苏格拉底,在这方面他也是完美的。"

"那样的话,我干什么要欣赏他完美的身材,而不去锤炼他的灵魂呢?"苏格拉底说,"在他这个年纪,他应该喜欢交谈。"

"是的,"克里迪亚斯回答,"他在哲学上有自己的判断能力,还有诗歌方面的天赋。"

"请你把他叫过来。"

克里迪亚斯命令自己的家奴:

"去,叫哈尔米迪斯,告诉他我要给他介绍一位医生。"他转向苏格拉底:"他昨天对我说,每天早晨醒来都头疼。你装成医生,仿佛有能治他头疼的药,对你有妨碍吗?"

"没有,只要他来就行。"

就这样,他来了。苏格拉底觉得很有趣,因为哈尔米迪斯到来后,跟来许多人,他们为了能和青年一起坐到苏格拉底身边,相互抢座位,结果把坐在长条凳子两端的人挤到了地上。哈尔米迪斯坐在了苏格拉底和克里迪亚斯之间。苏格拉底被青年的美貌迷住了。克里迪亚斯对哈尔米迪斯说了药的事,这个青年转过身,盯着苏格拉底,眼神充满挑衅,苏格拉底一时竟不知所措,张口结舌。尽管他过去苦修过,锻炼过自己的自控力,现在,见到这个美貌青年也动摇了。他低下眼睛,在那瞬间透过衣服领口看到了青年的胸脯,苏格拉底感到热血沸腾。

"说说你的药,苏格拉底。"哈尔米迪斯请求。

"看来,你知道我的名字……"苏格拉底说。

"我要不知道才是不可原谅的。"哈尔米迪斯回答,"我和同龄人经常谈论你。我小时候就记得你,那时我常看到你和克里迪亚斯在一起。"

"太好了。"苏格拉底最后说,他终于控制住了自己的欲望。"我可以实话告诉你,著名的医生、救我们摆脱霍乱的希波克拉底对我说过,假如你的身体某一部位难受,比如头疼,不应该只治疗有病的那个部位,而应该治疗整个身体。身体又不能和灵魂分开,独立治疗。他对我说,所有的,好的和坏的,都来自灵魂。所以,我们首先要关注的是灵魂。"

克里迪亚斯打断他的话:

"哈尔米迪斯很幸运,由于头疼,还要改善自己的精神。不过,我要警告你,苏格拉底,哈尔米迪斯不仅在美貌上,而且在理智上都胜过同龄人。"

"这点我相信,"哲学家回答,"因为他的父母都是名门之后,是美貌男人的后代。现在,哈尔米迪斯,你告诉我,你赞同克里迪亚斯的说法吗?你认为自己有理智呢,还是觉得自己缺乏理智?"

哈尔米迪斯脸红了,害羞的他显得更美丽,他很有礼貌地回答:

"我不应该夸耀自己,说我是理智的;但是,我又不能说我的表兄撒谎。我不知道该怎样回答你……"

"你想让我们共同探讨这个问题吗?"苏格拉底问。

"当然,我愿意听你讲……"

"首先,我们要弄清,什么是理智,因为很多人对这个词的解释不同,

这就容易在讨论时造成混乱。你说什么是理智?"

小青年开始犹豫了一下,然后回答说,"理智就是一个人能辨别是非,有控制自己行为的能力,无论做什么都规规矩矩,有礼貌,稳当。无论是走路,还是谈话,都要平静。"

"我们看看,哈尔米迪,假如你回答是正确的,那我问你,在学校学习功课,什么更可取:是快呢还慢呢?"

"快。"

"摔跤时,什么更可取:是充满朝气灵活呢,还是安静和缓慢呢?"

"充满朝气。"

"很明显,"苏格拉底继续,"最好的不是平静,而是快。你同意吗?"

"是的。"

"我的孩子,聪明是灵魂充满朝气而不是安静,对吗?"

"是的。"

"所以,孩子,无论是身体,还是灵魂,平静是不行的。"

"看来是这样。"青年胆怯地回答。

"好,朋友,你现在好好想想,你是不是有理智的。"

他思考了一会儿,回答:

"现在我想起来了,我听人说过:理智就是只做跟我们相关的事。"

"照他们的说法,你自己盖自己的房子,你自己织自己用的布,就是理智了?"哲学家感到诧异。

"正是这样。"

"那么,你想过没有?如果每个人自己为自己做鞋或者类似的事情,而不需要制造者为他人制造,每个人只关心跟他自己有关的事,这个社会能前进吗?"

"你,苏格拉底,有什么看法呢?"

"不用问我,现在还没有轮到谈我看法的时候,我想听听你的看法。"

"我对宙斯发誓,我没有想法。"哈尔米迪斯说。"这说明,那个跟我说理智的人,他本人也不知道这个词汇的含义。"

他说,微笑着看他的表兄。很明显,是他告诉他的。

克里迪亚斯生气了,就像诗人对于表演者不能很好表现他诗歌的含义那样。他转向哈尔米迪斯，愤怒地说：

"你以为你不知道的事情我也不知道吗？"

"这不奇怪，克里迪亚，"苏格拉底干预说，"在他那个年纪不知道是正常的。好，现在你接替他的位置，我们共同探讨这个问题。"

"我同意。我愿意和你讨论，假如你承认，理智是我们自己的知识，是自我的认识。"

"但是，克里迪亚，"苏格拉底回答，"你这样跟我说，好像我知道要问你什么似的。但是，我在讨论，目的是给我的疑问找出答案。我只知道一样，就是我什么都不知道。还是请回答我：理智是一种脱离理智本身的知识，就像重与轻元素能和重与轻本身脱离开一样吗？"

克里迪亚斯毫不犹豫地回答：

"所有其他的知识都是某种客观存在的知识，只有理智是各种知识的知识，是自我认识。这些你都明白，苏格拉底，但是你装作不明白。"

"不要急于知道谁对谁错，克里迪亚，是我还是你，我一直追寻我们的思维，看看能落到何处。你说，有一种知识，理智，不是其他的，而是自己的知识，也不是另外知识的，那么，也不是愚昧的知识了？"

"对。"

"你坚持这个观点是可笑的。你可以想象，存在这样一种听力，它听不到任何声音，只能听到自己和其他的听力的声音吗？"

"不存在。"

"你是不是体会过这样的恐惧，只恐惧自己和其他的恐惧而不怕任何危险？"

"当然没有。"

"好，我们至少要探讨一下，理智对我们有什么益处。我们假设，一个有理智的人，他知道自己知道什么和不知道什么。这样的人从来不会去做自己不知道的事情，而是交给知道这件事情的人去做。这样的理智不管是管理家庭，还是管理国家，都能成功，人民也能幸福。"

"这点我相信，是的！"克里迪亚斯说。

"但是，我担心并不是这样的。因为我看到，这种片面的理智不会对我们有益处……"

"怎么可能?"克里迪亚斯吃惊地问。

"如果按照我们定义的理智来绝对掌控我们的生活,那么所有的行为都将根据知识和我们所需,服装,工厂,工具,所有靠技术制造的。这样有组织的一代人类就会围着科学转。我同意这一点,但是,我不认为,绝对按科学生活我们就幸福。"

"为什么不?"

"因为使人幸福的,不是科学技术,是正义。如果我们把知识付诸实践,不会构成幸福,就是凡人破解了神的全部秘密,也得不到幸福。只有一种知识能使人幸福,即分辨善与恶的知识。如果你能找到这种知识,不需要医生发现新约,不需要发明新的布料,也不需要好日子,你就能给人以幸福。"

苏格拉底转向哈尔米迪斯:

"听着,孩子,我的看法是:按着卡利亚斯的定义,理智不会对你有益。对你毫无用处。只要你是好人,你就幸福。把生命看做一种责任,做一个公正和纯洁的人。别人可能冤枉你,让你受罪,不要管它!人是依靠痛苦不断完善和进步的。"

公元前426年夏天,赫莱丰前往德尔菲求神谕,要去求答:"苏格拉底是不是有学问的人?"因为他的父亲担心,自己的儿子跟错了老师。

赫莱丰身体不好,爱生病,就用船把他送到科林斯,船穿过古代最伟大的工程——运河——在伊特亚靠岸,从那里前往德尔菲。几天后,一位祭司把他引导到庙宇的地下室。在神坛附近隐蔽处,女巫坐在一个圣三脚架上,下面是一地道裂缝,里面向外冒烟雾。赫莱丰虔诚地听这位女巫含糊不清的声音,但是什么也没听懂。后来,男祭司把一个写好的神谕交给他。赫莱丰非常兴奋地读懂了神的回答:"没有一个人能像苏格拉底这样自由、公正和有学问!"他把这个神谕带回雅典,在市场广泛传播,引起了轰动。信神的人吃惊。怀疑的人说,神从来不会自己发布神谕,是阿波罗神庙的祭司们撰写的,可能是错误的。当时,伟大的智者戈尔伊亚斯住在雅典,他经常用煽动性的语言蛊惑青年。他被认为是最有学问的人,而不是不知名的苏格拉底。真的,一个赤脚走路,穿破乱外套的哲人,嘲讽一般人期望的一切:金钱,势力,荣誉……这么个怪人,怎么会比智者们还有学问？戈尔伊亚斯相信自己的演说甚至可以给人治病。他也认为这个神谕是对他个人人格的侮辱。

那个时代，没有高等学府，走江湖的、靠语言吃饭的人承担了对青年人的教育。各种各样的聪明人涌到雅典这个富饶的城邦里。他们每个人都装扮成哲人，宣称自己知道那个时代所有的学问。那个时代和今天不一样，知识不是无限的和超越人的奴斯的。那些智者只要一知半解，就可以在贵族那些幼稚的孩子们面前侃侃而谈。什么问题都敢讲，根本不管伦理。他们说，法律是强者的发明，目的是统治穷人。他们教导说，实力是最高的美德。人应该毫不顾忌他人地实现自己的愿望。成功的循环证明，根本不存在神。放弃伟大的和杰出的，只要抓住小的，就能获得金钱和幸福。他们的理论动摇了城邦，迅速地摧毁了传统的伦理，雅典的年轻人受到智者们的鼓舞，不再自己独立思考，只咀嚼他们美丽的言辞。他们相信，他们有能力判断伦理密码，可以藐视对他们不利的伦理。不用学习就可以出人头地。平心而论，这些不学无术的人也做了一些好事。好的一面是，他们传播了许多知识，讲究语言的准确性，不尊重传统，反而抛弃了一些"累赘"；另一方面，加速了古代世界的解体。但是，他们根本不管公民的道德教育，只顾赚钱，推动他们的学生走向极端个人主义，根本不尊重任何与己无关的事和人。

苏格拉底看到了这种解体，尽最大努力来阻止社会的没落。在市场，在贵族的家庭，只要碰到智者，就和他们辩论，动摇他们的理论。苏格拉底和智者们的辩论非常精彩，每次都积聚很多听众。如果有的听众插嘴，要打断辩论，就会遭到其他人的反对，他们要听到结果。苏格拉底取胜时，听众们都惊讶得张口结舌，对他设下的逻各斯陷阱无所适从。在柏拉图所著的对话《帕尔麦尼迪斯》、《戈尔伊亚斯》、《诡辩者》和《艾弗希夫罗讷》中，可以看出，苏格拉底多么艺术地推翻了智者们空洞的理论，使那些极端聪明的识多见广和卖弄嘴皮的人当众出丑。讨论开始时，智者们总是趾高气扬，不可一世，他们甚至说自己连天上的星星有多少都知道；但是，慢慢地，他们都低下了头，因为苏格拉底不想表演辩论术，而是坚持寻求深刻的永恒真理。对于智者们，辩论术是游戏，是奴斯的佳肴。而对苏格拉底只是一种手段，他采用同样的方法，"以其人之道，还治其人

苏格拉底
ΣΩΚΡΑΤΗΣ

之身"推翻他们世俗即成的概念,把这种方法教给自己的学生,向美德的高度提升他们。他的愿望使他热血沸腾,他不期望自己的学生们富有,而是成为幸福的人。他教导他们,是人的内心世界,而不是金钱,能给人带来不幸或者幸福。多年来,苏格拉底不断和人讨论,熟练掌握了辩论术,使他能得心应手地批驳智者们一个又一个理论。他们感到难堪,要避免或者回避清楚地回答他的问题,苏格拉底总是有礼貌地对他们说:"请不要吝啬您的学问,我理解能力差,没有明白您的意思,请您再解释解释……"坚持问下去,直到他们承认自己的观点错误。苏格拉底很善良,这些智者们在众人面前失败后感到羞愧时,他总是给他们台阶下,总是表扬他们精神方面的优点。有时,在讨论中苏格拉底运用讽刺,但是,运用得很得体,很人性,他们不会恼怒。他说:"让我们共同来全方位攻击你的理论,我们看看,这些理论是不是破裂的。"每次探讨问题前,他总是问对手:"你喜欢怎样对话,是你问我呢还是你回答?"

有一天,他和智者戈尔伊亚斯的大儿子麦诺纳斯讨论美德,苏格拉底揭穿了他的面具,迫使他承认:"我觉得,苏格拉底,好像你对我施加了魔法。你让我充满狐疑。你就像漂泊在海上的麻醉剂,谁碰到你都会麻木。现在我的嘴被麻醉了,根本无法回答你。这之前,我和无数人讨论过美德,我一直认为我讲解得头头是道,但是,今天,在你面前,我连一个字都说不出来了。"

这就是苏格拉底,一个善良的人,但是涉及美德这样重大问题时又毫不留情面。在和智者们争论时,他不仅对他们当时向人们传播的理论提出质疑和挑战,还证明人相信神和尊重法律的价值。他教导说:"人只有沉思星辰时,才是自由的。当他思考大地和人类时,自由就受局限。人不是法律的奴隶,法律是人类的救星。这不是城邦成文的法律,而是发自人的良知的没有成文的法律。如果科学感到有必要探讨神的问题,科学的责任不是否定,而是肯定。"这就是公元前5世纪的苏格拉底,他本人教给了年轻人崇高的目的,而自己率先是美德的典范。

19

　　如果说赫莱丰从德尔菲带来的神谕令许多雅典人惊讶的话，而最感到意外的则是苏格拉底本人。他几个小时、几个小时地坐在那里冥思苦想：神要说的是什么？我对自己很清楚，我不是学问家，不是大的，也不是小的。当然，阿波罗不会说谎。

　　苏格拉底生于5月7日，和太阳神同日生。几天来，他深思忧远，阿波罗到底要表明什么呢？最后，他决定去咨询几位有名望的同胞。他首先找到一些他认为有学问的人。但是，几经交谈，他感到失望，因为他们徒有虚名，并无真才实学。后来，他依次拜访了当时有名的政治家们，结果他确信，这些人的回答都是不知所云。哲学家只好自己开始艰辛地寻找神谕的答案。他找到了写戏剧和歌剧的诗人，希望从他们那里得到解释。他手里拿着他们创作的诗歌，询问他们这些诗歌的含义。但是，他发现，他们的诗歌不是来自心灵深处，而是他们的下意识天才的表现。最后，他和各种手艺人攀谈，他们知道自己的工作，能制作出很好的东西，却不能解释很多其他的东西。就这样，苏格拉底明白了，真正有学问的只有神，神用神谕告诉人们，人的知识是有限的。神在利用"苏格拉底"的名字传达这样一个信息：只有一个雅典人最有学问，因为这个人知道，他什么也不知道。

　　无论如何，神谕使许多人集聚在苏格拉底身边。他走到哪里都会有一些新面孔出现，他们从早到晚跟着他。苏格拉底也像着了魔一样，远离政治纷争，猎狗一样寻求适当的人来考验自己的学识。在众多人当中，他最

后筛选了 5 人，成了他的学生。其中之一是艾尔摩耶尼斯，富翁伊波尼克斯的私生子。这个青年没有多么大的哲学才能，但是，本质纯真，一直追随苏格拉底到最后。

从非洲的吉利尼来了第一个向苏格拉底求学的外国学生，他的名字叫阿里斯提卜①，他的名声已经超越了阿提卡地区。这是一个体魄健壮，性格开朗的人，极其聪明。据说，后来他到狄奥尼西奥斯王宫请求僭主饶恕他的一个朋友，被拒绝后，他双腿跪地，长跪不起，直到僭主答应赦免为止。后来他的朋友们问他："你作为一个哲学家，跪倒在一个僭主脚下，不感到可耻吗？"他平静地回答："不是我的错，因为狄奥尼西奥斯的头脑只在膝盖处。"

当初，阿里斯提卜来到苏格拉底身边时，是一个放荡不羁、骄奢淫逸的青年，老师一直努力改变他。老师死后，他才浪子回头，建立了哲学院，宣扬"享乐主义"，成了苏格拉底哲学中令人难以置信的混合物，赞同享乐。

另一个学生是艾斯黑尼斯，来自斯非图斯（今天的马克布罗）市，非常贫困。他对苏格拉底说：

"我来找你求学，我身无分文，只把我自己交给你……"

"我的孩子，"苏格拉底回答，"你不明白吗，你给我的是最好的？"

从那天起，这个学生从来不离开他半步。后来，当苏格拉底被处死后，他几天滴水不进，几乎为老师殉葬。最后，当他缓过来后，写下了《苏格拉底的逻各斯》，遗憾的是没有流传下来。他在书中非常准确地传达了苏格拉底讲话的内容和风格，人们相信是苏格拉底本人所写，只是在他死后，要求用艾斯黑尼斯名义发表。实际情况是，苏格拉底对话和辩论的

---

① 阿里斯提卜（约公元前 435—前 366 年）哲学家、苏格拉底的学生、昔勒尼的享乐主义学派奠基人。在苏格拉底的学生中，他是第一个为讲授哲学而求薪资的人。他认为美好的生活建立在一种信仰之上，即在人类的价值中快乐的价值最高，而痛苦的价值最低（应予回避）。还警告他的学生不要给人痛苦，自己也不要遭受痛苦。他对实践的伦理学很感兴趣。他相信人应当献身于快乐的追求和享受，但又认为人们应该进行明智的判断，对于人类的强烈欲望应通过自我克制加以节制。他的座右铭是："我能克制自己，而不受外物诱惑。"——译注

方式已经成为他的追随者的习惯了,他们往往会无意中模仿他。

一个富有的工业家塞奥多洛斯把他的儿子伊索克拉托斯①交给苏格拉底,接受教育。这是一个尚未成熟的孩子,但是,令苏格拉底感到意外的是,他的聪明远远超过他的年龄。苏格拉底把他留在身边,后来他成了著名作家,他的书以非凡的热情呼吁希腊文明联合起来,共谋发展。这也是希腊历史上的第一人。

有一天,苏格拉底独自一人在一条狭窄的胡同里漫步,感到一种奇怪的激动。他无法解释原因,直到他来到一家马具店门前,看到从里面走出来一个英俊的男孩。他的面孔显现出纯真无邪,开朗透明。灵异,那个隐蔽的声音,命令他:"抓住他!"于是,哲学家用手杖挡住他的路,问:

"你叫什么?"

"克赛诺丰。"

"哪里人?"

"艾尔黑福斯。"

"你父亲是做什么的?"

"他叫格里洛斯,是富有的地主贵族。"

"孩子,你知道吗,人们在哪里购买生活必需品?"

克赛诺丰不明白这是个什么问题,简单地回答:

"在市场!"

"你知道,什么地方能把你变成诚实的人吗?你应该到哪里去吗?"

年轻人不知所措,惊恐地看着这位面貌丑陋的中年人,沉默不语。苏格拉底对他说:

"来,跟我走,你就会知道了。"

这样,克赛诺丰跟随苏格拉底整整20年。

尽管伯罗奔尼撒战争持续多年,瘟疫带来了巨大灾难,但是,对于雅典来说,最大的损失莫过于失去了伯里克利。当年那些诞生了伟大人物——诸如索洛蒙,米利迪亚迪斯,亚里士多德,西门——的家族没落

---

① 伊索克拉托斯(公元前436—前338年)雅典哲学家和演讲术教师,写有21篇演讲稿和10封信函,但是,被怀疑不全是本人所写。——译注

亚里士多德

了。现在统治城邦的是那些来自底层的人物，磨房主艾弗克拉托斯，羊贩子里希克里斯，揉皮匠克里昂；这都是些讨百姓喜欢的人，因为百姓不希望统治者比他们高明。农民被迫关在城里，远离自己的土地，靠在教堂里争论不休打发时光。但是，现在，伯里克利永远沉默了，不再驾驭他们了。在很短时间内，那些曾经和伯里克利共谋大计、创造辉煌的雅典人变得懒惰，成了一群乌合之众。他们被大话、无作为所折磨；由于悲观失望而惧怕神灵。在颇尼卡，有见识的人沉默了，那些江湖骗子、能言善辩者滔滔不绝地发表演说，抨击公民最薄弱的意识。谁也不敢再批驳百姓的欲望，相反，把满足百姓的所爱作为讨好人们的砝码。他们已经不再是百姓的领路人，而沦落成学舌的鹦鹉。公民大会上今天发肉，明天发钱，说是"法院补贴"。哗众取宠的人致力于干扰将军们的行动。结果使将军们无法指挥军队，许多名将，诸如福尔米翁、拉玛霍这些屡建战功的将军们不得不退居下来。这一切都发生在战争正在残酷进行的阶段，雅典城邦危在旦夕。

在这种混乱的形势下，狡猾的克里昂造谣诽谤，巩固了自己的势力。他依靠自己的死党，一个接一个审讯，使那些反对自己的对手无法从政，只好沉默不语。他不去设法寻找资金支持战争，而是向同盟国索取巨额贿赂。克里昂甚至想出一个把米蒂利尼人全部杀掉威胁其他盟友的残酷主意。报复心强的雅典人竟然在公民大会上通过了克里昂的倡议，决定马上派出一艘三层桨座的战船给米蒂利尼送去噩耗。

但是，教堂里的会议刚刚结束，公众舆论来了个大转弯：那些不敢在颇尼卡大会上公开发表反对意见的人，回到家里，安静下来，良心发现，不忍发出如此残忍的命令。第二天，他们不顾反对，大声呼喊，要求再次召开公民大会，尽管这违犯常规，还是要重新表决 24 小时前通过的决议。

第一个登上讲坛的是克里昂。他不像伯里克利那样演讲平和、动人，连会议厅的柱子都洗耳恭听。克里昂只知道用震天的锣鼓声和欢呼声骗取听众，所以，每当他上台，就上下挥舞拳头，捶胸顿足，用公鸭嗓子号叫。今天，他格外愤怒，雅典人竟然要推翻他的计划！他粗暴地对雅典人说：

"你们应该明白，其他的人民不能靠民主去统治。能证明这一点的就是你们对于米蒂利尼问题出尔反尔。你们对盟邦的统治本身就是独裁，就是违背他们的意愿的。假如，你们今天被那些仁慈的话打动，你们就将自取灭亡。在政治上，最大的危险是仁慈。假如你们想活命，米蒂利尼人就得死！惩罚他们，给其他盟友一个警告：反抗就是死路一条！假如你们今天不这样做，就是宽容敌人，明天就要和盟友们开战。"

对于愤怒的克里昂只有少数有头脑的人和苏格拉底敢于反对。慢慢地，人们冷静下来，在混乱中，以微弱的多数拯救了米蒂利尼人的生命。

但是，米蒂利尼不是一个孤立的事件。不久出现了另一个大岛——克基拉。战争不断持续，希腊民族发疯了。人类的丑恶，在这之前是依靠宗教和教养来控制的，现在不可抑制地爆发了。贵族和下等人，富人和穷人，相互仇恨；就是在同一个家庭里，民主派和寡头派也相互攻击。苏格拉底和少数有志之士提倡的和平精神被认为是胆小如鼠，而野蛮的仇恨则被称为勇敢果断。绝望使很多有名望的学者放下手中的笔。伟大的历史学家希罗多德写过萨拉米海战和温泉关战役英雄诗篇，现在感到厌倦，置笔高阁。而不是作家的修昔底德由于痛苦，决定拿起笔，记录他周围发生的事，他希望希腊人世世代代不要忘记纷争给民族带来的灾难。

苏格拉底满怀忧郁，仔细观察社会伦理的破坏和没落群体的骚动不安。哲学家的悲剧在于，越看到混乱逼近，就越感到孤独；越不和公民们同流合污，就越想帮助他们。他看到他们渺小的灵魂是不正确的。正如所有的文明那样，伯里克利的雅典文明内部也孕育了毁灭的种子。如果一个人能自己自由管理自己，就将带来光辉灿烂的结果；同样，如果这个人不善于控制自己的力量，也将带来巨大的危险。苏格拉底充满疑问，他发现了人的内心世界，感到惊恐——如果不加控制，他们的能量将无法驾驭。他意识到要和人的卑微下意识——懒惰，谎言，虚伪——斗争的必要性。但是，他周围暴露出来的盲目势利小人监视他，跟踪他。好像在对他说："不允许你反对我们！你阻止不了我们，只有你自寻毁灭。你跟随我们就有好日子过。"但是，苏格拉底，自从得到德尔菲神谕后，深信自己在执

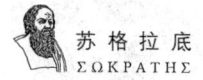

行一项神的使命。他的生活从现在起,将是不停顿的祈祷。拯救这个世界被谎言蛊惑的唯一武器是真理。他要传播真理,但是,雅典人不能把他和智者们分别开,不能分辨出他的神圣奉献精神和他们无休止的争吵。他们被辩论术外表的相同而迷惑,分辨不出智者们和哲学家的本质区别。苏格拉底寻求灵魂的完美,一个内在的纯洁,这将提升他的同胞向更高、向"未来的人"目标前进。

他观察自己周围,发现人的灵魂处于低级阶段。他反复考虑,既然民主给了群众以力量,就应该教育群众。苏格拉底感到头疼的还有奴隶问题。对于城邦来说,奴隶是必要的。但是,奴隶们的苦难又使苏格拉底的人性观念出丑。他研究了奴隶问题,但是,他还不知道当时没有出现的社会公正的概念。这样,慢慢地,他无意识地成了一种人,类似于后来的社会主义者。他没有教授任何现代理论,只试着提高人的内心世界,不要因为外部的厄运而沮丧,以达到从灵魂上摆脱奴性的目的。这样,有一天他见到了伯里克利原来的奴隶、聪明的斐多①,他让自己的朋友赎买了他,把他留在自己身边。教他几何和哲学,后来他成了名人。苏格拉底能把一个微不足道的下等人提升到学问很高的地步,于是就提出了骄傲的贵族和下等阶层平等的问题。接下来,有奴隶战胜主人的无数例证;有不幸的人们对占有者的特权挑战胜利的例证,持续了2300年。还有,苏格拉底看重的是社会的福利,而不是个人的幸福。他的目标和智者们不一样,不是为了个人,而是为了整体,为社会主义奠定基础。他鼓励那些从早到晚双手合十、双腿盘坐、无所事事的贵族老爷们也去劳作。一天,他碰见著名人士阿里斯达霍斯,见他愁眉苦脸,就问:

"朋友,你为什么难过,告诉我,让我替你分担一部分。"

"真的,苏格拉底,我是很难过。因为战争,我们家里来了很多亲戚,有14口之多。现在,斯巴达人烧毁了田地,我的农田没有收入;也卖不

---

① 斐多(约公元前417—?)哲学家。曾在故乡拜罗奔尼撒的埃利斯创办讲授苏格拉底哲学的学校。著有关于辩证法和伦理学的作品。出生于贵族家庭,在对斯巴达的战争中被俘,被卖为奴隶。苏格拉底的一个雅典友人将他买下后释放,成了苏格拉底的学生。苏格拉底死后,他回到埃利斯,创办学校。据说,他写过许多对话,但传世之作仅为《佐皮洛斯》和《西蒙》。——译注

出去东西,因为战争无人购买。在这种情况下,我怎么养活那么多人口?这使我很为难。"

听完他的话,苏格拉底说:

"你怎样看这样的事实:就在你面临饥饿威胁的同时,手艺人凯拉蒙却养活比你家多得多的人,而且还发财了?"

阿里斯达霍斯回答:

"凯拉蒙是在自己作坊里养活的是奴隶,而我家里的是自由公民。"

"你认为什么人更好,是自由公民还是奴隶?"

"当然是自由公民了。"阿里斯达霍斯回答。

"那么,凯拉蒙依靠不好的人过好日子,而你依靠好的人却举步维艰,这不可耻吗?"

"唉,不对,好像是这样。可是,你别忘了,凯拉蒙的奴隶有的是手艺,而我的人有的是知识。"

于是,苏格拉底又问:

"你把能做出有用东西的称为手艺吗?"

"是的。"

"能烤面包是手艺吗?"

"是的。"

"用布料做衣服和外套呢?"

"当然了。"

"你的亲戚都不会做这些事吗?"

"当然会了。"

"那么,他们为什么不做?"

"我说,苏格拉底,难道你忘了,我们是大家族,历来就是自由公民吗?"

"那又怎么样呢?因为你们是贵族,就只能起来吃和倒下去睡吗?你认为主人懒惰、奴隶劳作是有益的事吗?我相信,在你的家庭里,你不爱自己的亲戚们,因为他们增加了你的负担;你的亲戚们也不爱你,因为你对他们照顾得不周到。假如你们都工作,你会喜欢他们,因为他们是有用的人;他们也会爱你,因为你帮助他们摆脱了困境。劳作将把你们家庭现

有的抱怨和牢骚变成快乐。"

阿里斯达霍斯想了想,同意了:

"看在神的份上,苏格拉底,你总是有理。我听你的。在这之前我一直不敢去借钱,我怕把钱花了无法偿还。现在我已经找到摆脱困难的办法了。"

"去吧,然后回来告诉我,你们的心是不是回到了原来的位置。"

果然不出苏格拉底所料,阿里斯达霍斯的家庭从那时到战争结束,没有停止过劳作。

还有一次,苏格拉底认识了一个富有的地主贵族,由于战争他也蒙受了巨大的损失。他是60岁的艾弗西罗斯。苏格拉底鼓动他去干活,还对他说:

"艾弗西罗,你觉得你的身体还能干多少时间?"

"不会太久了……"

"你担心,如果你老了,还需要很大的开销,没有人再付给你钱了,对吗?"

"实话。"

于是,苏格拉底建议他:

"你现在就要趁自己身体健康时找一份你能干的工作。"

"你知道哪有这样的工作。我看没有……"

"去一个富人庄园当个主管。"

"是啊,但是,我难以接受人家对我指手画脚,好像我是奴隶似的。"

"难道我们的城邦的统治者不是他们任务的奴隶吗?我们所有的人,不管我们干什么工作,我们都是所干的事情的奴隶。"

"我吗,苏格拉底,不能忍受任何人对我监督。"

"但是,朋友,"苏格拉底说,"没有没有责任的工作。难道你不知道,人的自由是用责任做代价的吗?诚实和愉快地工作吧,不要管别人说什么。"

在贵族们只知道吃喝玩乐的那个年代,苏格拉底说的这些话,在他没有意识的情况下,被写入了史册。哲学家不仅在劳动问题上是先河,而且,他教导说,"人"高于"公民",精神超越地域和时空;他的根扎在他所爱的雅典土地里越深,他就越超过雅典人,超过希腊人,而且,正如普卢塔克①命名的,成了"世界公民"。

苏格拉底忠实地传播自己的学说,因为他认为这是一项必须完成的工程。白天哲学家看上去情绪饱满,安详冷静。夜深人静,他孤独一人时,就在自己的卧室冥思苦想,夜不能寐,检查自己思维中的错误,努力寻找一种现代的哲学,这个哲学能补充宗教,能帮助人,帮助所有受苦受难的人们,面对生活的各种苦难。

---

① 普卢塔克(约公元46—公元119年后)对16—19世纪初的欧洲影响最大的古典作家之一。他的哲学是折中的,以柏拉图派为主,但也包括斯多葛派、毕达哥拉斯派和逍遥学派的观点。他的作品无论在古代还是后世,都有很大影响。——译注

20

伯罗奔尼撒战争进行到第8年，尼基亚斯·尼基拉托斯出任总指挥。这是一个出身于富有家庭的雅典人，他心眼小，优柔寡断。他发现了一个旅长，名叫迪摩斯塞尼斯，刚刚30岁，可是，已经显露出军事天才：他勇敢果断，总有"异想天开"的大胆想法；还特别善于利用地形，运用各种武器；他第一个提出，要战胜伯罗奔尼撒人，仅仅依靠海上优势是不可能的，但是，雅典又没有足够的陆军；他向城邦提出，动员西部盟邦的军队，克基拉岛的、阿卡纳的以及勇敢善战又极端仇恨斯巴达的麦西尼亚人和伯罗奔尼撒对抗。

尼基亚斯帮助迪摩斯塞尼斯带领一小部分军队前往希腊北部，在那里打败了斯巴达两只部队。带着300套从战死的斯巴达士兵身上缴获的盔甲凯旋雅典。他们带来的不仅是战利品，还有一个证明：斯巴达在陆地上也不是不可战胜的。这次胜利给雅典带来巨大欢乐，到第二年，当迪摩斯塞尼斯再次要求进攻斯巴达时，城邦赋予了他更大的权利，担任城邦舰队总监，他可以自行决定舰队攻打斯巴达沿岸的任何目标。他本人已经有了一套行动计划，但是，怕多嘴的雅典人传出去，一直保密。他的秘密就是占领皮洛，这是麦西尼亚的海军基地，现在被不善于海战的斯巴达人遗弃不用了。当舰队经过皮洛附近时，迪摩斯塞尼斯才把舰队司令和将军们召集起来宣布自己的计划。但是，指挥官们出于嫉妒，拒绝登陆。他们本来是受命听从迪摩斯塞尼斯指挥的，现在却下令把舰队开走。就在船队要离开时，海上掀起了狂风巨浪，他们不得不返回港口附近安全的地方避风浪。

迪摩斯塞尼斯再一次提出攻打皮洛的计划，再一次遭到他们的拒绝。这时，一些士兵挺身而出，和迪摩斯塞尼斯组成志愿突击队。人数不多，舰队总指挥同意留下三艘战船，在需要的时候帮助他们撤离。

这个计划成了救命稻草。斯巴达国王亚基思在几天前已经入侵阿提卡地区，得到雅典人攻打皮洛的消息后，马上回撤，并命令他仅有的45艘战船迅速开往皮洛，要不惜一切代价赶走入侵者。迪摩斯塞尼斯在高地上看到海上的斯巴达舰队和陆地上围上来斯巴达士兵，毫不胆怯，对自己的士兵大喊：

"我们的处境非常危险，按常规，谁也不能活着回去。你们只有像疯子一样战斗，才有可能得救。"

港口被封锁前，他派出一条船，要求雅典舰队返回皮洛。迪摩斯塞尼斯和他的志愿者们在斯巴达军队的进攻下，坚持了两天两夜，重伤了斯巴达年轻的将军弗拉西塔斯。这是一位杰出的将领，打起仗来像雄狮，三年前他在攻打比雷埃夫斯时，发明了"两条线"作战法，利用少数精兵出其不意地烧毁了比雷埃夫斯。

斯巴达派出500名"精选士兵"在海湾中间的司法科地拉斯小岛登陆，企图包围迪摩斯塞尼斯和他的志愿者。但是，雅典舰队及时返回，在海上战胜了斯巴达舰队。结果，这500名精兵反而被围困在了海中小岛上。斯巴达不断增兵，但是，他们只能在陆地上隔海观看，无能为力，就连给养都送不到孤岛上。

消息传到斯巴达，上下震动。决定由国王亚基思和检察官亲自到前线去，视情况决定对策。他们看到没有任何办法能救这500名被围困的士兵，决定妥协。斯巴达决定把所有的战船交给雅典，请求雅典同意他们为被围困的士兵送水和食品，同时等待雅典城邦决定，是不是接受斯巴达和平的请求。

当一艘三层桨座战船停靠在比雷埃夫斯港，带来皮洛的消息后，雅典人不相信自己的耳朵。斯巴达会败到主动要求和解的地步了吗？这个意外的惊喜使他们如醉如痴。他们觉得，现在他们成了雄鹰，就要统治全世界了。克里昂企图利用群众情绪，向斯巴达提出了根本无法接受的和平条件。由于克里昂的固执，战争继续打下去。过了几个月，毫无结果，雅典

人意识到当初拒绝和平的错误,开始后悔。雅典议会主席团为了平息百姓的怒气,召开了新的公民大会。苏格拉底和克里迪亚斯坐在颇尼卡头排,观看克里昂和那些指责他因为不妥协而拖延战争人群之间的争论。手工业者和商人看到他们的生意每况愈下,农民要返回自己的田园,难民们想早日离开这个污染的城市。所有人把怨气都集中到了克里昂身上。当他脸色苍白、微微颤抖地走上讲台时,群众一片嘘声。他把责任推到了总指挥尼基亚斯身上,说因为他没有处置那500名饿得半死的士兵,才使战争拖延至今。尼基亚斯站起来说,他可以辞去总指挥之职,条件是喜欢说大话的克里昂本人前去亲自处置斯巴达人。克里昂拒绝这个建议。可是,百姓看到这位吹牛的领袖越是拒绝,越是强迫他接受。他的对手开始呼喊"胆小鬼",结果全场大乱。苏格拉底和克里迪亚斯赞赏的是,这些人群,如同野兽一样,昨天还崇拜克里昂,今天就反过来折磨他。学生转过身对老师说:

"你看,克里昂是个什么样的坏蛋?我们不离开这里,不管他乐意不乐意,直到把他送到皮洛为止。"

"看来,"苏格拉底回答,"戏剧家们讽刺他是有道理的。"

真的,那个时代,除了喜剧诗人,没有人胆敢反对克里昂。喜剧的目的本来是让市民暂时忘掉生活的苦难,回归过去的思想传统。现在却毫不留情地鞭挞当前的没落和政治上的丑恶。那时的喜剧相当于现代的大报纸。用喜剧形式保留了在颇尼卡已经消失了的言论自由。保守的阿里斯多芬忠厚正直,生活上无任何瑕疵,被授予监督权。在喜剧《骑士》中矛头直指克里昂,讥讽他的虚伪,管理市政的手段和造谣生事的行径。克里昂试图以民主的叛徒的罪名监禁他(公元前426年3月),但是公民大会宣布他无罪,因为戏剧家有权谴责他认为危害公共生活的事和人。为了堵住阿里斯多芬的嘴,克里昂搞了第二次审判,控告他不是纯正的雅典人,并请来诽谤者作证。但是,法庭再次拒绝了指控。

今天,公民大会群情激奋,克里昂不得不勉强接受了总指挥之职。

"这下子可好,"克里迪亚斯说,"现在克里昂或者把斯巴达人绑回来,或者战死,我们就可以摆脱开这个混蛋了。"

迪摩斯塞尼斯的命运和聪明的战术成功地组织了进攻,拿下了司法科地拉斯岛，把一次轻而易举的胜利给了克里昂。他也完成了诺言，把420名斯巴达士兵俘虏带回了雅典。民众欢乐得发疯，看到斯巴达"精选士兵"俘虏在眼前游街示众，他们还不敢相信自己的眼睛。莱奥尼达斯的后代，温泉关英雄们的子孙怎么能够投降呢！斯巴达不得不再次请求和平。现在克里昂成了伟大的英雄，雅典的骄傲，推举他为终身公民大会主席团主席，给了他这个城邦最大的荣誉。他决定拒绝斯巴达人的请和要求，继续战争，没有人再敢反对了。

皮洛取胜后，雅典人四面出击：攻打科林斯、基西拉和麦加拉。当他们看到自己节节胜利时，决定惩罚老对手维奥迪亚，要占领他们的首府忒拜城。雅典派出一万武装精良的大军。其中有苏格拉底和安第斯塞尼斯，他们是步兵；有亚西比德和克赛诺丰，他们属于贵族骑兵。雅典大军占领了迪洛在塔纳格拉的阿波罗神庙，在这里和忒拜士兵展开了激战，直到日落。双方打得极其惨烈，忒拜左翼开始动摇。在战斗中最为勇敢的是亚西比德。但是，敌人右翼突破了雅典军队防线，形成了对雅典军队的包围。在那里，克赛诺丰受了重伤，从马上跌下来。正如在吕底亚苏格拉底救亚西比德一样，他和自己的年轻的学生安第斯塞尼斯跑过去，用剑砍出一条血路，把克赛诺丰救了回来。但是，雅典军队因防线突破开始恐慌，最后惊慌失措的士兵开始溃败大逃亡。忒拜的将士们穷追不舍，直到天黑。雅典军队遭到了前所未有的惨败。苏格拉底一手架着受伤的克赛诺丰，一手开路，喊叫他身边的人跟随他向帕尔纳索斯山谷方向逃跑。恰好一个雅典将军也在那里。他是拉赫斯，普通百姓家的孩子，从小参军，经过无数次战斗，最后慢慢升为将军①。他不赞成苏格拉底提出的逃跑路线，主张向海边进发。战士们看到苏格拉底着魔一样，不顾一切向帕尔纳索斯山前进，都以为是他的灵异给指的路，不顾将军的命令都跟随苏格拉底跑。苏格拉底身有灵异在当时已是众所周知的。实际上，苏格拉底真的听到了神秘的声音："向帕尔纳索斯，走菲莱亚小山谷！"苏格拉底不再思考，就按着这个声音走下去。拉赫斯看到没有一个战士跟随他，也好奇地跟了上来，看看这个着魔的人把他们带到何处。

---

① 拉赫斯后来在曼迪尼亚战役中阵亡。——原文注

真的，哲学家这个转向到帕尔纳索斯山上小路的路线竟然救了大家。苏格拉底和跟随他的人们听到从不远处的山谷传来杀戮叫喊声。只有这条小路没有发现任何一个忒拜士兵阻挡他们。当他们安全返回雅典后才得到消息，那些按拉赫斯意见向海边逃避的战士全部被杀了。至此人们对与苏格拉底更是崇拜有余，认为他超自然的能力可以跨越时空和地域。无论在市场，在拱门，在理发店，都在议论苏格拉底体内的灵异。对于一般平民百姓最引人注意的话题莫过于来自超自然的信息。还发生一些事，苏格拉底依靠灵异都预见到了。

人们都知道英俊的哈尔米迪斯。一天他在体育馆宣布说，他决定到麦奈亚去参加赛跑。灵异要求苏格拉底去制止，老师苦口婆心劝他不要去参加比赛。哈尔米迪斯笑了，回答：

"也许，你的灵异怕我不能取胜，所以劝我不要参加。可是，我去比赛为了锻炼，只能受益。"

哈尔米迪斯根本没有理会苏格拉底的劝告，去了麦奈亚。结果受了重伤，还毁了他美丽的面容。

一个叫克里同马霍斯的雅典地主贵族逢人就讲他弟弟的事。他弟弟叫替马霍斯，被押送到刑场，在刽子手行刑前，对克里同马霍斯说：

"哥哥，现在我马上要被处死了，因为我没有听苏格拉底的话。一天傍晚，我们被邀请参加一次宴会，宴会中我站起来要离开，为了政治目的，去暗杀尼基亚斯。谁也不知道我的秘密使命。临走时我对朋友们说：'你们先吃着喝着，我马上回来。'这时，苏格拉底拦住我，说：'我听到我的声音告诉我，让我请你不要去任何地方。'我安静地坐了一会儿，起来又要走，还是被苏格拉底制止了。第三次我趁他没注意溜了出去。结果，我刺杀失败，被抓住，现在要被处死了，因为我没有听苏格拉底的话。"

还有一次，苏格拉底和十几个学生在拉纳科斯路漫步。突然，苏格拉底把他们全体推到路边一条狭窄的小胡同里，学生们还没有明白发生了什么事，只见一群发疯的野猪旋风般狂奔过去，横扫路上碰到的一切。

类似这样的事件很多，不仅苏格拉底的朋友和学生们，就连他的敌人也在传。大家都认识到，凡是跟随苏格拉底的人能很快得到发展，而远离开他的人，往往走下坡路。一个过去的学生，阿里斯提迪斯，里司马霍斯之子，在一次远征后，回到苏格拉底身边，对他说：

"苏格拉底，我在你身边时，学了许多知识，后来去当兵几年，现在回来看到麦里索斯的儿子在你身边，竟然成了杰出的人物，当年他什么也不是啊！"

"是啊。"

"可是我，老师，现在什么也不是了。"

"为什么？"

"当兵前，我可以和任何聪明的人交谈，现在见到有学问的人我都绕开走。我为自己一无所知感到羞愧。怎么对你说呢，苏格拉底，听起来不可信，可真是这样：在你身边我就进步，只要坐在你身边，看着你，或者握着你的手，我就学习长进。我永远不会忘记，当我碰到你时，有一种奇怪的幸福感，好像有一股看不见的流，从你那里流到了我身上……"

哲学家对接近他的人就能产生如此巨大的影响。

21

大将军弗拉西塔斯在皮洛受伤后,斯巴达只得委曲求全,处境卑微。弗拉西塔斯伤愈后,这个英雄改变了斯巴达的命运。弗拉西塔斯和目光短浅、行动缓慢的拉科尼亚人不同,他身上具有他们没有的两个特点:既是杰出的演说家,又是伟大的政治家。他讨厌那些监察官们,是他们使斯巴达失控和没落。他曾恐惧地看到监察官们残酷杀害了 2000 名年轻的伊洛人[①]——拉科尼亚人这样称呼奴隶。监察官们把身强力壮和活跃的伊洛人集合起来,骗他们说要解放他们,结果把它们集体屠杀了。斯巴达被最原始的恐怖笼罩,他们最怕的是伊洛人造反。

弗拉西塔斯提出派给他 700 名这样的伊洛人,他带领他们去攻打雅典的殖民地色雷斯,那里是雅典黄金和木材的供应地。尽管监察官们不情愿,最后还是答应了他的要求,他们期望这个胆大妄为的疯子能带来这样的结果:他和那些不受欢迎的伊洛人有去无回。为了实现自己的计划,弗拉西塔斯克服了常人根本无法想象的困难。这位将军完全搅乱了雅典的殖民地。弗拉西塔斯依靠一小撮伊洛人东征西讨,给了斯巴达人信心和勇气,他们原来对外眼睁睁看着自己的沿海任海上霸权雅典人占领,对内昼夜提心吊胆唯恐奴隶造反,现在地位提高了。弗拉西塔斯的进攻迫使克里

[①] 伊洛人(EILOS),来源于伊洛斯(ELOS)。伊洛斯原来是一座城市,后来被斯巴达毁灭,全城的居民一律被掠到斯巴达,沦为农奴。从此,伊洛和奴隶(SKLAVOS)希腊语中均表示奴隶,而在斯巴达还表示农奴。在斯巴达由此派生出来的词伊洛底亚(ELOTEIA)表示农奴制。——译注

昂管理下的雅典城邦不得不派出海上舰队和数以千计的步兵来对付他。克里昂仍然被任命为雅典军队的总指挥，因为他在司法科地拉斯岛出人意料的胜利使人们相信他有军事天才。苏格拉底也应征入伍，担任运送给养的任务，被派到了荒蛮的北方。雅典大军抵达斯特里蒙河入海口附近，安营扎寨，克里昂以逸待劳，等敌人出击。苏格拉底看到眼前的安菲波利耸立在高高的山丘之上，这是连接河流和巴干山的最后一块高地。这里风景迷人，在银色的斯特里蒙河岸，城里洁白的房屋显现在灰色的巨石墙中。后面白雪皑皑的群山环抱着肥沃的色雷斯平原。对苏格拉底来说，这是一块神圣的土地，从这里开始了对酒神狄俄尼索斯的崇拜，在这里色雷斯女人们为俄耳普斯死去活来。

弗拉西塔斯不想交战，他守株待兔。长时间相持，雅典兵士们开始焦躁浮动起来。苏格拉底听到他们抱怨克里昂的无作为，把他的犹豫不决和斯巴达战将的老道和勇气相比。克里昂了解到这一情况后，决定向敌人靠近，把军营安在安菲波利城下。弗拉西塔斯不想让敌人发现的他的兵力很少，研究了战略，决定先发制人。他挑选了150名精兵，中午时分，看到敌人队形解散，士兵们毫无戒备，东张西望，突然猛扑过去。雅典人惊呆了，看到城里持续向外冲锋，乱了阵脚。克里昂所在的左翼开始向海边逃窜。他们被弗拉西塔斯的名字吓坏了，高喊"弗拉西塔斯来了！"扔下武器，四处逃命：有的跑到斯特里蒙河边草丛里，有的跑到哈尔基季基山，躲到密林里。只有苏格拉底和忠实的安第斯塞尼斯所在的右翼还坚守在一个高地上。克里昂在逃跑中被一个色雷斯战士射中阵亡，几乎同时，雅典的一个士兵的标枪投中了冲在前面的弗拉西塔斯，也杀死了这位战将。雅典军队左翼几乎全军覆灭，而斯巴达只损失了少量战士。苏格拉底和一些战士边战边退，安全地撤到了雅典船上。

两位大将，克里昂和弗拉西塔斯同时战死，给雅典和斯巴达两个城邦的主和派制造了机会，双方最后达成了停战协议。

斯巴达人回到了艾弗罗达谷地，又重新开始了他们单调的、多世纪习惯的军旅生活。欢乐和幸福的雅典人陶醉在复苏之中。污染城市的难民离开了，农民们扛着农具回到田野上，把被拔出土的葡萄藤重新栽种上。雅典又像从前那样，到处歌舞升平。

苏格拉底
ΣΩΚΡΑΤΗΣ

两个大城邦打了10年，两败俱伤。停战后，斯巴达人又能够来雅典观看酒神节。阿里斯多芬在这里用喜剧歌颂珍贵的和平；雅典人也派人到拉科尼亚人参加那喀索斯节，向世界表明，两个城邦真正和解了。

在战争的10年里，苏格拉底5年是在军队度过的。他作战勇敢，不畏险阻和死亡，用自己的实际行动表明，一个雅典人，而且是哲学家，在战斗中一点也不逊于英勇无畏的斯巴达人。德尔菲的神谕，战斗中的勇敢，使苏格拉底名声大振。喜剧作家阿里斯多芬开始担心，怕苏格拉底创新的教诲会对年轻一代产生危险的影响，于是，决定嘲讽苏格拉底。他不去攻击那时充斥在雅典的诡辩哲学家，反而在喜剧《云》中，把矛头指向自己的朋友苏格拉底。阿里斯多芬用他阿提卡的写作特长，用流畅和谐的诗句和取之不尽用之不竭的诙谐，把哲学家挂在从天而降的一个筐里，空话连篇。一个破产的农民，斯特莱珀西雅迪斯，来向他咨询，怎样才能不偿还借的债务。农民向神发誓，要为有效的方法付出高额代价。

"什么神？"苏格拉底问。"这样的东西是没有的。"

"那在神的位置上的是谁？"农民吃惊。

"云，无所事事的女神。她们养育成群的诡辩哲学家，长发的懒汉和骗人的星相师。"

"可是，宙斯，奥林匹斯山的国王，他不是神吗？"斯特莱珀西雅迪斯问。

"我跟你说了，宙斯不存在。"

"那么，老师，谁在天上降雨？"农民又问。

"云之女神，傻瓜，你见过天上没有云就下雨吗？如果宙斯能，让他用风下雨试试！"

"那雷是怎么回事？"

苏格拉底回答：

"一块云撞到另一块云上就打雷。"

"我不信。"农民说。

于是，苏格拉底对他解释：

"拿你自己做例子。假如你的肚子吃太多的肉，灌满了水，你不觉得肚子里咕噜咕噜响吗？"

"那倒是真的,我吃得太多时,肚子里就咕噜咕噜响。"农民天真地说。

"所以嘛,"苏格拉底得出结论,"肚子里只要有一点气,就发出响声。你想,那无边无际的大风能发出多大的响动。"

然后,又说了许多下流的话①,哲学家问农民:

"你找我要什么?"

"不是大事情和深刻的思想,就请你教教我,我怎样才能变得像鳝鱼那样拐弯抹角、滑滑溜溜、躲避债主。"

云之女神下令给苏格拉底:

"老先生,开始你的教导吧,运用你的判断,唤醒他的头脑。"

于是,苏格拉底开始:

"告诉我,你有什么本事,我再帮你掌握新手段。你有记忆力吗?"

"太有了,而且是双面的:如果欠我的,我永远不会忘;如果我欠人家的,马上就忘掉。"

喜剧用语言游戏和粗劣的玩笑进行下去,老师教学生"无理取闹",让他东躲西藏。对于阿里斯多芬为什么那样反对苏格拉底,至今我们无法解释。但是,有一点是明确的,伯罗奔尼撒战争给雅典带来的混乱,伯里克利死后保守人士对诡辩论在政治和社会的改变感到不安。

但是,苏格拉底一点都没有在意。在喜剧演出过程中出现苏格拉底,对话中把他诽谤成诡辩哲学家领袖时,他就站起来,面对观众,告诉他们,剧中的那个人"就是我!"

战争结束,雅典一天一天恢复了原来安宁的生活。雅典人享受和平的同时,反思战争带来的灾难。他们认为战争是以伯里克利为首的民主派发动的,于是转向保守派。这样,尼基亚斯的势力大增。人民希望他的理智和忠厚能够弥补过去动荡带来的创伤。尼基亚斯非常富有,那个时代,只要你拥有1达兰特②黄金,就进入到富人行列,而尼基亚斯的黄金有100达兰特。人们不妒忌他的富有,因为他总是慷慨解囊。他把所得的全部利润都用来愉悦人民。尼基亚斯得到群众的支持后,两个大城邦不仅和解

---

① 那时不允许女人观看戏剧演出。——原文注
② 达兰特(TALANTON)币制单位,每达兰特银子值60.000德拉克马。——译注

了，而且，他还建议他们缔结永久的联盟。他认为，只要雅典和斯巴达两大城邦结盟，在希腊就不会有人胆敢再破坏和平。但是，拉科尼亚人却没有做出积极响应。刻写和平条约的石柱刚刚在春天耸立在卫城上，秋天斯巴达就更换了监察官，好战的人掌握了政权，风向变了。新的监察官们认为妥协是屈辱的，于是联合忒拜和阿尔戈两个城邦，阴谋破坏联盟。尽管尼基亚斯为了讨好斯巴达人，逐条执行了和平协议条款，但是，斯巴达监察官们用各种欺骗借口，回避做出相应的反应。6个月和平后，雅典人认识到受了斯巴达的欺骗。民众对尼基亚斯愤怒，因为他的短视和妥协达到了顶点，因为他匆忙决定释放了420名斯巴达战俘，雅典失掉了迫使斯巴达履行和平协议最重要的砝码。失望的民众又转向民主派。这样另一位政治家进入了雅典的公众生活里，直到他死亡，整整20年，无论好或者坏，主宰了雅典城邦的命运。这个人就是亚西比德。雅典人喜欢他，因为在他身上雅典人找到了安宁和信任。他有家庭出身的光环，有英俊的外表；与尼基亚斯一样敢于大手大脚花钱并具有杰出的演讲天才。至于他孩童时代的缺陷，雅典人不仅原谅了，而且把他的胡作非为当成孩童的顽皮笑话相互口头传播。他所要求的，公众都能投票通过。为了制作赫尔美斯神雕像，工匠们毫不犹豫地按亚西比德的模样雕刻了神的头。他周围积聚了无数微不足道的小人和有地位的贵族。这些人的崇拜使这个刚刚步入政坛的年轻人忘掉了他接受苏格拉底教导时的激动，内在的声音停止说话了。他全身投到政治里，不是为了管理城邦，相反，仅仅是为了满足他那已经扭曲了的虚荣心。他利用雅典人对亲拉科尼亚人的尼基亚斯错误政策失望、正在寻找新的领袖的时机，以反斯巴达的面孔出现。民众怀念领袖伯里克利的光辉政治，他们相信伯里克利的侄子和他具有一样的才能。

不幸的尼基亚斯本来幻想在克里昂死后，雅典摆脱了一个哗众取宠的领袖，没有料到现在又碰到了一个年轻的对手，他和克里昂一样没有责任心，还是魔鬼一样的怪才。亚西比德不失时机地悄悄准备战争，与伯里克利的自卫战不同，他要打的是侵略战争。这样，公元前419年夏天，他在伯罗奔尼撒开战，雅典人欢欣鼓舞，用掌声支持他。亚西比德的鲁莽专横超越了一切界限。在剧院他殴打赞助商塔弗莱阿斯，因为他胆敢和他亚西比德比赛争夺戏剧奖；在路上他扇了一个雅典德高望重人的耳光，仅仅为了让他的同伴们发笑；甚至藐视法律，法院要审判他保护的诗人伊耶莫纳斯时，他跑到审判厅，那里书写着对诗人的指控，他竟当着法官们的面抹掉了所有指控，说："我看你们谁敢坚持审判。"结果没有一个法官冒险。

苏格拉底把他叫到身边，企图说服他回到正道上来。苏格拉底告诉他说，伯里克利有坚实的基础，就是谦虚和理智，而他却无法抑制自己的缺点。苏格拉底对他说：

"你的成功只在表面上，而你的灵魂仍然非常空虚。"

苏格拉底让他想起当年传授他学问时激动的情景，想起他因为欲望没有满足而受到的侮辱。亚西比德默默无语，赞赏哲学家的伦理美德。但是，他意识到，他无法忠实于哲学家的教导。他能否定自己吗？看到他的雄心壮志就要成为现实时而放弃吗？他这个命运的宠儿，还要回到苏格拉底狭窄的学校里去吗？不，不再需要老师了。是的，他是太年轻了，但是，是伯里克利的继承人。荣誉给了他翅膀，现在飞得很高了。因为脱离了老师的苦修……尽管他这样想，老师严厉的目光仍然使他有服从感。对老师过去的崇拜还活在他内心。他的心还为在吕底亚受到的羞辱而流血。这种内心的矛盾催促他尽快离开这个魔鬼老师，老师要阻止他奔向自己万能的王国。在这同一时刻，他既想跪在老师的脚下，又爆发出对老师的反感。

亚西比德的悲剧在于：聪明绝顶的他明明知道什么是正确的，但是没有灵魂承受力去实践。他膨胀的欲望推动他走向毁灭和伦理没落。他急于离开苏格拉底，因为老师已经进入他的灵魂，妨碍他。只要老师一出现，他就感到不安。而世人的诱惑正好相反，急于使他成为伦理低下的人，以证明幸福并不取决于美德。不驯服的亚西比德在伦理和享受生活之间没有犹豫，像一般纨绔子弟一样，背离了苏格拉底，转向向他微笑的光荣。为了达到他自认定的伟大的神圣目标，他开始策划庞大的远征计划。他对所有的人都守口如瓶，只是派遣自己的亲信到远处的城邦收集情报，以达到自己的目的。

22

　　佐皮洛斯老汉，伯里克利的奴隶，一直伺候阿斯帕西亚。这是一个瘸腿老年残疾人。他来到苏格拉底的房舍，对他说，女主人要见他。伯里克利死后，她嫁给了他生前的好友、富有的李斯克里斯。现在，李斯克里斯带领船队去小亚细亚了，不在家。苏格拉底高高兴兴来到阿斯帕西亚家。看到这位夫人，尽管她已经是50岁的人了，还是风韵如旧。穿一件红色长裙，看得出来，长裙在紫骨螺取下的紫色颜料里漂染过两次，色彩鲜亮；裙边镶金穗；手和脚都经过精心修饰；烫成卷的头发波浪式散落肩上。豪华的房间散发香气。

　　"你总是香气四射。"苏格拉底看了一会儿，说。

　　"是的，我总是使用米利都带来的偏方：面部用玫瑰花，腿上用麝香草，胸部用蝴蝶花，背部用香菜花。"她回答，指给他化妆台上的四个细颈小瓶，里面盛有四种鲜花制作的芳香油。

　　苏格拉底坐在她身边的长沙发上，问：

　　"你叫我来，阿斯帕西亚？"

　　她微微一笑，露出两个酒窝，显得越发漂亮。回答：

　　"不管你有多少智慧，苏格拉底，你也猜不到我找你来干什么。"

　　"奇怪的回答。说说看。"

　　"我要你结婚……"

　　他吃惊地瞪大眼睛：

　　"你要我结婚？我不能有家庭。只有密尔托爱过我，不幸得很，可爱的她在瘟疫中死了。哪个女人会嫁给我？"

"我已经为你准备好了般配的夫人。你知道是谁吗？伯里克利的一个远房外甥女，克桑施碧，和你的年龄相仿，很老实，是个好的家庭主妇。只是没有多少财产，但是，你对金钱不感兴趣。你看怎样？"

哲学家犹豫了一会儿，回答：

"我知道城邦强迫男人们结婚，为了生孩子。可是，我有神圣的使命，我许过诺言。我没有时间结婚，我的头脑和心灵必须是自由的。"

阿斯帕西亚坚持：

"你们雅典的男人们都把女人整天单独扔在家里。克桑施碧不会影响你完成自己的使命。我向她介绍过你，她也是你的崇拜者。结婚吧，苏格拉底，像你这样杰出的人物和聪慧的头脑，一定要有继承人。"

"为什么？你看看伯里克利的孩子们，现在什么也不是。索福克勒斯的孩子也一样。阿斯帕西亚，奴斯是不遗传的。"

"苏格拉底，你忘记了，我们的宗教要求人们结婚。下一代人要关照长辈们的灵魂，如果没有后代祭奠，他们在地府的灵魂是得不到安宁的。每一个人都是链条上的一环，不应该断掉。我们生孩子，为了继续对亡灵的崇拜。所以伟大的立法者梭伦不允许未婚男人成为领袖或者将军。朋友，我不要求你今天回答我。你想一想对城邦的责任，然后我们再谈。"

她拍了一下手，出现一个女奴。

"伊基亚，"她命令道，"把萨摩斯的水果和葡萄酒拿来！"

她转向苏格拉底，说：

"你知道吗？我现在开始发胖了，只能吃水果……阿提卡阳光下成熟的水果那么香甜可口。"

他们沉默了，直到女奴把苹果和石榴端上来。然后，阿斯帕西亚问：

"你怎样看亚西比德开始的战争？"

"和阿里斯多芬一样。"

"就是说？"

"一天他对我说，一个城邦不应该喂养狮子，如果喂养了，你最好跟在它附近。亚西比德有优点，我们跟随他看看，然后再判断。"

"可是，他的缺点更严重啊。"

"是的。"哲学家承认,"无论如何,比说大话的克里昂强一些。"

阿斯帕西亚不会忘记,当年这个青年在她的家里时,他们操了多大的心。

"我真替他担心,苏格拉底,一个鲁莽专横的人,本事越大,危害就越大。亚西比德还是个坏孩子。只有你那么天真,认为依靠你的语言就能改变他扭曲了的本性。"

苏格拉底没有回答,因为在他的内心深处有同样的担心和感觉。阿斯帕西亚不再微笑,从内心深处发出一声长叹,说:

"啊,为什么伯里克利不活着……他会用正确的战略赢得战争。他不会让提洛和安菲波利毁灭。"

阿斯帕西亚说了许多,向老朋友证明,伯里克利进行自卫战争的策略是正确的。她的话充满热情,让人感觉到,在她的内心深处,她的前夫永远不会死亡。伟大的他永远活在她的心里。苏格拉底告别时,阿斯帕西亚又想起了她的建议:

"克桑施碧是一个老实的姑娘,和她在一起你会头脑安静的。前天到我这里来了一个我的熟人,我原以为她是诚实的,就问她:'假如你的邻居有一件比你的还漂亮的裙子,你喜欢自己的你还是邻居的?'她毫不犹豫地回答:'邻居的。'我又问:'假如你的邻居有比你的钱多,你是要自己较少的钱呢还是要邻居较多的钱呢?'她又回答我:'邻居多的钱。'于是我又问:'来,我再问你,假如你邻居的丈夫比你的丈夫好,你是要自己的丈夫呢还是要邻居的丈夫?'她脸红了,我知道,她要邻居的丈夫。克桑施碧可是个老实人,你好好想想,朋友,然后回答我。"

说完,他们分别了。

一月底,几天来冬天的太阳暖洋洋的,扁桃树上当,提前开花了。苏格拉底的婚礼在此时举行,证婚人是阿斯帕西亚。

清晨,新娘把一小撮头发献给阿耳忒弭斯处女神庙,然后用卡利罗伊的水洗了新娘浴,这水能帮助新娘早得贵子;身上涂上香精油,蒙上洁白的头纱,女友们用从野外采来的鲜花打扮新娘,因为用买来的花不吉利。父亲把打扮好的新娘带到她家灶前,新郎在那里等待她。婚姻保护神的祭司拉来一头小牛祭献给神,先把小牛的苦胆摘掉,表示婚姻不能有任何痛苦。然后，把一个苹果交给新娘，她要吃一半，另一半新郎吃完。这是爱情的表示，因为苹果是阿佛洛狄忒的水果。① 然后，祭司做了祝福。

克桑施碧的父亲拉着女儿的手，来到身穿洁白礼服的苏格拉底面前，说：

"我把女儿交给了你，祝你们早得贵子。"

新郎回答：

"我接受。"

"我把她的嫁妆200德拉克马和她的家具交给你。"

新郎回答：

"我接受。"

这些话是登记婚姻的程序，没有任何文字记载，只要亲属听见和祭司主持即可。将来如果需要，可以做见证。

仪式结束，开始婚宴。用餐前，所有来宾都要吃一块一个男孩送上的面

婚 礼

包，在每个人从筐里拿面包时，男孩都说一句："恶的离去善的来！"还要吃用蜂蜜和芝麻做的甜点，这是幸福美满的象征。那个时代，婚宴上男女分别就餐。

天黑时，送新娘队伍出发，最前面是乐队，吉他，双簧管。后面跟着骡子拉的车，由新郎最好的朋友克里同驾驭。车上坐着新郎新娘和证婚人阿斯帕西亚。按习惯，新娘克桑施碧一手拿筛子，一手拿煎锅，表示她是最好的家庭主妇。再后面是亲朋好友，他们手执火把，高唱赞歌，步行前进。苏格拉底房间灯火辉煌，朋友们用桂树枝、常青藤把房间装扮一新。用常青藤是因为这种植物总是牢牢抓住依靠物不放，象征着夫妻永远紧密在一起。

---

① 给亚当和夏娃诅咒的含义实质上是《圣经》要努力使犹太人远离阿佛洛狄忒的肉欲。——原文注

新婚夫妇跨过门槛，来宾往他们身上撒糖面，直到家灶前。在这里新娘揭开自己的面纱，手对丈夫家的"圣火"，嘴里叨念祝福词，和新家的"火灶神"宗教沟通。然后，新婚夫妇被送到新房里，新娘要吃榅桲香口。关上洞房门后，新娘的女友们，头戴水仙花环，唱起"洞房婚歌"。新郎的男友们则击鼓，跳动，发出很大响声，驱恶辟邪。

第二天，新婚夫妇接受亲朋好友的礼物，同时，新郎要举行宴会，招待宗族成员。宴会上新娘要见宗族成员，表明他们是合法的婚姻，宗族接受他们将来的孩子。①

这样，苏格拉底结婚了，婚礼全过程和祭司的祝福词，表明在古代，保持"家"的完整是重要传统。

现在，苏格拉底的家，发生了重大变化，内外干干净净。克桑施碧用石灰把室外粉刷了一遍。在小院子里种上了花，两个卧室家具重新摆放，家具罩上了彩色布料。墙上对称地挂着厨房用具，仿佛是艺术品。尽管很简单，但是显得很美，因为在公元前5世纪，雅典人做任何事情都考虑到美学。在靠近大床的小桌子上放了两个洁白的首饰盒，看上去像石膏，上面用极细的线条雕出飞翔的小厄洛斯。克桑施碧骄傲地展示两个小盒子，念念不忘地说，这是阿斯帕西亚送的礼物。克桑施碧把苏格拉底母亲放在床头边的避邪小雕像撤掉，换上了她尊敬的女神赫拉的陶制雕像。她不信那些避邪偶像，把自己的信仰寄托给赫拉女神，也把能和哲学家结合的荣誉献给女神。在结婚的最初日子里，邻居们看到什么事都由她自己操作，没有奴隶，有时会说一些挖苦的话，她总是骄傲地回答说，她很满意，很幸福。

天一黑，她就等待丈夫归来，她高兴的是，她把他过去的家整理得认不出来了。只要他进家门，她马上过去迎接他，送上凉水。苏格拉底晚饭习惯躺着吃，而她就站在旁边，随时准备为他服务。

"你坐下和我一起吃饭吧。"苏格拉底对她说。但是克桑施碧不敢。如果苏格拉底倒下睡觉，不碰她，克桑施碧就到壁炉旁，那里"圣火"昼

---

① 宗族，所有亲属的联谊会，每年10月有共同的节日。在这一天承认和宣布接受新生的婴儿为宗族成员，以便保证他们长大后应得到的政治和家族权利。——原文注

夜燃烧。她精心关照火,直到天明。当火很旺时,她就向女灶神祝福说:"啊,祝你永远年轻,美丽,请接受我们的祝福,请赐予我幸福和健康。"

婚后的最初日子里,她头上每天都换鲜花。但是,她注意到,苏格拉底对这并不感兴趣,就停止打扮自己了。为了打发时间,她开始在纺织机上织布,为穿得破破烂烂的苏格拉底准备新衣,也为未来的孩子准备衣料。

克桑施碧不是漂亮的女人,但是身体非常健壮。她本想找个年轻一点的丈夫,不惹他生气,给他生很多孩子,白天让他安安静静,夜晚把他紧紧捆在自己身边。慢慢地她明白了,现在这个年龄比她大一倍的丈夫名气很大,受人尊敬,远远高于她,甚至他们谈不到一起。她尊重苏格拉底肩负的神圣使命,温暖他的生活,赞赏他企图改变人的幻想;同时也不忘记人正常的生活需要。在床上,每当做爱享乐后,苏格拉底总想教育她,提高她的水平,但是,她的头脑不理解他的话。对于他的思想,她只能回答她关心的小事,家里需要什么,邻居们都说了些什么。这更唤起了哲学家对密尔托的怀念,他们有过心灵的接触。苏格拉底用了几周的时间,非常耐心地教导她,从简单到复杂,试图提高她的精神境界。但是,他很快发现,她生来就是家庭主妇和母亲,只知道照顾家庭和孩子。

23

　　阿迪拉的哲学家迪莫克拉托斯来到了雅典。苏格拉底听说过他奇怪的理论，想起了当年治病救人的希波克拉底的话："如果有一天迪莫克拉托斯来到雅典，你不要错过机会，一定要认识他。他非常杰出。"

　　卡利亚斯给了他这个机会。卡利亚斯喜欢花钱招待外邦来的有学问的人。那个时代，没有俱乐部，也没有咖啡馆，为了结识过路的学者，和他们交谈，就举行聚会。那时的聚会分两种。第一种是欢乐型的，有杂耍和舞女；通宵达旦，要花销成千上万。雅典人描绘过一次这样的聚会：一个舞女表演阿佛洛狄忒女神舞，一件一件脱衣服，最后全身裸体舞蹈才结束。第二种是文化型的，在这种聚会上文化人用语言竞争，讨论重大问题。傍晚开始，也是通宵达旦。被邀请来的客人仰在或者躺在房间四周铺设的带有靠垫的榻上，奴隶把他们的鞋脱掉，给他们洗脚。然后为他们端上来切成小块的肉，他们用手抓着吃。用面包渣搓洗被油污染的手，把面包渣扔在坐榻下面，那里有狗在等待，会把扔下来的残渣剩饭打扫得干干净净。在房子中间放着一个大很的调酒缸，里面是葡萄酒，旁边是酒杯。人们不看重吃喝，吃喝很快；吃饭过程中人们不说话。酒足饭饱后，奴隶们为客人洗手，点上香炉，全体向宙斯祈祷，开始讨论。谁想饮酒，就示意给酒童，他会马上斟酒。无论人们喝多少，一般不会醉，因为葡萄酒里兑了大量的水。被大家推选的主席宣布讨论开始，每个人轮流发言。由于坐榻摆放的方式，与会者都相互面对面，谈话是平等的。禁止小声议论或者窃窃私语。"酒宴"拖延的时间很长，有充分的时间探讨生活中的重大问题。他们认为，一般的问题，不需要很长时间就能讨论明白，只有异乎寻常的学问才难以求得相同的看法。

今晚，卡利亚斯首先介绍了新来的客人迪莫克拉托斯。他阅历丰富，当年，他周游各地回到自己的故乡后，面对一棵树，从早到晚，目不斜视，集中全部思维，一直思考世界的来源问题。这样坚持的结果，是哲学家的视力损坏了。但是他写出了一本书——《伟大的世界》，使他名震四海。在阿迪拉，人们都称呼他为"五项全能"，因为他精通所有的学科。

卡利亚斯转向他，说：

"请吧，迪莫克拉托，讲讲你的理论，如果费解的话，请你不要吝啬自己的语言，以便让我们大家能明白。"

哲学家开始了：

"世界由两个元素形成：空无，即一无所有，一个空空的空间；和物质，这个物质是由极小的微粒组成，简单的和不可分割的'原子'。原子在远古的动力推动下，在空无中不停地旋转；感觉不到，因为是原地运动，没有向外冲击。不同的原子相结合，就形成了各种不同的物质体——世界，人，植物，一切。同时，所有的形体、重量、颜色，自然界中的丰富多彩的一切，都是由极微的小颗粒组成的。人的眼睛看不见它们，但是，它们存在着。一块巨石，我们看它是不动的，但是，它内部在运动，它的每个组成部分都发疯地旋转着。"

迪莫克拉托斯半闭发暗的眼睛，讲解自己的理论。他沉浸在一个看不见世界的景象里，这个世界无限大又无限小。卡利亚斯的客人们今天晚上第一次听到"原子"这个单词，这个词在2300年后，即23个世纪后，才为世人所知。那时，如果被人类真正接受，将像炸弹爆炸一样，搅乱整个大地。哲学家继续：

"这些物质体中产生'流体'，即有些物质会脱离开本体，流到空无中，就像从外界向我们这里吹来的风一样[①]，我们感觉不到这些流。对于人来说，看到的只是存在的；但是，在我们可见的背后，永远存在一个真理——空无和原子。我们称之的'空无'没有边界，在无限的天空中无限

[①] 迪莫克拉托斯敏锐地预见了辐射和宇宙射线。——原文注

伸展。它们不是依靠神创造出来的,也不是神能命令它们消亡的。它们用一种自然方式、由于某种需要出现和消失。人的肉体和灵魂也一样,是由物质组成的。我的理论是唯物的,存在有,也存在无。"

苏格拉底打断他的话:

"你认为在我们的地球外,还存在另一个世界吗?"

迪莫克拉托斯毫不犹豫地回答:

"是的。既然原子向一个方向运动,我们假设这个方向为正,那么也可以向另一个方向运动,我们假设那个方向为负。向正方向旋转形成了我们的世界,向负方向旋转就会形成和我们相对的世界。对于我来说,有和无都是现实存在……"

一个客人大喊:

"卡利亚,你这个朋友是傻子。"

但是,苏格拉底支持迪莫克拉托斯,说:

"宇宙是这样的美丽,每个想描写它的哲学家都会成为诗人。所以,我们的客人在描述世界在空无中旋转时,是在写诗。他们正是这样观察伟大的创世主——神所造出的伟大的。尽管他们避免说出神。我年轻时,迪莫克拉托,也相信科学。在雅典,你也生活在这里,我却茫然不知所措。我为了寻找一条道路而奋斗过,从神话故事,毫无目标到逻辑推理。我多年来体会到这种需要。随着时间的推移,我认识到,期望人们接受干干巴巴的逻辑,就会把人推向相信物质,而否定神。你的理论,无论你是不是情愿,会使我们卑微,变得追求物质和财富。数字、金钱、势力——这不应该是人生活在地球上的目标。我尊重逻辑,因为我本人也教授逻辑,但是,我限制它,因为尽管它很重要,还有比它更重要的——灵魂。没有这个神在我们体内,人就干枯。如果人变得完全自由了,就会脱离生命。在一个毫无灵魂的宇宙前,我们会因为我们自己的浅薄而变得冷冰冰的毫无情感。"

苏格拉底的讲述引起所有人的关注,甚至伺候就餐的仆人们也洗耳恭听。他继续:

"假如否定神,人除了享乐就别无他求,他会想:既然我们跟其他动物一样,我们也像其他动物一样生活就行了。世界不是一台无限的机器,朋友，是精神。你回到自己的故乡，再面对大树思考思考，直到弄明白：精神不是物质的奴隶，是物质的主人。你的纯粹的唯物论不能满足人的奴斯，需要补充。你要从头寻找补充什么。"

沉默了一会儿后，迪莫克拉托斯回答：

"至少，在你们科学落后的城邦里，我期待你，苏格拉底，能理解我。你会看到，当我把美德列为人的最高目标时，我会把它放在多么高的位置上；美德是美德的恩赐，不是什么回报，更不是某一个神的恩赐。我们遵从美德将不是出于恐惧，而是甘心情愿。"

"你的愿望当然是善良的，"苏格拉底说，"但是，假如你的唯物主义得逞，将打乱凡人粗劣的本能。人们称你为'微笑的哲学家'，但是，你的理论是可悲的。你的思想，尽管里面蕴藏着某种真理——这点我不相信，将被遗忘，因为，所有的思想，包括你的，也包括我的，注定要被某种更新的、更正确的思想所代替。只有灵魂是不朽的。只有灵魂能使我们接近神——而不是技术。和自然斗争是没有希望成功的。我们非常难以理解创世。"

两位精神冠军就这样搏斗，听他们辩论是一种享受。没有人有勇气参加进来，就连善于言辞的卡利亚斯也在静听，其他人更是噤若寒蝉。

"创世，"迪莫克拉托斯说，"本来非常简单，人的脑子想象不到的简单。多年来我一直探寻各种可能性，最终找到最简单的解释——原子和运动。在物质和精神之间不存在区别。每个物体都含有精神，从它创世开始，就开始了某种运动。大自然把它的简单对我们隐藏起来，所以我们只好不停地探索，直到我们能够摆脱无知，走向真理。人，包括你们以聪明著称的雅典人，相信超自然力量；有些现象你们认为无法解释，诸如地震，雷电，所以你们由于恐惧崇拜魂、神和鬼。假如有一天科学能解释这一切，还要神干什么？到那时，今天不幸的凡人就会心安了。没有什么会令他们恐惧了，那时，人类就幸福了。"

苏格拉底怀疑地摇摇头：

"所有发生在你体内的和你周围的——播下的种子春天发芽，鲜花，母亲腹中的婴儿，奴斯的活动——所有这些神秘的运转，智慧的排列，你都解释为偶然的杰作吗？逻辑的优越性在于，接受并为比这个更伟大的目

标服务。如果人类不能把科学和神结合在一起，定将消亡。城邦视情况提高他们的信仰。信仰驱赶没落，战胜消亡感。凡是相信神的人，不感到孤单，相信有一种高尚的力量在他生命困难时刻会帮助他。所以，迪莫克拉托，就连我也没有勇气公开抛弃平民百姓的宗教。你说的无生命的宇宙，就像没有工程师的机械，用它的冷漠打击我们。不能把我们引向美德，只有走向粗劣。可悲的是，像你这样闻名四海的哲学家，不去研究人的灵魂中上演的悲剧，寻求真正的神，反而花大力气去探讨物质。"

迪莫克拉托斯对于这样的批评很失望，他从座位上站起来，说：

"人类的未来不取决于神，而是知识。宙斯和他的宗教会消失，其他的宗教也将消失。你们听着从我嘴里说出的话：雅典人，只有一件是永世不可动摇的：原子和运动！我看到，在你们著名的城邦，只有一部分有头脑有知识的人在寻求光明，而其余的人仍深陷在黑暗之中。我不是瞎子，倒是你们在一个重要的发现面前麻木不仁，这个发现被提升出来，是你们不希望的永恒的真理。我正如自己宣称的那样，我的信仰是物质组合，这个信仰使我骄傲，我否定神，神在我的信仰中没有地位。我到雅典来阐述真理，但是，没有一个人，无论是学者，哪怕一个无知者，能理解我。"

24

在公元前 416 年举办的奥林匹克运动会上，亚西比德以自己个人名义派出的马拉战车不是一辆，而是七辆，参加奔跑赛。结果他一个人就拿了三项冠军。他还向奥林匹斯的宙斯献出了超过历来任何一个国王的重大祭礼。这都是奥运史上前所未有的。伯罗奔尼撒人原以为瘟疫和战争已经把雅典城邦摧垮了，没想到雅典公民还能如此辉煌。这一成绩巩固了亚西比德的地位，各个城邦纷纷前来奉送表示友好的礼物。莱斯沃斯为庆祝胜利举行献祭送来 50 大桶葡萄酒。希俄斯岛要全年免费饲养亚西比德的全部马匹；艾菲索送来东方地毯；克孜科斯为百牛祭送来牛。

当奥运冠军返回雅典时，人们欢迎他胜利凯旋，从比雷埃夫斯港护送到雅典议会大厅，主席团在那里任命他为城邦领袖。画家阿格拉奥丰把他的竞赛胜利绘成画，挂在了卫城美术馆内。戏剧家欧里庇得斯创作了一首歌，赞颂他的光荣。他的名字家喻户晓，争相传诵，越过希腊本土，到达了西方和波斯。在这一片赞扬和欢呼声中，苏格拉底预感到了危险。一天，在颇尼卡，苏格拉底走到亚西比德身边，对他说：

"孩子，你在短时间内升得太高了。人民宠爱你，也将毁掉你。到现在为止，人民所爱的人当中，很多都被抛弃了，就像一个美丽的妓女抛弃一个刚刚恋过的青年一样。不要过于抛头露面！从日出到日落，你总想万事争先。你相信一切都非你莫属，他人无份。你要节制自己……"

但是，亚西比德转过身，像逃跑一样，离开他。一块生铁，在火上会变软，离开火就会变硬。亚西比德觉得自己就是铁，苏格拉底就是火，必

须远离他。

热衷于听赞美的亚西比德幻想新的战斗。他不能明目张胆地攻打斯巴达，就决定进攻米洛斯岛。他包围并打下了小岛，把所有的男人全部杀掉，把女人卖为奴隶，自己留下一个最美的处女，为他生下了一个私生子。然后，又决定进攻西西里岛。希望以此为雅典打开一个财富的源泉，因为那时的西西里大岛在世界上的地位，就像美国在今天一样，是金矿。当他提出这个战役的设想后，雅典人欢欣鼓舞，一致通过。到遥远的地方去作战，他们的舰队战无不胜，他们可以在家里安安静静等待胜利的喜讯和大批的财富。你在市场可以看到，就是一些老成持重的公民也跪在地上，在地上勾画西西里岛的三角图形，热烈讨论亚西比德在那里登岸，能从战利品中分给他们多少小麦，多少黄金。

只有富人，少数人反对他的计划。是他们支付税金，是他们支付战争费用。他们冷静地估算，看到亚西比德要使用暴力把民主制度推广到整个地中海，而且很快会实现这一目标。他会把城邦之间的战争转化思想上，在民主和独裁之间，无休止地争斗下去；他本人也会变得固执和嗜血成性。

但是，亚西比德威望太高，难以撼动。他的面孔就是雅典人的镜子，他们在那里看到了自己的命运和他们的帝国理想。在毁灭米洛斯岛时，他就用最野蛮的方式表现出来了，足以表明年轻领袖的毫无人性。在表决远征西西里这样重大冒险行动时，需要绝大多数通过才行。苏格拉底被迫在这次公民大会上第一次向公众公开，他内部的灵异命令他发出警告说，那些远征西西里的人将有去无回。但是，他唯一成功的是，公民大会决定委派忠诚的尼基亚斯为副将，以便牵制一下亚西比德的鲁莽。

远征计划通过后，他们花了一个月时间准备。就在准备陆军、海军期间，6月8日晚，一件不敬神的事件震惊了整个城邦：一夜之间，在市场周围和庙宇附近的赫尔美斯头像全部被砍掉，古老的宗教崇拜受到了严重污染和破坏。这件不可解释的事令雅典人惊恐万分，雪上加霜的是，一个叫比索尼基思的人登上讲坛，宣布说，这种亵渎神灵的事是亚西比德干的。他揭发说，他和他的伙伴们在他的朋友波利特翁家饮酒后，模仿并嘲笑神秘的埃来福西纳祭神仪式，然后，酩酊大醉的他们，走上街头，毁坏了赫尔美斯。亚西比德否定这种指责，要求法庭审理此案，还他清白，民众拒绝他的要求，命令他马上率舰队出发。

雅典人无数次见过舰队从比雷埃夫斯出发的场景，但是，像现在这样多的三层桨座战船和这样多的军队，还从来没有过。你感觉到，亚西比德的影响不仅在于他装备的数量，还在于他豪华的装饰。苏格拉底这次没有被征入伍，他登上指挥舰，向自己的学生祝福告别。苏格拉底看到他身披红色斗篷，头戴金盔，手执金盾，上面的浮雕是飞翔的厄洛斯，不可战胜的勇气象征。

"命运之神和你在一起！"苏格拉底对他祝福说，"在这庄严的时刻请听我几句话。你对众人尊敬的、对宗教、对神秘宗教仪式的羞辱，是你的习惯。我了解你的性格。过去你干这些事是为了吓唬那些傻瓜，如今你这样做是出自内心。你甘心情愿伤害需要你的人民。你不满足已有的权利，你要自己制造一系列障碍，然后你再享受克服这些障碍的快乐。你是唯一一个超越了承受限度，惩戒你自己和公民的人。你完全是胡作非为，你以为人民是个女人，用数以千计的方式折磨他们，然后再更加热情地拥抱他们。你让他们像一个嫉妒的情人那样，你用做爱享乐来伤害他们，让他们承受痛苦。然后，你再去抚慰他们。你在扮演两面派方面是一个好手——先是刽子手，后是救世主。你这样使太多人发疯——但是，这次你做得太过火了。现在你被命名为大将军，亚西比德，认真起来吧……"

年轻人的双唇绽出微笑，他的眼睛更加明亮，回答：

"我对自己坚信不疑，我的福星会在黑暗中照耀我，对于胜利的渴望使我一往无前，无人能反抗。当我把西西里岛的财富扔在你们脚下，当我把我的盾牌抛向天空时，我们两个再谈吧。你回到市场，去教育别人吧。我知道该做什么。"

"我看到，"哲学家说，"你不寻求任何人和神的帮助，可是别忘记，我们所有的人，也包括你，在命运之神手里只不过是垃圾。"

苏格拉底说完就离开了。亚西比德命令号手发出安静令，要向海神波塞冬静默祈祷，求他保佑战船平安穿越大海。但是，亚西比德还对苏格拉底充满愤懑。这个有灵异的家伙，比他自己更了解自己。向他隐瞒任何事情都是枉费心机。凡是他想用谎言掩盖的，苏格拉底都能用事实揭穿。只

有哲学家看透了折磨他的破坏本能和反常的虚无主义情感。可恨的他！

……起锚，战船开拔，送行的雅典人离去。只有苏格拉底还站在岸边，久久望着地平线，直到最后一艘战船消失。他在生活中还是第一次请求灵异帮助，求神保佑亚西比德胜利凯旋。哲学家尽管不喜欢这个年轻统帅的狂热和冒险主义，但毕竟是强大生命活力的表现。啊，但愿他过去的学生能用打西西里岛表现的倔强来战胜自己的欲望。苏格拉底暗自算计，如果亚西比德能够成为光明正大的英雄，成为他理想的那种人，他该多么幸福啊！不要什么，只要正大光明的英雄。但是，灵异，像钢铁一样强硬，对他说："前去攻打西西里的人，有去无回！有去无回！"

这个信息带来的巨大痛苦使苏格拉底认识到，亚西比德真是他爱的一个人。

25

克桑施碧生下第一个男孩的第五天，在苏格拉底家举行了"净化"仪式。用荆棘植物布置了所有的房间，同为荆棘的刺能够刺瞎邪恶的眼睛。把赤裸裸的婴儿放在筐里，在灶的祭坛上为婴儿、母亲和接生婆撒上圣水，净化仪式就算完成了。

几天后，进行命名典礼。亲朋好友来到他们家，苏格拉底家的外面大门没有锁，也没有狗看家，因为最好的守卫是贫穷。客人们都带来各人的礼物。按古老的传统，这一天要送海鲜：墨斗鱼和鱿鱼。

那个时代把命名仪式也称为"转转"，因为要抱着婴儿围着灶祭坛转圈。同时父亲给孩子命名。苏格拉底给他的儿子起名叫蓝波克里斯。然后，在婴儿身上涂上橄榄油，在水里浸泡一次。这个简单的仪式后，客人们坐下吃饭和跳舞，仍然是男女分餐。

哲学家饶有兴致地观看妈妈照顾婴儿睡觉，对小家伙的每一个动作妈妈都关注备至。苏格拉底期望他能把这个小人塑造成雅典有美德的公民。克桑施碧把婴儿视为掌上明珠，认为这是苏格拉底献给她的最好礼物。但是，第二年，当她生下第二个儿子索弗洛尼斯时，却大不一样了。战争给阿提卡地区带来的不幸和苏格拉底生活的拮据迫使克桑施碧开始抱怨。她很少见到丈夫在家，他总是黎明和傍晚离开，在聚会上用餐，只有中午能在家见到他。一天中午克桑施碧对他唠叨说：

"你总不着家，我不在乎，但是，你得关心一点孩子们吧。在他们这样小的年纪，应该吃得好一点，光靠干面包和橄榄果能胖起来吗？你为什

苏 格 拉 底
ΣΩΚΡΑΤΗΣ

么给年轻人上课一点报酬都不要？皮里拉比斯为了培养自己的儿子，付给坡罗迪克斯整整一个金元，他用这些钱建了房子，买了地。神谕宣布你比他们都有智慧，为什么我们还挨饿？你不仅不要钱，连送给你的礼物你都拒绝。昨天你为什么把戈尔伊阿斯送来的羊又退回去了？"

她盯着他的眼睛，等待回答。苏格拉底慢慢地向她解释他和智者们的区别。他肩负重要使命，不在乎小事情，不能耽搁时间，为的是寻求真理。而那些智者们是骗子，追求金钱，误导富人家子弟。他在为神服务。

克桑施碧没有让他继续：

"你得了妄想症，全然不顾孩子们的生命。你去改造人，好像什么灵异给你的使命。如果这个灵异真是神，就请他给我们送点吃的来。你知道我们家里连油都没了吗？从明天开始，我只好给孩子吃干巴巴的面包了，这还是城邦发给的。我，伟大的伯里克利的外甥女，跟着你，沦落到如此悲惨的境地！"

苏格拉底记得，她曾坐在他的腿上，满怀惊喜地询问灵异，仔细听他讲述那神秘的声音。但是，文化知识很低的她，怎么也感觉不到。现在，她竟然让灵异给她送橄榄油！他好言好语地对她说，当初他们结婚时，她很清楚，要和他共度贫穷的日子。

"是的。"妻子回答，"只有我们两个人时，我从来没有抱怨过。但是，孩子们……难道你不明白吗？孩子们应该喂养，你每天在聚会上就餐，听不到孩子们的哭声。我是妈妈，苏格拉底，我不忍心让孩子们饿着肚子睡觉……"

苏格拉底再一次向她解释，金钱只不过是欢乐的魔鬼。很多人在追求它，得到它，就成了它的奴隶。

"有一些当权的人，"他对她说，"尽管很有钱，但是花销太大，入不敷出，为了不沦为强盗，只好到处盘剥。我认识许多穷人，他们靠很少的收入，过得很诚实。第一类人尽管是长老，但是，还是奴隶；而第二类人才是真正自由的。克桑施碧，贫穷比财富更有价值，因为有意义，能把人提到更高的境界。在雅典我看到那么多人在追逐金钱，但是没有人去争取朋友。对我来说，好朋友比亚洲的黄金更珍贵。"

他的妻子冷冷地打断他：

"你有许多所谓的好朋友,那些坏孩子,外国人,只要你在市场能找到的,哪怕是懒鬼和奴隶,你都收他们当学生。最近我听说有一个叫赛奥多利的妓女跟上了你。"

"没有一个雅典人,无论是富人,还是穷人;无论是贵族,还是平民;不愿意找我为伴,所有人都尊重我和爱我。"

"他们在耍笑你,苏格拉底,如果他们真爱你,就应该帮我们一把。你有一个有实力的学生,亚西比德,你救过他的命,他为你做过什么?什么也没做。但是,亚西比德却把公共税务租给了那个移民米迪亚斯,人家发了大财。你为什么不让你那些有名的朋友们给你一个官衔,让我们有点收入,有能力支付生活开销?你会雕刻,现在要建新庙,你去找一份工作吧。"

苏格拉底同样平静地回答:

"我永远不会接受亚西比德任何礼物,哪怕是最小的,为的是我能理直气壮地教训他。他蛮横,需要嚼子。只有我还可以稍微抑制他一些。不要亚西比德的任何东西!至于其他富人,我给你解释过,如果他们是我的好朋友,我不能让他们给我提供方便,因为,我的一举一动应该成为公民的表率。美德,言教不如身教。到现在我已经帮助一些人改恶从善了,我没有应允他们任何事情,他们只看到我是个具有美德的人就够了。我远离恶,是为了向人们指明神的道路。假如我开始寻求金钱和好日子,就毁坏了我业已开始的工程。我一生都在规劝人们爱美德,每时每刻我都应该是公正的和有道德的。我昼思夜想,我应该怎样生活才能使人们相信我的话。我知道我在管理照顾家庭方面一无所知,请你让我完成自己的事业。如果我能让人民从善,人类有和平,就让我们,孩子,你和我,挨饿吧。"

克桑施碧说不过他,她始终弄不明白,人家自愿送点礼,接受又有什么大碍。她走到院子里,嘴里叨念:"全为了人民。牺牲妻子和孩子,为了拯救人们……"

西门之子塞萨洛斯作为寡头派副首领,在亚西比德离开前往西西里后,马上又指控他亵渎神灵。一些民主派的哗众取宠的人士,也担心亚西比德在西西里获胜会更加强大,就下决心赶走亚西比德,他们和塞萨洛斯

苏格拉底
ΣΩΚΡΑΤΗΣ

联合起来,缺席审判了亚西比德,撤销了他的总指挥,命令他马上返回雅典。亚西比德不能无视城邦的决定,但是,又怕政敌由于仇恨而置他于死地。这样,他离开军队,失踪了。

统帅离开自己的部队,士兵们哗然,大为不满,军纪涣散,他们崇拜亚西比德。他们不相信接替他的总指挥尼基亚斯,他的优柔寡断很快显现出来。不敢做重大决定,几个小战役也都以失败告终。最初,当强大的雅典舰队出现在西西里岛海岸时,西西里人恐惧万分,慢慢的,这种恐惧消失了,变成了对雅典人的藐视。

亚西比德毫不犹豫地背叛了。他遵从自己不可抑制的欲望,就像一条河流,向低处奔去。他的弱点比他的优点更强大,他要惩罚雅典人的内讧,向那些寡头政治显示自己的优势。是他,获得了一个接一个的胜利,而不是任何一个他人。他要用自己的背叛向城邦表明,把他作为敌人是多么可怕。等到他打败雅典城邦那一天,他们全体不得不跪在他的脚下,赔礼道歉。他相信自己既有能力把雅典抬起来,也有能力把雅典扔下去。真的,他真有这个能力。他是个逃兵,背信弃义,身无分文,因为他的全部财产都被城邦没收了;雅典派出传令兵到处追捕他。他最后逃到了斯巴达,在那里,像在在其他任何地方一样,他惊人的外表引起了震动。在那段时间,过惯了雅典豪华奢侈生活的他,也和斯巴达士兵一样过起了艰苦的军旅生活。监察官们终于同意让他到他们的议会里发表一次演说。他登上讲坛,把雅典人的计划全盘托出,并提出了应该在西西里和阿提卡采取的行动。按他的建议,形势马上发生了变化。尼基亚斯从进攻转为防守,他缺乏指挥家的头脑,结果悲剧发生了:最强大的4万大军一败涂地,溃不成军;光荣的海军,200艘三层桨座的战船组成的舰队,落到了敌人手里。

当第一条船从西西里岛返回比雷埃夫斯港报告噩耗时,雅典公民正在观看悲剧《特洛伊妇女》。他们完全被欧里庇得斯美丽的诗句迷住了,在演出结束前不想听任何消息。当他们得知了前线发生的真实情况后,觉得那么可怕,简直不敢相信是真的。但是,几天后的事件让他们认识到了可怕的现实。全城一片哀嚎,因为每个家庭都丧失了两个到三个男人。悲伤很快变成了绝望,他们意识到,曾经横行大洋的海上霸主完了。他们昼夜提心吊胆，怕敌人舰队包围比雷埃夫斯港。他们一想到雅典的末日到了，就魂飞魄散。比物质损失更可怕的，是他们的精神一落千丈。城邦和当权者对待盟邦的飞扬跋扈早就引起不满，过去是靠恐怖手段维系联盟的。现在，雅典的舰队毁灭了，没什么可惧怕的了，盟邦开始造反。这还不算，公元前413年斯巴达新的国王亚基思率军攻占阿提卡，把12年来和平时期长出的橄榄树和葡萄藤全部毁掉。根据亚西比德的建议，斯巴达人这次大肆抢劫破坏后没有撤退，而是占领了带卡利亚，切断了雅典与北方希腊的通道。这样迫使大量难民涌入雅典城内，造成食品供不应求，开始恐慌。公民动摇了对民主派的信任，他们意识到这是自酿苦酒，因为他们自己受了那些花言巧语人的蛊惑，投票赞成那些人的提议。公民们摒弃了他们，在颇尼卡举行了新的会议，但是，却选不出一个能够为城邦掌舵的人。于是，雅典人在西西里吃败仗后成立一个十人委员会，由他们领导雅典人。这些名不见经传的普通百姓"委员们"尽了最大的努力。他们决定停止一切庆典活动，禁止纳税，筹集资金，从马其顿运来木材，开始建造新的船队。就在各方都在期待雅典匍匐投降时，公元前413年冬天，又恢复了元气。第二年春天，斯巴达舰队靠近比雷埃夫斯港，他们满以为只要稍微推一下雅典就会垮台，没料到他们反而被雅典人打败了。斯巴达舰队失败后开始要求和平，但是，亚西比德及时阻止了他们。亚西比德的威望在外邦与日俱增，无论男人和女人都赞赏他。就连王后米奈娅也爱上了他，还和他生了一个儿子，王后公开宣称，这是她和亚西比德的孩子。亚西比德毫不隐晦，他公开说，他和王后交媾是为了让他的后代统治斯巴达。亚西比德看到斯巴达人犹豫不决，就提出建议说，要想战胜雅典，必须有强大的舰队。斯巴达没有资金造船，他自告奋勇，负责到富有的波斯去筹措资金。斯巴达当局同意后，他肩负使命很快离开，前往波斯。他成功了，得到波斯总督提沙菲尼的支持，给他的钱比他想要的还多。他在斯巴达时过的是苦修的日子，在冰冷的河里洗澡，吃的是"黑面包"。而在波斯，他贪图享乐的本性暴露无遗，懒惰，奢华程度超过了总督本人。他依靠总督提沙菲尼扩大自己的影响，他的目的是双面刀：先反雅典，然后，时机成熟，再反斯巴达。这个目标很快就付诸实现。斯巴达最近在军事上的成功，几乎都是亚西比德的功绩。这招来国王亚基思的嫉妒，更何

苏格拉底
ΣΩΚΡΑΤΗΣ

况,他忘不了亚西比德和王后通奸的丑闻。于是他写信给他的亲信阿斯提奥霍,他当时正航行在爱奥尼亚海上,命令他杀死亚西比德。但是消息走露,疯狂爱着这个雅典人的米奈娅王后,派人给亚西比德报信,告诉他处境危险。亚西比德九死一生。他从现在开始实行削弱斯巴达势力,逐渐提高雅典势力的策略。由于波斯人给了他绝对自由,他得以达到了这两个目的。他把波斯的钱从斯巴达转到了雅典,准备造反,为他返回祖国铺平道路。雅典人对他的仇恨很快遗忘了,再加上他的计划在国外屡次三番得逞,雅典人希望他回国。

公元前412年冬天,阿里斯多芬在喜剧《疯将军》剧中预见,需要一个有能力的将军来拯救可爱的城邦。亚西比德策划的造反成功,民主派被赶下台,寡头政治家们控制了议会,"400人公民大会"。但是,在萨摩斯制造的舰队仍然忠于民主派。这样出现了两个雅典城邦:一个寡头的,在卫城附近;一个民主的,在海上。海军舰队司令色拉西布洛斯倾向于亚西比德,这正是他求之不得的好时机。于是他扮演了为恢复美好的民主制而斗争的角色。结果,亚西比德在流亡五年后被任命为雅典城邦的"将军—国王"。这时才显现出,苏格拉底的教诲不是没起一点作用。当时,海军士兵要求亚西比德马上回到雅典去复仇,把那些寡头政治家们、长老们、祭司们、哗众取宠的智者们,全部抓起来,一律杀掉。但是,蛮横傲慢野心勃勃的亚西比德想起了老师的教导,抑制了自己的欲望,阻止了海军的报复行动。公元前411年7月,亚西比德在阿拜多斯海战中大胜斯巴达舰队。在同样水域,晚一些时候,亚西比德给了斯巴达舰队一次毁灭性打击,并亲手杀死了斯巴达海军上将闵达罗斯。自西门时代,雅典人还没见过如此重大的胜利。亚西比德在海上扫清斯巴达后,在陆地上也打败了他们。这样,雅典就控制了前海(在黑海和地中海之间的马尔马拉海),缴获了大批战利品。亚西比德名声大振,所向披靡。只有这时,他才决定返回祖国。他的舰队辉煌地返回比雷埃夫斯港,桅杆上挂满缴获的盾牌和盔甲,后面拖着缴获的150艘敌人的战船。指挥舰上藕合色表示胜利的旗帜迎风招展。全雅典倾城而出,甚至那些阿哈尔乃地区和地中海沿岸的农民,也都来到码头上。这些人在五年灾难后第一次开怀大笑,人们喊叫,欢呼,鼓掌。很多人激动得流下眼泪,他们后悔当初撤销了亚西比德远征西西里岛总指挥的职务。现在,他不仅使雅典恢复海上霸主的地位,在陆地上也使雅典扬眉吐气。如果当初让他指挥舰队和4万士兵攻打西西里岛,那将是什么样的后果啊!

船刚刚靠近码头,人们异口同声高喊:

"那就是他!那就是他!"

人们眼光聚焦在他身上,顿时欢呼声海啸般涌在码头上。

亚西比德站在船头,沉思地望着欢迎的人群。他看到了自己的妻子,纯洁的伊帕莱蒂,怀中抱着他的儿子,尚未见面的男孩。看到祭司们身穿节日盛装,准备好迎接他,就是这些人当年要处死他。看到雅典的长老们手执长长的令牌,手拿金环,准备为他加冕,也是这些人当年宣布他为叛徒。他眼前的人海晃动,喊声震耳欲聋,召唤他下船到他们身边去。

当年,他离开码头远征西西里岛时,他们也是这样欢呼相送的,而后,也毫不犹豫地判处他死刑。雅典,这个不知感恩的故乡,对一个小小的错误都残酷惩罚。如果当初他听了苏格拉底的话,保持理智,那天晚上没有醉酒,没有破坏赫尔美斯雕像,雅典会免去多少不幸和灾难啊!上苍给了他所有的天分:军事的才能,政治的敏感,无尽的财富,人格的魅力——他都有,但是,他知道,他有缺欠:理智。他想起了初次见面时苏格拉底对他说的话:"尽管你有天赋,如果不遵从我的教诲,你将一事无成。没有我你要倒霉的。"是的,当时就是这样跟他说的。现在他认识到,要使疲惫不堪的城邦恢复过去的光环是一件非常非艰难的工程。无往不胜的亚西比德,胜利凯旋者,犹豫了……在闪光的瞬间他预见到了自己未来的命运,命运使他获得胜利,由于他的弱点,他终将失掉胜利。今天,当人们狂热欢迎他的时候,奇怪的是,他要找的恰恰是苏格拉底,只有这个人能帮助他永远是个伟人。他瞧不起那些呼喊他下去的人们,他站在船头上一动不动。他在流亡期间,对于返回祖国另有憧憬。今天他本该高兴,可是却感到厌倦。啊,如果能推开这些无聊的人群找到苏格拉底多好啊!只有他的老师,能理解他在这么多年流亡期间,无论是伤害雅典时,或者好像帮助斯巴达时,他灵魂深处的波澜。唉,年轻时,如果听信苏格拉底,他在希腊的天空一定比伯里克利飞得还要高……

他在欢迎的人群中搜寻苏格拉底。突然,他的嘴角露出笑容,他发现

了哲学家丑陋的面孔。他右手举着橄榄枝,他们眼神相会,他微笑着摇动橄榄枝。亚西比德跳到岸上,没有理会妻子,没有理会长老们和祭司们,径直奔向苏格拉底。

26

一天夜里,苏格拉底做了一个梦。他坐在伊利索斯河岸,飞来一只洁白的天鹅,落在了他的腿上。他亲切地抚摸美丽的天鹅,过一会儿,天鹅展开翅膀,唱着非常甜蜜的歌儿,飞向蓝天。第二天,他遇见克里迪亚斯的一个学生,他把克里迪亚斯的侄儿阿里斯托克里斯介绍给苏格拉底。这是一个个子高高、体魄健壮的青年。由于他双肩宽阔,运动员们给他起了个外号,叫"柏拉图"(意为"肩膀")。苏格拉底注意到,他面部的严肃表情表明,他的童年是在伯罗奔尼撒战争的恐怖中度过的。他出生于一个富有的世家(其父为古代克德罗斯国王后裔,其母来自伟大的立法者梭伦家族),保持着养育他成长的贵族阶层的气质和派头。苏格拉底想起了当年他曾对克里迪亚斯说过的话:

"几年前,科林斯人邀请雅典的运动员参加伊斯士亚[①]的运动会,你的侄儿在青年组的标枪比赛中获得了冠军。我记得我们大家鼓掌欢呼,而他由于胆怯,带上桂冠后,马上躲进了更衣室。这证明他本质好,不愿意抛头露面。"

"是的,"克里迪亚斯回答,"不仅他的气度非凡,从小就显现出许多才能。他不仅在体育上获得过冠军,在数学上也很有天才;有丰富的自然科学知识;能创作非常优美的诗;会谱写歌曲;他已经创作了两部悲剧。他有丰富的想象力,奴斯敏锐。像他这样优秀的人应该涉足政坛,但是,

---

① 公元前412年。——原文注

他有一个最大的弱点：在众人面前腼腆。他将来干什么，他自己都不知道。几天来他总是缠着我，让我介绍他认识你，要跟你学。你就接受他这个学生吧，向政治方向培养他，使他成为城邦未来的改造者。这符合他自身的自然条件，能把我们不幸的城邦从民主的麻风病中解脱出来。"

苏格拉底一直满怀期望，要用自己的理想培养年轻人，使他们能够在雅典的生活中扮演主角。他非常高兴地拉住新学生的手，离开其他人，走向河边。他们绕过半神伊斯士亚庙高大的大理石石柱，阳光照耀在石柱上，仿佛穿透了大理石，使其透明刺眼。他们站在河的右岸。

"脱掉你的鞋子。"苏格拉底对他说，而他自己本来就赤脚，他们淌过了急湍的河水，来到对岸一棵大梧桐树的阴影下。学生跟着他躺在树荫下，那是一块绿草茵茵的斜坡，他们舒适地躺在那里，头枕高坡。时值中午，阿提卡在明媚的阳光下，风光秀丽。她的美不是绘画，不是可以描绘的风光图画，而是浮雕，表现的是美丽灵魂的细腻和孤独。清新的空气把远处景色拉到眼前。周围夹竹桃花盛开，散发香气。一片寂静，偶尔传来蝉鸣和几声天鹅叫声。他们面前的河岸上，一个农民正在收割庄稼。他挥舞镰刀，动作单调，除了蚂蚱外，什么都没有放过。

"苏格拉底，告诉我，"柏拉图问，"传说北风神在这里掠走了处女奥利西亚，是吗？"

"是的，本地人都这样说。"

"这里河水洁净，适合小姑娘们玩耍。"

"不是在这里，"苏格拉底说，"在下面，在阿格拉神庙附近。"

"那么说，你也相信这个神话？"

"当年，我一无所知时，曾经相信过。后来我判断，一定是一股强劲的北风把姑娘吹下岩石摔死了。所以人们传说姑娘被掠走了。这是传说的故事，但是很美……好吧，你来说说你自己，让我了解你。"

柏拉图对说出自己心灵的隐私有些犹豫，苏格拉底便采用了"助产士"法。

"我的母亲是一名助产士，"他对柏拉图说，"帮助女人生孩子。我从她那里继承了一种特别功能，能帮助那些不善于表达的青年，把自己的思想表现出来。我自己从来不生育思想，而是像我的母亲那样，把他人的思想接生出世。"

苏格拉底正是用这种"助产士"法,毫不强迫地使这个年轻人承认了许多。最后把他从内心积压的全部苦恼中解放出来。这样,从第一天起,他就把新的门徒柏拉图摆在了正确的位置上。柏拉图是阿里斯通和白丽科迪奥比的第四个孩子。他的父亲在闹霍乱瘟疫时过世,他当时还是婴儿。他所敬爱的母亲再婚,嫁给了富有的贵族毕立兰比斯。毕立兰比斯第一次婚姻有一个儿子,娇生惯养,以其美貌而闻名。后来,他们又生下一个儿子,夺走了柏拉图的母爱。这在他的心灵上留下了深深的创伤。

很快,柏拉图的性格凸显了两个特点:第一,对所有女人不信任,好像要找一个大罩子,把过去的一切都掩盖住。第二,一种需要,寻求摆脱开卑微的生活,寻找更高的理想世界。还是孩童时,他就自我封闭,开始写诗。苏格拉底记得他的一首很有名的诗:

"闺女,我把这个苹果扔给你。

如果你爱我,

拿起它,把贞操献给我。

假如你不要我,也请拿起它

你就会看到,它很快就干瘪。"

16岁时,他爱上了数学。他相信数学比其他任何学问都更接近神的思维。他昼夜研究代数理论,为了不眠,他还发明了一种闹钟,只要他瞌睡,会马上把他叫醒。多年来,他的灵魂一直徘徊在两种选择中——诗、哲学,这是他的两个爱,他的奴斯不能舍弃任何一个。当这个青年成熟时,他憎恨雅典世俗的堕落,对政治持否定态度。对市场的渴望受到性格中胆怯弱点的牵制,他总是希望逃离现实。苏格拉底理解他是一个理想主义者,不善于行动。他不仅害怕到议会去,而且,就连演出他写的两部悲剧时,都没有勇气去剧院观看。

老师非常清楚柏拉图的这个年轻人的弱点,试图医治它。有时提问,有时独白,向他指出他所受的业余教育与现实的巨大差距;向他证明,他严格的贵族教养已经过时;试图用数字解释自然和用苦修艺术和美充斥自己的头脑是徒劳无益的。他对他说:"你试图完善自己的一部分是没有意义的,因为你是一个整体。你只有清楚自己奴斯中的不确定因素,才能成

苏格拉底
ΣΩΚΡΑΤΗΣ

功。每天你要做精神上的努力,分辨真理。什么是正义的?什么是纯洁的?如果你遇到困难,就到我身边来,我们共同解答你的疑难。我是一只老马蝇,不断骚扰雅典人,所以,我非常高兴去帮助需要我的人。在每一个人的身体里,都隐藏着一个细微的组织:灵魂。人的身体养育她,人的身体是加工的好朋友,不要忽略满足属于它的需要,但是,不要多给。来,现在我教你怎样找到真理。让我们来验证一下,什么是美德。"

苏格拉底开始询问年轻人,玩起了思想游戏。把思想翻向右,把思想翻向左,仿佛是个玩具;当一个很熟悉时,就抛弃它,拿起另一个。他得出结论,让他的对话者承认是正确的;过一会儿,又反过来,让对话者看到另一面,同样也是正确的。就这样,这种多种方式的辩证法轻而易举地把他引向哲学家需要的方向。柏拉图很快就感觉到,在苏格拉底看来是简单的谈话后面,存在着深刻的哲理,为他的精神打开了一片新的天地。他着魔般倾听老师的讲话,赞赏苏格拉底思想中的责任感。他兴奋异常,意识到,这样的老师会引导他找到真理。他自从降生在人世上,一直寻找的导师——男子汉和父亲——终于被他发现了。柏拉图心脏激烈地跳动,像今天这样的快乐,是他从来没有感到过的。过了中午,青年人内心说:"神啊,但愿他不知疲倦地说下去……"现在可爱的老师分析起雅典当前面临的危机和反对昨天的斗争需要——反对堕落的法律,反对幼稚的宗教;反对追求财富的狂热;反对人的丑陋。向他揭示,未来属于其他势力。在他的眼里,明天的人类是一个整体,公民都是有教养的人,每个人追求的不仅是自己的,而是整体的幸福。

柏拉图越听越入迷,仿佛他长出了翅膀,在大地上空翱翔。他看到在他面前正出现一种新的、从来没有人想过的宗教,它像一个隐蔽的团体,将冲击旧的一切,一个被长老们驱赶的团体;但是,这个团体人数越来越多,有能力唤醒人民,走向一个更高的生活。他听苏格拉底激情满怀慷慨陈词时,感到身处在一个神圣的宗教仪式上。是的,对他来说,新的生活就从今天开始。

苏格拉底站起来,准备离开。他环视四周,太阳开始西沉。他们不知不觉在那里坐了很长时间,已经饿了。太阳越来越低,天空留下一片湛蓝的光。在那块农民收割过的田野上,如今放牧着一群绵羊。一片寂静。哲学家和柏拉图告别时说：

"时不我待。我们都应该加紧工作，目标是拯救那些伟大的、我们的先人在世界上施行的原则，我指的是自由和公正。如果你相信这些，就留在我身边。"

柏拉图成了苏格拉底最忠实的门徒，一直到他离开人世，都跟在他身边。这两个伟大的人物是那么完美地结合在了一起，很难区分是柏拉图的苏格拉底，还是苏格拉底的柏拉图。回到城里，柏拉图径直跑到他叔叔克里迪亚斯家，对他说：

"你知道吗，我感谢诸神，因为我生来是自由人而不是奴隶，生来是希腊人而不是野蛮人；生来是男人而不是女人。现在我还要感谢诸神，只为一件：我认识了苏格拉底。"

然后，他回到自己的家，从灶台中取出几块烧红的炭，放进一个火盆里，取出写有两部悲剧的棉布扎，扔进火里烧掉了。苏格拉底赢得了他。

27

　　亚西比德为了洗刷对他对埃来福西纳宗教节亵渎的指责,决定在斯巴达占领的农村,在敌军的队伍当中,保护当地居民的游行队伍前往圣庙。亚西比德让自己的武装士兵在朝圣者外围警戒,他自己率队伍井然有序地来到埃来福西纳,斯巴达人没敢向他发动攻击。这个举动在雅典人看来,可以跟一次伟大的战争胜利相提并论。这样亚西比德成功地去掉了不敬神的罪名。然后他着手扩大舰队,因为他很清楚,战争的最终胜利取决于海上。但是,缺乏资金。他知道自己出现是非常必要的,所以他乘上木板已经腐朽的船只,从海上到朋友或者中立者那里去游说,筹措现金。但是,他的处境非常困难。尽管公民们对他曾表现出极大的忠诚,尽管他已经按着老师苏格拉底的教导改变了许多,变得谦虚谨慎了;但是,他的对手仍然明目张胆反对他。40人委员会和已经改变的亚西比德效仿伯里克利,为了雅典的利益,试图把各个政治派别联合起来。尽管他是胜者,还是拒绝独裁,帮助巩固民主制度;尊重宗教,选拔有能力的军人——尽管有的是他的对手——担任副将。但是,政治寡头们仍然对他恨之入骨,祭司们也拒绝收回在他头上扔下的诅咒。外部形势对城邦也变得更坏。在小亚细亚,波斯大国王的弟弟吉罗斯成为总督,他公开声明不是雅典的同盟。

　　那些年代,实力衰弱的雅典把波斯视为自己军需的财源。波斯现在忘掉了斯巴达的傲慢无礼,忘掉了和雅典的结盟。两个城邦同时派出使者,请求和波斯结盟。新的总督选择了斯巴达。尽管如此,波斯对雅典的敌意并不是十分危险的,假如斯巴达不任命利桑德罗斯为海军上将的话。利桑德罗斯作为斯巴达贵族和一个女奴的儿子，本来是没有政治权利的。这种生活的遭遇锤炼了他的性格，磨炼了他的大脑。他相信，狡猾的狐狸会比狮子走得更远。他很清楚，没有任何一个斯巴达人是亚西比德的对手。所以，利桑德罗斯的第一个行动是从总督吉罗斯得到金钱。在亚西比德为了付给船员工资向沿海城邦收缴贡银时，利桑德罗斯却从河里得到了黄金。雅典城邦上空慢慢布满黑云。从来没有那么多强大和危险的敌人联合起来对付雅典城邦，现在只有靠亚西比德的经验和威望来对抗他们了。

但是，算他倒霉，他几个月都在努力诱敌出击，要和利桑德罗斯进行海战。狡猾的利桑德罗斯非常清楚，拖延时间对他有利，就是避免和他较量。雅典人受到政治寡头们的蛊惑，开始抱怨他们的统帅。那些人在颇尼卡里叫喊："亚西比德不是说没有他做不到的吗，那么，这个无往而不胜的人不去取胜，说明他不愿意取胜，又要和斯巴达人修好。又要出卖我们！"他们用这种鬼花招煽动雅典人玷污英雄，没有任何借口，仅仅因为利桑德罗斯回避和他正面较量。当雅典面临一点点威胁时，雅典人对亚西比德表现了十足的忘恩负义。两年前还给他加冕戴冠，鲜花表彰，还争先恐后，看谁最先触摸到亚西比德的衣服，仿佛他是神圣的传家宝。

克里迪亚斯，现在是寡头派的领袖，在市场对苏格拉底喊叫："当年在吕底亚你最好没有救他，让这条恶狗死去得啦！"

就这样，一位本来不可仰止的天才，在他正要更加闪光时，不光彩地熄灭了。亚西比德从来没有打过败仗。他的战士称他为"永不败"，他们用橄榄枝装扮自己的盔甲，拒绝吃和喝，不愿意统帅离开。只有一个敌人能够打败他——民众。他们受了那些哗众取宠人的蛊惑，这些人比苏格拉底的学生更危险。

亚西比德得到玷污他的消息，立刻离开军队，回到自己在色雷斯的庄园，隐居起来。

亚西比德刚刚离开，斯巴达人就在米蒂利尼岛外的海战中打败了雅典人。这一次失败又唤醒了雅典人。他们毫不犹豫地把神雕像上的金子收集起来，熔化了所有的祭神金器；用所收集到的全部资金建造舰队，共计150艘三层桨战船，这也是他们能投入装备的最后一点钱了。你会感动地看到，在比雷埃夫斯港，在火把的照耀下，工匠们紧急制造这些战舰的

动人情景。他们挑选了最好的海军指挥官,把奴隶和贵族子弟编成混合部队,怀着沉重的心情把他们送到爱琴海上。如果这个舰队失败,雅典将沦为奴隶。这个想当年不可一世的城邦,现在只能孤注一掷了。倾其所有,不顾一切……幸运的是,在此前不久,斯巴达因内部原因更换了海军总指挥,卡拉科拉迪达斯替换了利桑德罗斯。这个人没有利桑德罗斯的能力,有勇无谋,见到敌人,无论在哪里,都会不管不顾地扑上去。

在莱兹沃斯附近的三个小岛——阿尔尼奴赛斯(白色小岛)——附近,他发现了雅典舰队,那个地方对他布阵不利,预言家禁止他海战。但是,他毫无顾忌,指挥全部战舰冲了上去。他发现了雅典舰队的旗舰,便加速冲了过去,试图将它拦腰冲撞成两段。在旗舰前有一艘护卫舰,他首先将其击沉,冲向旗舰。当时旗舰上总指挥是老伯里克利和阿斯帕西亚的儿子小伯里克利。年轻的指挥官非常巧妙灵活地躲过对他横冲过来的敌舰,掉转船头,反而将斯巴达旗舰拦腰斩断,敌舰沉没。斯巴达总指挥淹死在海中,敌军阵形大乱,最后全军溃败。120艘斯巴达军舰只有40艘逃避了毁灭的命运。

海战还没有完全结束,大海上起了凶恶的巨浪,狂风巨浪阻止雅典人搭救落水者和死亡的战士。石拉麦尼斯部奉命打捞落水者和尸体这个神圣的使命,但是,他的舰艇根本无法移动。发疯的狂风巨浪一整夜横扫海战战场。

三岛海战的胜利惊吓了寡头派。他们本来就担心民主派的胜利,尤其不能容忍伯里克利得到光荣。为了达到他们黑暗的目的,他们找到了两个执政民主派人士,一个是克莱翁,富有的手工业主;另一个是阿尔黑底摩斯(阿里斯多芬称他为邪恶的诽谤者)。他们同意不惜一切代价搞垮得到荣誉的将军。前方将士在写给城邦的信中简单地汇报说,由于恶劣的气候条件,无法打捞落水者和尸体。在报告的原稿上,曾经写道,石拉麦尼斯负责这次救捞使命。伯里克利怕引起怀疑,把这段话删掉了。石拉麦尼斯深知自己责任重大,首先跑回雅典。他作为寡头派人物,发动他的朋友们,把自己肩上的责任全部推给了海军将军们。他所以能达到目的,因为大多数正直的公民远离雅典,还在船上;城里大部分是无知的农民和爱吵架的移民。寡头派得逞,城邦下令所有的海军将军因不敬神回城受审。

开审那天，正轮到苏格拉底所在的族人（安迪奥黑斯族）担任陪审团，哲学家也第一次参加这样的陪审团。他头戴神木树花冠——行使权利的象征①。

首先海军将军们自我陈述。他们都是有名的正直的公民和杰出的战士。他们简单地说明了海战的情况，石拉麦尼斯负责打捞落水者和尸体的任务，由于风浪巨大，无法完成这个任务。

公民大会本来准备宣布他们无罪的，但是，那些阴谋家成功地要求延期审判，并将所有的将军们拘禁起来。这期间有雅典家庭重大的三天节日"阿巴杜拉"②。石拉麦尼斯和他的朋友们利用这三天的时间煽动民众，用宗教理由威胁怕神的雅典人。没有人知道有多少人在海战中牺牲和失踪。在审判的第二天，数以千计的人集聚在大厅门外。他们身穿黑色丧服，头剃得光光的，哭天喊地哀悼被海军将领们抛弃的亲人们。市场外面，数以千计身穿黑色丧服的女人们撕心裂肺要求处死所有的将军，因为她们的孩子本来是胜利者，落水挣扎数个小时，苦苦在海浪中求生，将军们却没有搭救他们。

正是在这种气氛中审判重新开始。担任首席法官的是苏格拉底。善于鼓动宣传的卡里克赛诺斯首先站起来发言：

"诸位，在上一次审判会上我们听了许多对将军们的指责和他们的辩解。再说就多余了。我建议公民们表决，而且要公开表决。我们设两个票箱，认为将军们有罪的把豆子投进第一个箱子内；认为将军们无罪的把豆子投进第二个箱子内。如果他们有罪，就全部处死，没收他们的全部家产充公，其中十分之一祭献给女神。"

这个建议是为了恐吓民众。在此之前，死刑判决投票从来是秘密的。如果今天有市民在众目睽睽之下把豆子投进第二个箱子里，就证明他同情

---

① 公民大会，也叫议会，由 500 人组成（雅典 10 个部族，每个部族 50 名代表参加），分成 10 部分。每 36 天由一个部族轮值担任主席团，审判时也叫陪审团。通过抓阄决定他们当中的一个人担任主席，就像现在我们称之为的共和国总统。他掌握国家的大印和宝库的钥匙，他也主持在颇尼卡举行的公民大会。——原文注

② 阿巴杜拉，雅典节庆之一，在每年十月至十一月中举行，在这个节庆日成年的男子，被接受为雅典公民。——译注

苏格拉底
ΣΩΚΡΑΤΗΣ

不敬神者。外面身穿黑色丧服的女人们大叫，他们的可爱的亲人们，没有入土为安，灵魂飘荡不定，不会在下面世界得到安宁，将永远是孤魂野鬼。她们大喊大叫，要求报仇。这时一个水手出来作证说，他本人也是落水者，抓到一块木头，坚持了一夜才死里逃生。他描绘了落水者求生的悲惨情景，他们求他说，如果他能回到祖国，一定请求惩罚那些将军们。他的讲解掀起了咒骂浪潮。但是，苏格拉底坚决反对公开投票，也获得了其他陪审团员的赞同。这不仅引起阴谋者，甚至一般百姓的不满，他们不顾法律程序，认为反对派胆敢践踏他们的自由。一片混乱。在苏格拉底身边坐着一位老人，受人尊敬的阿莱克西斯。他看到群众突然发起怒来，瞪大眼睛，转向哲学家，小声说：

"这些人怎么了？我从来没见过这种场面！"

苏格拉底注意到，就连那些他熟悉而且相信有知识的人，也受到了群情激动的影响，仿佛身穿黑色丧服的女人们把仇恨传给了他们。但是，他毫无所动。

"无论他们怎样喊叫，我都不能违犯法律。"阿莱克西斯说。

卡里克赛诺斯登上讲坛，喧闹的群众静了下来。他要求，反对公开投票的陪审团员应该和将军们同时受判决。他的话引起暴风雨般的掌声，苏格拉底明白，这种威胁已经为受审者下了判决。群众被狂怒煽动起来后，是无法抑制的。陪审团员们在这一恐怖控制下，不知所措。他们很清楚，如果把取胜的将军们全部处死，城邦再也找不到有能力的战将去承担责任了。军队和舰队将落入不称职人手里，雅典的实力将一落千丈。可是，群众越来越愤怒，他们高喊：

"关他们进监狱干什么？处死他们！"

最疯狂的人群开始涌向审判主席团，西徐亚弓箭手们阻止了他们。这时，苏格拉底的学生安第斯塞尼斯来到他身边，说：

"老师，我怕这帮发了疯的人群伤害你。"

哲学家以他惯有的冷静回答：

"不要替我担心，为雅典害怕吧，过度的民主把雅典毁灭了。你有什么办法……当人们还没有完全成熟时，给他们自由就失去控制，绝对自由害了城邦。这就像牲口，需要带上嚼子。"

这时，爆发了新的呼喊浪潮，这一次，不是针对将军们，而是陪审团：

"审判团把我们出卖了，我们来审判他们！"

人群的愤怒达到了极点，苏格拉底的同事们都被吓住了。他们就像遇到强大冰雹的人们，为了得救寻找任何可以躲避的地方，什么也不顾了，只要保命。这些诚实的公民，一个接一个，先后宣布接受公开表决。在老阿莱克西斯张口前，苏格拉底问他：

"连你，阿莱克西，也要妥协吗？"

"我有孩子，苏格拉底，你没有看到吗，这些疯子会把我们都处死的？"

"这又怎么样？寡头派对抗人民的愤怒要垮台，民主派在人民的愤怒下后退要垮台。如果我们，至少你和我，如果不能坚守正义，是耻辱。"

但是，阿莱克西斯没有听他的，胆怯地低下了头。只有苏格拉底坚定地大声声明，他不会按着民众的要求，而是依据法律行事。马上传来对他的咒骂：混蛋，阴谋家……但是，由于他们赢得了最终公开表决的胜利，也就没有太在意苏格拉底一个人的否决。

这时，伯里克利的表弟艾弗里颇宝来摩斯要求发言，苏格拉底允许。他要求允许每位将军分别为自己申述，分别判处。

一些尚保持冷静的人认为这是对的，但是，群众患上了歇斯底里症，成为了嗜血者，要求杀人。在这种毫无公正可言的场面前，苏格拉底仍然试图加以遏制，他说：

"雅典人，怎么能够全体将军们都受到一样的审判？一位利西亚斯将军，第一个受到斯巴达舰队的攻击，他的三层桨座船被击沉，他也落入海中，海战结束后他被从海里捞救上来时，已经奄奄一息了，难道他也有错吗？"

这话引起了更大的反对浪潮：

"全都处死他们，全部，坏蛋们，去死吧！"

苏格拉底坚持说，法律规定，就连叛徒也要单独接受审判。这下子引来真正的风暴，徐西亚的警察勉强阻挡住涌上来的发疯人群，他们喊叫：

"处死苏格拉底！把他拉下来，这个不怕神的家伙！"

苏格拉底
ΣΩΚΡΑΤΗΣ

这时的哲学家宛如落入狼群里的一头羊。恐惧迫使陪审团员们第二次赞成非法的公开投票。只有苏格拉底一人坚守自己的誓言。就在这一瞬间他和伯里克利将军目光相遇，看到他表情绝望。他一直很爱这个青年。当伯里克利有什么难题时，总是跑去找老师询问，老师总是耐心给他解释。有一次，他问老师，为什么雅典一天比一天堕落，苏格拉底现在还记得当时给他的回答：

"这就像那些获得多次冠军的运动员，伯里克利，疏于坚持锻炼，就落后于对手了。你父亲时代引导雅典强大，现在懒惰了，也就堕落了。"

"你建议我做什么？"青年问，"我看到公民们不仅不服从长老们，反而藐视他们。他们相互倾轧，还对这样耗费精力津津乐道。我担心，长此以往，他们的欲望会给雅典带来更大的不幸，不知能维持多久。"

苏格拉底对他说：

"你不用担心。你看雅典人在海军里，在远征中，在运动会上，是多么守纪律。我们遇到的灾难不是不可医治的，只要有一个强有力的领导。你要像你父亲那样，要遏制公民，像他遏制他们那样……"

今天，老政治家的儿子想起这些话，看到今天的场面，认识到，老师说的是对的。一个曾经创造辉煌过的人民，过了一代，沦为麻木不仁的群体。

苏格拉底的坚定不移开始时引起了风暴和咒骂，后来，尽管看起来很奇怪，带来了平静，一片沉默。就连敌人，尽管他破坏了他们的计划，也不得不佩服苏格拉底，他单独一人，面对愤怒的人群，大义凛然。他们觉得，面前主席台上站立的不是凡人，是一种高尚的力量。在迈向最严重的错误前，无论是个人或者群体，都有一段动摇不定的阶段。议会也度过了这样暂短的时刻。但是，寡头们还是达到了他们的目的。公民公开投票，判决所有的将军死刑。苏格拉底一言不发，离开主席台，在那些蛊惑人心的家伙们面前走过，穿过身穿黑色丧服的妇女人群，人们给他让出路，没有人吭一声。

28

将军们被判决几天后，悲剧作家欧里庇得斯客死他乡。公元前408年，欧里庇得斯由于厌倦雅典的堕落，接受马其顿国王阿尔赫拉奥斯的邀请，去了北方。在奥林匹斯山的另一面，一个新的希腊、守纪律和充满活力的希腊正在崛起。在那里，欧里庇得斯完成了他最后两部悲剧的创作：《伊菲格涅亚在陶罗人里》和《巴克科斯》。他在那里突然死亡，使苏格拉底悲痛万分，他长久痛苦地哭泣自己的朋友。欧里庇得斯相信并遵循苏格拉底的教导，在自己的悲剧创作中极力表现人的灵魂。他之前的悲剧家，埃斯库罗斯和索福克勒斯，在悲剧中表现的是，主人公和外界、和命运之间的冲突。欧里庇得斯把冲突从外部转向内部，是主人公灵魂的非理智部分（潜意识）和理智部分，是野蛮的欲望和正常的人情之间的斗争。欧里庇得斯的诗句写得是那样和谐，以至于那些在西西里被捆绑的雅典俘虏，在矿山劳动时，边干活边背诵他悲剧里歌队伴唱的诗句，看管他们的人听到后都感动了，决定释放他们。当他们从西西里矿山回到雅典后，第一件事就是跑到欧里庇得斯那里，吻他的手，感谢救命之恩。还有更重要的：当雅典被攻破后，总指挥利桑德罗斯召开了会议，讨论用什么方式惩罚雅典人。忒拜城邦的将军艾利安索斯提议，将雅典人全部贩卖为奴，把雅典城付之一炬。但是，在庆祝胜利的宴会上，著名演员弗凯福斯朗诵了欧里庇得斯悲剧《厄勒克特拉》的片段，诗句深深打动了利桑德罗斯，他决定赦免雅典城，因为雅典出现了一位这样杰出的诗人。

欧里庇得斯从苏格拉底那里学到了许多知识和他的思想，然后，把哲

理化为诗句。诗句就像货币一样在人们之间流通,相传。他们两人宛如兄弟。有一次,在比雷埃夫斯上演欧里庇得斯的一部悲剧,苏格拉底怕迟到,步行了许多公里赶往那里。在他们的一生中,只是有一次发生了分歧:在欧里庇得斯的悲剧《奥莱斯底亚》首次上演时,当演员朗诵到"人应以宽大为怀评判美德"时,苏格拉底从观众席自己的座位上站起来,打断演出,用雷鸣般的声音说,美德需要评判是不可接受的。欧里庇得斯到达马其顿后,向国王阿尔赫拉奥斯推荐苏格拉底,讲述他非凡的才能和智慧。欧里庇得斯死后,阿尔赫拉奥斯派了两位宫廷使者前去聘请苏格拉底老师到宫里来。两位使者带着许多礼物,找到苏格拉底的家,他们敲大门。从里面传来很不满意的声音:

"你们找谁?"

他们回答,他们要找苏格拉底。

"找他干什么?"

他们解释说,是马其顿国王派他们来的。里面传出话说:

"进来吧,门是开着的。"

当穿金戴银的马其顿使者走进院子,被眼前看到的景象惊呆了。面前一个半敞怀的女人正在洗衣服,她的孩子们,脏脏的,在泥土院子中间玩耍。看到官方人士,克桑施碧有点胆怯,面部表情温和了一些,在围裙上搽了搽手,问:

"你们找苏格拉底干什么?"

他们解释说,他们奉国王之命,给苏格拉底带来了礼物,聘请他到派拉王宫去。克桑施碧看了一眼抬着箱子的奴隶和使者手里提着的包裹:

"把礼物放在这里吧,我是苏格拉底的妻子。"

客人强忍住笑,她是苏格拉底的妻子?他们一直以为她是女奴。一个使者说:

"我们奉命要亲自把礼物交到苏格拉底手里。我们在哪里能够找到他呢?"

"这个钟点,他应该在市场,你们到那里去找他吧。"

她这样对他们说,心里想,到了市场,全城马上都会知道,就连国王也看重她的丈夫。国王的使者们刚刚离开,克桑施碧就跑到家灶神前,说:

"谢谢你,我的神,你把他们引导到这里。我们将得到很多黄金,结束我们的贫穷……"

在市场,人们指给使者一个衣衫褴褛、赤着双脚的男人,他这倒和一个穷女人挺般配的。一群年轻人把他包围在中间,聚精会神地听他和一个傲慢的中年男子对话。苏格拉底问他:

"艾弗史迪莫,我听说你收集了所有哲人的书稿。"

"是的,我还在尽所能收集。"

"艾弗史迪莫,我真替你高兴,"苏格拉底继续,"你不去积累财富,不去积累金钱,而是建图书馆。"

艾弗史迪莫听到苏格拉底的赞扬非常得意,苏格拉底接着说:

"你收集这么多书打算干什么呢?"

对方迟疑了一会,没有回答,苏格拉底说:

"难道你想成为医生吗?"

"不。"

"也许是地质学家?"

"也不是。"

"那你就想统治这个城邦,管理城邦的经济?"

"是的,这正是我想干的。"艾弗史迪莫愉快地回答。

"你把这个美德作为自己的愿望非常好,因为这是做国王的艺术。请你告诉我,如果你不是个主张正义的人,你能胜任吗?"

"没有正义,任何人都不能成为好的公民。"艾弗史迪莫说。苏格拉底睁大眼睛看着他,问:

"那么说,你能很好地区分正义的事业和非正义的了?"

"我当然能。"

苏格拉底微微一笑。那些围观的青年知道,这个狡黠的微笑后面有文章。马其顿使者很好奇,想知道这个艾弗史迪莫是什么人。

"是来自希俄岛的著名智者,"人们告诉他们,"他一直避免和苏格拉底对话,今天被我们的苏格拉底碰上了,有热闹看了。"

"艾弗史迪莫,我在地上写上一个德尔塔 Δ 和阿格发 A,对你不妨碍吧?你把自己认为的正义的,归到德尔塔这边来,非正义的归到阿格发

那边去,可以吗?"

"我不介意,如果需要我做这样的划分,请写吧。"

苏格拉底写好两个字母,开始询问:

"人撒谎吗?"

"当然说谎。"

"说谎的人归哪边?"

艾弗史迪莫满有信心地说,当然归阿格发那边。

"那些盗窃和贩卖奴隶的人也归那边吗?"

"当然,他们都归非正义那边。"

"但是,你想一想,"苏格拉底对他说,"假如我们的一位将军把被占领的敌对城邦的居民贩卖为奴,是非正义的吗?"

"当然不是。"

"还有,假如一位将军,为了取得战争的胜利,向他的对手散步谎言,你怎样认为?他做得非正义吗?"

"不是,这应该认为是正义的。"艾弗史迪莫说。

"你看,"苏格拉底得出结论说,"我们归到阿格发那边的人和事都应该归到德尔塔这边来。"

艾弗史迪莫马上辩解说:

"我原以为你只是限于在朋友之间,并没有想到敌人啊!"

"等等,我们来看看朋友,"苏格拉底说,"一位将军看到他的部队士气消沉,于是对他们撒谎说,援军马上就到了。结果,士兵们精神大振,取得了胜利,你说,你把将军的这个欺骗放在哪里?"

"但是……放在正义那边。"

"如果你看到你的一个亲戚非常绝望,于是你偷走了他准备自杀的刀,你把自己这种盗窃行为归哪边?"

"不用问,在德尔塔这边。"

"看起来,无论是对敌人还是对朋友,你都把正义和非正义弄混了。"

艾弗史迪莫承认,他不知如何回答。但是苏格拉底并没有到此为止,而是继续讨论。直到找到正义和非正义的确切定义为止。

对话结束,人群散去,马其顿使者走到哲学家身边。苏格拉底的简朴，探讨真理的精确给他们留下了深刻的印象。他们把国王的礼物，五百金元，绣工美丽的布料，十二个银制葡萄酒杯和一部欧里庇得斯的草纸本悲剧《巴克科斯》，呈献给苏格拉底。苏格拉底除了草纸本悲剧，其他礼物一概拒收。使者们亲眼见到他的贫穷和寒酸，对于他的举动感到奇怪和不解。使者们说，不接受前往马其顿的邀请，也不接受礼物，对他们是羞辱，他们真诚请求他无论如何把礼物收下。苏格拉底回答：

"在这个市场上，有无数东西在出售，我都不需要。同样，你们的国王好心送给我的礼物对我也是无用的。我不需要钱，一个奥沃洛我可以买三个面包，泉给我们清凉的免费水。非常感谢你们，但是，我只留下草纸本的《巴克科斯》。这个草纸本对我来说，就是无价之宝。"

马其顿使者问：

"你拒绝到宫里去，我们的国王将怎样想呢？到那里你会很富有，会很幸福。"

苏格拉底回答：

"我不能接受这个邀请，因为我对你们的国王不会有任何奉献。请你们转告国王，我知道他很会管理国家，你们国家繁荣昌盛。像这样有纪律和和谐的国家，会很有前途的。我是个不安的人，会玷污你们坚石般的信仰。只有在这里，这个没有船长的大船上，我们称之为雅典，才有我的位置。"

苏格拉底说完，就离开了。当他回到家时，克桑施碧兴高采烈地出来迎接他。可是，看到他手里除了那个草纸本外，什么也没有。

"那些礼物哪里去了？"她不安地问。

"我都还给他们了，只留下了这本珍贵的手稿。"

克桑施碧简直不敢相信自己的耳朵。

"什么？"她大喊。"还给他们了？为什么？"

苏格拉底像讲述世上一件最平常的事一样，说：

"你知道，我是不收礼物的。"

"国王的礼也不收吗？"她说，"难道你怕他会因此变穷吗？"

苏格拉底没有回答，克桑施碧气得满脸通红，开始了：

"你不惦记我也就罢了，至少你得想一想孩子们吧，傻瓜！客人带来

整整两口袋钱,有了这些钱,我们一辈子不用发愁了。明天,你给孩子们吃什么?这本书能让他们不饿肚子吗?"说着,她发疯地从苏格拉底手中夺下书,扔在了地上。

苏格拉底蹲下去,把书稿收集起来,安详地离开,要去睡觉。刚一转过身,克桑施碧从内心深处迸出一句话:

"傻瓜!"

妻子一夜没有合眼,天刚亮,她就开始折磨苏格拉底:

"快去,追上马其顿人,把钱要来。"

"不。"他回答。

"不去?我当时让他们把礼物留下,但是,你把我变得这样狼狈不堪,人家根本不敢把礼物给我。你可以不要衣服和银饰,把钱留下就行了。"

"不。"苏格拉底又说了一遍。

"为什么不,傻子?你不为不关心我们感到可耻吗?三个孩子全归我一个人养,我受够了!把钱要回来,不然我会疯的!"

苏格拉底严厉地对她说:

"管你自己的事吧!我知道该怎么办。"

克桑施碧端起一个装满水的锅,对他说:

"我真想把这锅水都泼到你头上,让你清醒清醒。"

苏格拉底微微一笑:

"天气很热,正好让我凉快凉快。"

这句话更刺激了妻子,她把一锅水全泼在了苏格拉底身上。正在这时,安第斯塞尼斯来到他们家,正好看到这一幕。苏格拉底笑,他也笑了。克桑施碧完全失去了理智,她用力将锅砸向苏格拉底。锅掉在地上,摔成碎块。哲学家一句话也没说,拉住自己学生的手,来到路上。苏格拉底非常平静,而他的学生却对克桑施碧喊道:

"你太厉害了!"

在他们前往体育馆的路上,学生问老师:

"老师,你怎么能忍受这样一个坏女人?苏格拉底,我看,无论是过去还是现在,甚至是将来,克桑施碧都是最坏的一个女人。"

"任何一个要成为好骑手的人,"苏格拉底回答,"都不会选择温顺的马,如果他能驾驭最凶悍的马,温顺的马当然不在话下了。我也是这样的人,我为了掌握和人沟通的方式,就选择了最厉害的女人。我已经习惯了和克桑施碧相处,其他的人在我看来都是再好不过了。"

他们默默走了一会儿,苏格拉底又谈起了他的女人:

"你看到她今天扔锅,不是要砸我,而是要打砸碎我的冷静,这才是她最不能忍受的。克桑施碧不像你想象的那样坏……去年冬天,她要我买点食品,因为家里没有可供她做饭的东西了。可是我,对于家庭的事情一无所知,竟忘掉了。傍晚,我回到家后,孩子们,还有克桑施碧,都在盼望我带回点吃的,可是我两手空空,克桑施碧看到又要让孩子们饿着肚皮睡觉,气得把桌布掀翻了。上面的盘子、杯子全都砸碎了。她看到这么大的损失,后悔了,扑到我的怀里,边哭边请求原谅。眼泪像河水一样流淌。我为了安慰她,对她说:'你看你,就像天空,先打雷后下雨。'我的妻子不那么坏,安第斯塞尼……"

在阿尔伊奴进行的海战是古代世界最大的一次,斯巴达舰队全军覆没。斯巴达人信服了,在海上永远也不要跟海上霸主较量。在他们的绝望中,又派使者来雅典乞求和平。但是,好战的克莱丰鼓动那些不善于冷静思考的人,要求继续进行已经精疲力竭的战争。他们赶走了斯巴达使者,平静下来。但是,这只是暴风雨到来之前的宁静。没有勇气,没有对自己的信心,城邦等待的是命运的安排。现在他们不知道应该依靠谁,既不相信克莱丰和民主派,也不相信政治寡头派,正是他们的蛊惑,人们才判决了取胜的将军们的死刑[1]。公民们藐视前者,仇恨后者,不知所措,只好在两派之间左右摇摆。他们把毫无经验和能力的年轻人派到在爱琴海上的船队上,这完全是苏格拉底料到的。他们把舰队停在了萨摩斯岛屿外,给了斯巴达人充分的时间,他们用波斯的钱赶造新的舰队。并且请回了善战的利桑德罗斯担任总指挥。他收买了一个雅典将军,属于寡头派的阿迪曼陀斯,作为自己的盟友,打击民主派。阿迪曼陀斯把雅典舰队的全部计划

---

[1] 卡里克赛诺斯当时曾积极建议处死将军们。后来,当人们发现这是一个极大的冤案和错误时,便怪在他个人身上。由于受到人们的藐视,卡里克赛诺斯不得不自杀了事。——原文注

和行动都报告给了利桑德罗斯。公元前405年,利桑德罗斯指挥新造好的150艘三层桨座战船,没有了对亚西比德的恐惧,横扫希腊海疆。雅典舰队还停留在艾格河入海口的开阔海域,没有来得及行动,利桑德罗斯就占领了兰坡散克岛。雅典舰队停泊的地方非常不利,因为距离有人居住的海滨非常远,水手们和战士们为了购买食物,要走一个多小时的路才能到达最近的城镇西斯托。年轻的海军指挥官们根本没有意识到这个错误,只有居住在色雷斯沿岸的亚西比德及时赶到,阻止灾难马上发生。他看到海军将军们像在颇尼卡里一样,民主派和寡头派每天争论不休。海军战士们看到他们的老将军欢欣鼓舞,认为依靠他的指挥,他们会打胜仗。但是,年轻的将军们让他马上离开,他是不受欢迎的人。

亚西比德费尽口舌说服他们接受色雷斯国王塞弗西斯提供的援助,这也是唯一一个和雅典城邦站在一起的盟邦。但是,他们不听,只要求他马上离开。亚西比德甚至求他们把舰队停泊在西斯托斯港,因为那里既安全又离购买食品的地方较近。对于亚西比德的坚持不懈,海军将军们发怒了,他们采取了暴力手段,把他赶走了。在亚西比德离开的第五天,对这一切了如指掌的利桑德罗斯利用中午,雅典舰队船员到各处去购买食品的机会,发动了突然袭击。结果,他没费多大劲,轻而易举据地打败了雅典舰队。雅典舰队180艘战船,只有13艘逃脱,他们慌忙返航报告失败的消息。

数以千计的雅典官兵落在了利桑德罗斯手里,成了俘虏。残酷的利桑德罗斯下令把他们全部杀死,只饶恕了一个人,他就是叛徒阿迪曼陀斯。

29

晚9点,一艘名为"帕拉罗斯号"的快船在比雷埃夫斯港靠了岸,带来了雅典舰队在艾格河入海口彻底毁灭的噩耗。港口顿时苏醒了,被如此巨大的惨败惊呆了。人们开始哭泣,他们不仅哭泣牺牲的海军士兵,更为他们自己哭泣,因为雅典不可战胜的海上霸主神话破灭了,他们将沦为奴隶。这种哭泣似一股强劲的风,跳出比雷埃夫斯的城墙,吹到了雅典。雅典公民们听到惨败的消息,都跑了出去,整夜无人入睡,也在哭泣自己的命运。他们心情沉重,意识到,迫害米洛斯城邦的苦果轮到他们自己吃了。当年,雅典人占领米洛斯城,残暴地杀死了所有的男人,把女人和孩子们卖做了奴隶。雅典人熬了一夜,天没有亮就集合在市场,他们决定用土填埋港口,能够拿起武器的人都武装起来,为困守做准备。他们想象,已经取胜的利桑德罗斯会率领强大的舰队长驱直入,马上出现在港口。被恐怖阴云笼罩的雅典人,再次表现了他们的爱国主义。对自由的渴望,对民主的热爱,使他们再一次摒弃前嫌,团结一致,捍卫法律。现在,他们默默遵守纪律,服从长老们的指挥,因为他们害怕敌人到来,惩罚他们。但是,利桑德罗斯就是不出现。这位绝顶聪明的指挥官率领他的舰队在爱琴海游弋,把爱奥尼亚城邦一个接一个拿下。他把俘虏过来的民主派人士,把尽可能多的雅典人装上运输船,扒掉他们身上的衣服,不给任何食物,把他们全部送回雅典城。他非常清楚,雅典城里人越多越好,因为当他决定包围城市时,饥饿会更加严重。一天天过去,从各个岛屿,从各个城邦逃来的难民充斥了雅典,增加了雅典人的恐惧和惊慌。不幸的消息

一个接一个,过去的盟友离开了,进贡的资源没有了。经过五代人的血汗经营起来的雅典帝国土崩瓦解。很多地主廉价出卖了土地,逃亡到爱维亚岛。全希腊屏住呼吸,期待这场打了26年的战争能够结束。很多过去在幸福时代不爱城邦的人现在又为可能失去城邦而惋惜了。他们想助一臂之力,可是,又怕得罪斯巴达人。就在这个万分危机的时刻,僭主利桑德罗斯派来使者,要救出两个著名的雅典人:阿里斯多芬和苏格拉底,他要求把他们连同他们的家人一起送到塞萨利亚去。但是,他们两人谁也没有接受邀请。克桑施碧再一次试图说服苏格拉底改变主意,但是,苏格拉底回答,既然他已经应征入伍,成了战士,就不能做逃兵。

"至少,你应该让孩子们去,让他们得救,我陪着你。"

"我怎么可以做惊慌失措的榜样?让公民们因为我而失掉勇气?你让我这样做吗?"

让克桑施碧干什么都可以,只要孩子们能得救。但是,她没有坚持,只是叹了一口气,唠叨说:

"他们会把我的孩子们杀掉的……"

"不,不会的!"苏格拉底坚定地回答,"大家都会平安无事,这是灵异给我的信息,是神的信息。他比你更知道未来。"

苏格拉底在危难的绝望时刻拒绝离开,影响极大。一位德高望重、名叫格拉夫考尼迪斯的公民在颇尼卡站起来,要求宣布苏格拉底为杰出的人,雅典应该为他骄傲。

"当我们失去理智决定杀死我们的将军时,只有苏格拉底坚持反对我们的疯狂。如果那些将军们还在的话,我们不会遭到今天的惨败。苏格拉底是我们的骄傲,我建议……"

格拉夫考尼迪斯还没有说完自己的建议,在颇尼卡的另一个角落,苏格拉底就起来,他说,他拒绝任何荣誉。他和其他人没有任何区别,没有做什么值得荣耀的事。讨论就此结束。

公元前405年10月23日,利桑德罗斯的舰队终于从苏纽方向出现了。雅典人都跑到卫城和周围的山上观看敌人的舰队。只见旗舰乘风破浪迅速驶来。

"哎呀,哎呀,"女人们大叫,"海面上全是船!"

"有200多艘。"一个海员确认。

"我们只有一艘帕拉罗斯号……"另一个人补充说。

克桑施碧转向自己的丈夫,说:

"我还藏有5个德拉克马,可以去买点面粉。"

说完,她走向市场。

利桑德罗斯在5小时前包围了比雷埃夫斯,同时,斯巴达国王保萨尼阿斯率领全部希腊的军队,海上霸主的敌人和过去的盟友,牢牢围困住了雅典。城墙内人满为患,被包围和封锁之后,开始了饥饿。存放小麦的仓库前排起了长队,担心排队在后面分不到小麦,克桑施碧夜间就来到这里,排在前面。对于爱吃面包的雅典人,可怜的定量供应等于判处他们慢性死刑。病人越来越多,没有等治好病就饿死了。母亲没有奶水喂养新生婴儿。尽管如此,雅典公民们仍然没有丧失勇气。他们只要有最后一口气,就仍然保持着尊严。一个名叫阿尔赫斯特拉托斯的议员发表演讲说,既然没有取胜的希望,为了阻止死亡,他建议投降,结果他被关进了监狱。并通过决议,禁止再谈论投降事宜。对抗命运的共同斗争,使雅典公民们又找到了伯里克利时代的兄弟情谊。现在他们能够拉临近人的手,在不幸的时刻感觉兄弟的存在。雅典公民面部浮肿,骨瘦如柴,但是充满信仰。已经没有希望了,还信仰什么?信仰盛名之下的雅典荣誉!

在被围困的最初几个月,苏格拉底的长子兰博克里斯或者用弹弓捕鸟,或者在海滨吊沙丁鱼和鲷鱼。但是,很快,他就显得像个男子汉了。斗争使一个少年很快成熟起来。在这些小伙子和敌人巡逻队发生第一次冲突后,他们的胆子一天比一天大起来。他们原来害怕的危险,现在习以为常了。死亡运动像磁石一样吸引他们。兰博克里斯和他的同伴们身处陷落的悲剧里,表现了对敌人刻骨的仇恨。他们在冬季的夜里冒着生命危险,摸到敌营,或者偷食物或者偷战马。他们杀死战马,分成小块,个人拿走自己应得的部分。很多勇敢的小伙子,像克赛诺丰,在暴雨到来时,潜回自家的庄园,把小麦和羊拿进城里,不留给敌人。就连那些骨瘦如柴的老奶奶们也不怕敌人,他们来到城外,在敌人的眼皮底下寻找柴火。那些留着小胡子和大胡子的斯巴达士兵殴打她们,驱赶她们,但是绝不动手杀害她们。当她们收集到一小捆柴火返回城里时,你会看到她们眼睛迸发出的

欢乐火花,这是希腊的眼睛。但是,当你看到同样的眼睛在城墙之上,眼巴巴看着斯巴达人烤肉大吃时的目光,你会流下泪来。老奶奶们对敌人发出无数的诅咒,但是没有一个灵验。敌人照样吃、喝,在火堆旁取暖,而城里人照样忍饥挨饿受冻。城里的动物,狗、猫、马、无一在围困中幸免,都被吃了。现在,只好用人力车把那些死去的人的尸体拉到凯拉米克掩埋了。围困把人的善与恶一下子提升到表面上来。一个穷人可以把他仅有一点吃的和比他更穷的人分享,而一个富人可以让他的亲戚饿死。

当苏格拉底不执行当兵的勤务时,仍然做他每天平凡的工作:提升人格,或者鼓舞那些泄气的人们。他总是乐意和两个他最好的学生谈论更高的事情。一个是柏拉图,一个是斐多。斐多原来是奴隶,一个非常聪明的孩子,苏格拉底把他培养成了哲学家,他们经常坐在体育馆无人的廊下讨论问题。柏拉图更是舍得花钱,他常常背着苏格拉底往他家里去送一些食品。每次,克桑施碧都匆忙留下,根本不顾苏格拉底是不是反对。饥饿慢慢使雅典市民体质衰弱,士气下降。那些每天翻垃圾堆寻找一点可吃的东西的人们还谈什么勇气?雅典被饥馑折磨得精疲力竭,终于有一天,那个叫石拉麦尼斯的人面对无数的死亡,不顾不允许谈论投降的禁令,勇敢地在颇尼卡站起来,提出应该和斯巴达人进行争取和解的谈判。他保证说,如果允许他去见利桑德罗斯,他将带回有尊严的和平条件。雅典人已经受够了,他们马上答应了他的请求。石拉麦尼斯马上出发,见到了利桑德罗斯。这位政治寡头派的代表同意了利桑德罗斯的看法,要求雅典人无条件投降的时机尚未成熟。于是,又把雅典包围了三个月。然后,石拉麦尼斯返回雅典说,他得到谈判的允许已经到期,他必须到斯巴达去见监督官们。于是,雅典人又把他派去并开始等待。但是,饥饿已经是无法再等待了。只有一些萨摩斯的小船试图冲破斯巴达人的封锁,乘风急浪高的夜晚偷偷送来点小麦。对于数以万计饥饿的嘴,只是杯水车薪,无济于事。

一天晚上,苏格拉底执行完巡逻任务回到家里,看到克桑施碧满脸是泪水。就问:

"你怎么了?"

"没什么,"她回答,"今天我开始锯我们院子里的无花果树枝,来烧家灶了。如果火灭了,我们就太冷了。我把小鸟站立的树枝锯掉了,因为小鸟还能找到种子吃,而我却没有任何东西给孩子们……我嫉妒小鸟了……"

她伏在苏格拉底肩头上,掩饰自己的泪水。这个好心的女人已经干瘪得没有人样了。苏格拉底同情她,和她一起坐下来,共同回忆起过去简朴的日子。

"你看,老婆,我在时光好的时候就一直坚持让我们的孩子过简朴的生活,现在看来我是不是做对了?他们现在比富人的孩子更有承受力。"

克桑施碧马上回答:

"但是,苏格拉底,当富人家的孩子们消瘦下去的时候,我们的孩子早就死了。"

她没有再说什么,帮助苏格拉底脱下盔甲和护腿。

石拉麦尼斯迟迟不归,绝望的人民把一腔怒火发泄在了克莱丰身上。因为当初,斯巴达人两次来求和,都是他鼓动雅典人赶走了使者。现在,只要出现任何一个可怕的场面,只要有一个人死亡,他们都会对他大叫:"都因为你,傻瓜!"这样,他实在无法忍受,终于有一天,他孤独一人,全副武装,冲出城,要和敌人拼命。

"你疯了,到哪儿去?"他的妻子在城墙上看到他,大声喊叫。但是,他还没有来得及杀死一个斯巴达人,就被万箭穿身,倒了下去。

冬季过去,春天到来。被围困的雅典人在卫城上增设了哨兵,日夜瞭望西方,盼望石拉麦尼斯出现,只要他带回和平的信息,哪怕是无法接受的条件也好。死亡前夕,在雅典人的心灵深处还燃烧着一丝希望之光。最后,在公元前404年的4月初,在阿卡地米亚的尽头,出现了一个手执白旗的传令官,他身边跟着石拉麦尼斯。人们从四面八方跑到城墙上,俯下身子观看石拉麦尼斯的面部表情,揣测他带来的消息是凶还是吉。斯巴达人迟迟没有把他交给守城的雅典人,人们的心都提到了嗓子眼。当城门打开,他走了进来,人们一下子围住了他,要知道他带来的是什么消息:屠城?奴役?和平?他试图做一些讲解,但是,人们喊叫声让他无法继续:

"别说那么多了,我们就想知道,你带来和平了吗?"

他说,他获得了很温和的和平条件。于是人们把他架起来,抬着他走向颇尼卡。在那里,他向人们解释说,监督官们拒绝"挖掉希腊的一个眼

睛，雅典"，只要求他们拆掉城墙，雅典控制在斯巴达人的手里。石拉麦尼斯带来的条件马上被接受了，于是利桑德罗斯的舰队开到比雷埃夫斯，开始分发食品。第二天，在管乐伴奏下和斯巴达军歌中，人们开始拆掉长长的城墙。这就意味着，伯里克利塑造的辉煌的雅典被奴役了。政治寡头派说，从现在起，希腊才有了自由；而民主派却低下头，难以见人，他们说，从今天起，他们更无法吃饭了。

斐多问苏格拉底对发生的事件的看法。

"神总是惩罚暴行的，我的孩子，"苏格拉底回答，"我们杀害无辜的米洛斯人，羞辱了人的情感。雅典应该为此付出代价……"

30

拆除城墙后，利桑德罗斯马上在颇尼卡召开了雅典公民大会，他作为主人发表了演说。他说，他给雅典人自由选择的权利，他们可以选出30个好的长老，由他们修改法律，把无政府的民主变成"家族式"的国家，恢复老的传统和习惯。实际上，新的长老们是由保守派的领袖，克里迪亚斯（苏格拉底过去的学生）和负责与斯巴达谈判获得和平的石拉麦尼斯指定的。粗暴的利桑德罗斯是不可能恢复城邦秩序的。这三十个长老依靠他得到了权利和荣誉，也就成了他的工具。利桑德罗斯把权利交给他们时就确信，这些人能够杀害反对他们的人。对于他来说，民主就是造反，于是下令扼杀。为了掩饰自己的阴谋，他提出了一个冠冕堂皇的计划：停止战争，全体希腊人和平生活，合作和和睦共处。多年的动乱和矛盾纠纷后，希腊人渴望这样的计划，受到欢迎。为此，三十僭主第一件行动就是下令把那些造谣生事诽谤良好公民的坏分子放逐出城邦。在他们统治的最初日子里，安第斯塞尼斯问老师如何看待当前的形势，苏格拉底回答：

"经过这么多年的动荡，我们都期望有一个强有力和正直的管理层。如果这三十僭主表现好，人们会支持他们的。我可以告诉你我的想法：我宁可跟随受过教育的克里迪亚斯，也不愿意看到那些哗众取宠的人，诸如克莱丰之类执政。我们要给克里迪亚斯和他的同事们时间，看看他们的理智能坚持到何时，何时开始盲目行事。"

但是，不需要很长时间，苏格拉底就明白他受骗了。野蛮的斯巴达人很快开始了他们的行动。利桑德罗斯和他的工具不是好好管理城邦，而是

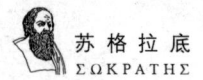

开始迫害民主派人士,像色拉西布洛斯和阿尼托斯这样受到人民热爱的人,他们不敢审判,就把他们放逐出城邦,而把那些不大闻名的民主人士全部杀掉。当三十僭主感觉到人民的不满和愤怒时,请求利桑德罗斯派卫队到雅典,目的是把"狡诈分子打扫干净"。利桑德罗斯非常乐意,很快派来700名斯巴达士兵,他的朋友卡李伟奥斯被任命为总督,占领了卫城。现在,雅典人再也不能登上圣山去朝拜了。当这三十僭主认为政权稳固、没有危险时,开始了杀戮。他们不仅杀害所谓的危险分子,还杀害富有的商人,掠夺他们的财产。雅典舰队没有了,切断了通过海上与外界的联系,雅典成了地地道道的农业城邦,和地中海沿岸落后的城邦没有区别。比雷埃夫斯港瘫痪,船厂倒闭。三十僭主一步一步打击贸易,认为这是民主的基础。他们为了让人们忘掉当年的海上霸权,把颇尼卡的讲坛掉转了方向:原来讲演者是面向大海的,现在演讲的人只能看到山了。还拆掉了许多座位,克里迪亚斯不喜欢过多的讨论。公民们到这里来,站着听下达的命令,然后很快回到自己的工作岗位去。随着时间的推移,三十僭主越来越肆无忌惮。他们搜查民宅,打开人家的钱柜,拿走钱财,随便杀人。血把他们三十个人联系在一起,却远离了人民。雅典一个奥运会冠军,阿夫道库斯,人称"漂亮的雅典人",受到普遍爱戴。他在街上行走时,不小心碰到了一个斯巴达卫兵,卫兵上去就给了他一个耳光。冠军很恼火,暴打了这个卫兵,结果被立刻判了处死刑。

雅典城一片荒凉和寂静,这只是表面,在下面,人民的愤怒与日俱增。人们心里明白,现在是人人自危,就连那些"好人"也朝不保夕。

"现在你怎么看待克里迪亚斯?"安第斯塞尼斯问苏格拉底。

"比克莱丰还要坏,我去见他,告诫他……"

苏格拉底费了很大的劲才得以获准见统治国家集团的首领。他来到索洛,克里迪亚斯豪华的住宅。克里迪亚斯站在那里接待他,表明他很忙,没有很多时间和他谈话。

"作为你的老教师,"苏格拉底开始说,"我来跟你说的没有什么新东西,只是以前我多次跟你说过的。一个基本点是:美德。我们尝试过哗众取宠的人,他们毁掉了我们。你是贵族,你有责任保持崇高的美德。在过去的年代,贵族看重美德,认为甚至可以牺牲自己来服务下属。科特洛斯国王就是这样做的。你，克里迪亚，应该……"

"你怎么会认为我不能保持崇高的美德呢，苏格拉底？我正在开创一个新的历史时期，我要把懒散的雅典变成守纪律的斯巴达，你没有看到吗？"

"你的愿望可能是纯洁的，"哲学家平静地说，"但是，你采用的方式是魔鬼式的。"

这话刺激了克里迪亚斯，他严厉地问：

"你这是什么意思？"

"是的……你们杀害地主，分他们的土地。"

"这样做是为了把土地集中到少数人手里。大片的土地能巩固贵族统治。"

苏格拉底非常惊讶：

"你难道想把雅典拖后200年吗？你这样不就否定了梭伦和伯里克利吗？"

"我就要这样干，你们这些敌人必须服从！"

"就算我们是你们的敌人，你更应该注意我们说的话，因为正是你们的对手最先看到你们的错误。"

克里迪亚斯说，他已经听够他的话了，然后用手指着大门，说：

"你，苏格拉底，只是个理论家，善于唠叨，根本不懂政治，现在走吧！……"

苏格拉底离开前，用低低的声音说了几句话：

"当你掌管国家时，我曾相信，你能改正民主派的一些错误。我现在不指望你会给予新的生活了。你只是一个狂热分子，你这个受过教育人的固执，比一个文盲的愚昧更让我发抖。"

安第斯塞尼斯在路上等待他，这个比雷埃夫斯人预感到他的老师有危险，一直跟随着他。他崇拜他，尽管随着年代的过去，他和他的教导拉开了距离。因为他感觉老师的教导太保守了。慢慢地，他的思想开始向追求利益转变。苏格拉底的简朴对他已经不适用了。安第斯塞尼斯身穿有破洞的旧衣服，手拿拐杖，肩背口袋，完全是后来贪得无厌的哲学家的样子。

"哎，老师，"他看到苏格拉底从索洛下来，喊道，"这么快就结束了。

苏格拉底
ΣΩΚΡΑΤΗΣ

难道统帅把你赶出来了吗?"

苏格拉底点点头,证明他说的是对的:

"是的,朋友,把我赶出来了。我们这些不愿意服从的人不让独裁者平稳睡觉。今天,我认识了克里迪亚斯的真正面目。他是一个非常危险的疯子。我们应该和他战斗。我去找副首领石拉麦尼斯,至少他应该看到,他们正把我们引向一个可怕的深渊。"

苏格拉底找到石拉麦尼斯,他同意哲学家的看法。尽管他也是富有的寡头派,但是没有像克里迪亚斯那样对平民怀有刻骨的仇恨。他有头脑,他答应制止混乱的局面和流血事件。但是,他却为自己的尝试付出了生命的代价,尽管他是副首领,只因为反对克里迪亚斯的意志而被害了。在克赛诺丰第二部《希腊》书中,描绘了在议会里,在寡头派两个领导人之间进行的激烈斗争。结果是处死石拉麦尼斯。尽管如此,苏格拉底自从把反对克里迪亚斯作为自己的任务那刻起,就一直在市场宣传,一个政治体制,只有当领导人认识到美德的必要性时,才能不断进步。政治家们要给市民做出良好的榜样。"如果你自己不能身体力行遵循贵族统治的美德,怎么能实现它。"苏格拉底这样说。他的宣讲在那不幸的年代,唤起了雅典人被压抑心灵的反应。斯巴达的占领,对自由的剥夺,是他们无法忍受的。他们喜欢苏格拉底没有高高在上,而是把自己降到最普通的平民一样的水平,和他们一起讨论问题,寻找真理。对人的同情,对人的亲近,在古代都是少有的。所有听到他谈话的人都感到呼吸了新鲜的空气。各类人都追随他,很多青年人都争先恐后做他的学生。在这些新的学生中,比较突出的是费德鲁斯,阿迦同[①],麦耐克赛诺斯和来自忒拜的兄弟俩西米亚斯和凯维斯。

---

① 阿迦同(约公元前445—约前400年)雅典悲剧诗人,首次扬名于公元前416年的大酒神节上。柏拉图在他的对话《会饮篇》中描写了这个情景,并把作为对话背景的宴会安排在阿迦同家中。亚里士多德在《诗学》中说阿迦同有两项创举。他写过一个剧本,可能是《花》,剧中人不再取自希腊的神话,而是自己独创。他还改变合唱抒情诗的传统作用,使它们成为剧情中的音乐插曲,不再提供旁白加以说明。阿里斯多芬在他的喜剧《地母节妇女》中有意挪揄阿迦同的创作,而在另一部喜剧《蛙》中,却称他为"朋友们深深怀念的好诗人"。——译注

费德鲁斯是一个富人家子弟,是亚西比德的朋友,年轻时花天酒地,耗费了家产,贫穷潦倒后投身到哲学。他非常好学,但只是一个业余爱好者,什么都想试,什么都不专,最后一事无成。他很容易豪情万丈,也很容易一泻千里。他好奇,苏格拉底面对的生活中悲剧式的问题,他只是浮皮潦草一带而过。柏拉图的对话他也喜欢。他的愿望是尝试所有的道路,结果却没有找到一条适于自己的路。就这样,他依靠苏格拉底,在他身边一直生活到最后时刻。

阿迦同是著名的悲剧诗人,人长得非常英俊,但是有点女人气。阿里斯多芬在他的喜剧《地母节妇女》中,让他身穿女人服饰,满身香气和软绵绵地出现在舞台上。他极富有诗歌天才,在公元前417年(一说在公元前416年)的戏剧节上战胜了索福克勒斯和欧里庇得斯。他欣赏苏格拉底,称他为"可怖的哀号,巫师",他赞赏苏格拉底的男子汉气概,苏格拉底讨厌他的女人气,经常对他冷嘲热讽。

麦耐克赛诺斯是富有的地主迪莫丰之子,是苏格拉底最年轻的学生。还在少年时代就显露出他对哲学的偏爱。在苏格拉底死亡前,他一直守候在他身边,探讨问题,哲学家在生命最后时刻还向他传授哲学。

最后,两位忒拜的兄弟西米亚斯和凯维斯,从他们的祖国来到雅典,就是为了听苏格拉底讲学。这是两个身体强壮的小伙子,苏格拉底所到之处,他们一直跟随左右。他们曾从师毕达哥拉斯学派的菲洛劳斯,受过良好的辩证法培训,一般人很难在辩论中战胜他们,他们最善于讨论哲学问题。西米亚斯对苏格拉底的对话特别着迷,他写了很多《苏格拉底对话》的书,但是都遗失了。

苏格拉底对于三十僭主独裁统治的谴责在群众中引起强烈反响,这引起了一个人的不安,他就是哈利克里斯。他跑到克里迪亚斯处告状,克里迪亚斯马上下令不允许在市场或者体育馆进行教学活动。他不能直接迫害哲学家,也找不到借口逮捕他,就想用这道新的命令封住苏格拉底的嘴。但是,哲学家照样我行我素,像以往那样,走到哪儿,讲到哪儿。一天,在市场,哈拉克里

亚里士多德

斯亲耳听到苏格拉底说这样的话：

"我的朋友们，我相信，如果一个饲养牛的人把自己的牛养得越来越瘦，越来越少，他会承认，他不是一个好的饲养人。但是，我感到更奇怪的是，如果一个掌握了国家政权的人，管理国家的结果，是人民越来越少，越来越穷，他竟然不承认自己是一个糟糕的首领，还不自动辞职！"

哈利克里斯当然明白，苏格拉底说这些话，影射的是三十僭主，他们处决了许多公民，掠夺了许多人的财产。他又一次跑到克里迪亚斯那里报告。克里迪亚斯说：

"我们应该清除这个搅乱人心的家伙，明天你把苏格拉底带到这里来！"

哈拉克里斯想知道他要干什么：

"你拿他怎么办？这老家伙不会听劝告的……"

克里迪亚斯偷偷一笑，说：

"我命令他到萨拉米去，把富翁莱翁给我绑回来。我要处死这个富翁。如果苏格拉底去，我们就把他变成了我们的同谋，把他牢牢掌握在我们手中。如果他不去，我马上审判他，清除他。你派人到他家，让他明天清晨来见我。"

苏格拉底回到家里已经很晚了，但是，克桑施碧还在那里等待他。克里迪亚斯的口信让她不安，因为这三十个独裁者传唤人是没有好事的。

"你不要竟往坏处想，"苏格拉底对她说，"克里迪亚斯很早就容不下我，那时候，当他追求漂亮的艾弗西摩斯时，我就对他说，他在男孩子身上蹭来蹭去，就像公猪在石头上蹭自己那玩意儿一样。从那时起，他就要报复我，但是我不在乎。他不能把我怎么样。"

克桑施碧跟他顶嘴，她不明白，苏格拉底总是在街上说来说去，有什么用处。

"我就不明白，"她对他说，"没有你，世界该发生的事总要发生，你为什么不能闭嘴？"

但是，她没有得到回答。

苏格拉底第二天来到克里迪亚斯处，哈利克里斯也在那里，他又重复了在市场听到的话。

"你是这样说的吗?"克里迪亚斯问。

"是的,我说过。"

"难道你不知道我已经下过命令,不允许在市场传授讲话艺术吗?"

苏格拉底请求允许他提一个问题,也许他没有明白那道命令的含义。克里迪亚斯允许他提问。

"我从来都是乐意服从法律的,"苏格拉底开始,"但是,我请您告诉我,是不是我由于无知而犯了错误。为什么你们禁止传播讲话的艺术?难道因为我说真话或者说假话影响你们了吗?假如你们命令我不许讲真话,我就避免讲真话;如果你们命令不许我讲假话,我就应该努力讲真话。"

这个问题激怒了哈拉克里斯,他说:

"苏格拉底,鉴于你明知故问法律的含义,我可以明确告诉你,从现在起,禁止你和青年人谈话。"

"我同意,只是请您告诉我年龄界限,我可以和多大岁数以上的人说话,不可以和多大岁数以下的人说话。"

哈拉克里斯马上回答他:

"一个人在没有当上议员前,大脑还不成熟。所以禁止你和30岁以下的人谈话。你明白了吗?"

"非常明白。但是,假如我要买点东西,卖东西的人是青年,我可以和他谈话吗?"

"当然,这个不在违禁之列。"哈拉克里斯急忙回答,"只是你,苏格拉底,会装傻,问一些你明明知道的问题,为了赢得分数而旁敲侧击。你要抛弃这个策略。"

"好的。"哲学家说,"假如我在路上碰到一个小青年,他请我指给他去哈拉克里斯的家怎么走,或者,他问我,在哪里可以见到克里迪亚斯,我也不能回答吗?"

克里迪亚斯觉得他们谈得够多了,就说:

"听着,苏格拉底,你自己很清楚,这是完全可以回答的。我们只是禁止你和那些盖房子的、做鞋的和打铁的说话,你开通他们的脑筋,好像他们知道自己的活计,而我们却是骗子。我不想听到你再把收破烂的拿来做例子。"

苏格拉底马上问：

"就是说，你们要求我不要谈论什么是正义的，什么是纯洁的和类似的问题吗？"

"是的，就是这样！"哈利克里斯回答，"小心点，不要再像昨天那样说什么牛，不然的话，我们也让你的牛减少！"

这时，克里迪亚斯把手搭在哲学家肩上，做出友好的表示，对他说：

"苏格拉底，这些你都明白了。现在我要给你一个任务：你和艾弗克里斯、皮亚乃阿斯和格拉芙可纳斯一起到萨拉米去，把莱翁这个老家伙给我带来，我要审讯他。48小时内我要见到他。"

苏格拉底没有料到这手，他知道这个命令的真正目的，拒绝了。

"注意，"克里迪亚斯严厉地说，"我这是给你下的命令，你必须服从！"

苏格拉底坚决拒绝：

"我知道莱翁，他是萨拉米最公正和最有信誉的公民。他没有做任何可以让你们审讯的事情。他只是有钱……我不会成为你的同谋，克里迪亚！"

独裁者盯着他的眼睛：

"你不要让我采取强制手段。你既然装出一个男子汉大丈夫的样子，那就把他从萨拉米给我带来。"

苏格拉底没有低下眼睛，说

"真正的男子汉把他的荣誉看得比生命和财产更重要。我不会听从你的命令，克里迪亚！"

"随你便，"独裁者说，"你或者把莱翁给我捆来，后者把你自己捆上。你有48个小时，自己选择吧！"

"我已经选好了。"苏格拉底说完就离开了。

苏格拉底没有去萨拉米。而另外两个人，害怕自己被迫害，到了萨拉米，抓回了莱翁。莱翁被处死了。苏格拉底幸运地逃脱了一劫，因为几天以后，色拉西布洛斯造反，在穆尼西亚斯战斗中，克里迪亚斯和哈利克里斯都战死了。

一天傍晚，苏格拉底和柏拉图穿过伊利索附近的焦米亚大门，来到对面的山头上。那里，在一片绿色中耸立着基诺撒亚体育馆。这是献给宙斯的私生子赫拉克里斯大英雄的，雅典人中出身贫贱的年轻人可以在那里锻炼身体。安第斯塞尼斯作为色雷斯女奴的儿子，也经常去那里。他们应柏拉图之邀，约定在体育馆会面，讨论"共财产"①问题。柏拉图最近对共财产着了迷，认为这是未来解决生活问题的唯一方法。

老师和学生小心翼翼穿过被战争破坏的房屋，看到葡萄藤上挂满了串串葡萄，主人还非常精心地做了防麻雀的装置。天气很热，他们走到体育馆回廊下，躲避太阳。但是，空气都是灼热的。尽管已经是下午，但你只要把手伸出来，就会感到太阳的灼烫。白天像夜晚一样懒散和寂静。

"来吧，柏拉图，"苏格拉底对比自己年轻的学生说，"在安第斯塞尼斯到来前，谈谈你的理论。如果你的思想比我的还正确，我就当你的学生。"

柏拉图开始：

"世界上不应该存在阶级、遗传和特权。不要因为生来贫穷就不受尊重。如果一个贵族出身的人是傻子，就降到下一个阶层；如果一个抬尸工的儿子很聪明，也可以掌管国家大权。我的社会体制从全民受教育开始，所有的孩子，不管是富人家的，还是出身贫贱的，都要受到管理国家的教育和培养。不是那些靠拉选票的人，而是那些显露才能的人，才能管理国家。一个人如果在底层没有杰出的表现，就不能升到上一层。我把经过考验的统治者称为'卫士'，我不允许他们有私有财产。他们和许多女人过性生活。没有一个固定的女人，不受女人自私自利的限制，和所有女人生活在一起。他们的孩子也没有区别，和其他的孩子们都是兄弟。我不把共妻看成是无区别的性交，而是对于生育的控制，只让那些杰出的男人和健壮的女人生最好的孩子。正如毕达哥拉斯所说，'朋友应该一切共有'。"

苏格拉底在这里打断了他：

"你犯了一个错误，柏拉图，你想让所有的人都成为兄弟非常美好，但是，这是违反自然的。人要寻求自由，毕达哥拉斯说的对，'朋友应该一切共有'，但是，这只能在一个充满盲信和自给自足的部族里，才能在他们之间实现财产共有。你不能超越一般人的能力寻找思想。没有爱，共

---

① 在古代是这样称呼共产主义的。——原文注

苏格拉底
ΣΩΚΡΑΤΗΣ

财产是站不住脚的。任何一个人,不可能强制他考虑他人比考虑自己多,只有爱,才有可能……请继续你的理论……"

柏拉图热情洋溢地阐述了他关于社会制度的观点,这正如他在《政治篇》和晚年发表的《法律篇》书中描绘的那样。但是今天在这里,他努力说服自己的老师相信,他的共财产制度,可以把人从追逐经济利益的本能中解放出来,从地球上消灭贪婪。他幻想这样一个公正的社会,在那里每个人的索取和其他人完全一样,而不是依据自己的价值等价交换。这样,雅典也可以从有害的民主制度下解脱出来。

苏格拉底微笑了。他喜欢自己的学生苦于钻研,探索各种可能,以便求得到最好的真理。但是,他还是打断了他:

"首先,你对民主的批评是没有道理的。我们雅典人在世界上率先实行民主制,因为我们的无知,把民主制变成了平民专政,破坏了民主。现在教训了我们,民主要有尺度。未来的人类会改正过来的。再则,你相信共财产制,这个理论反映了你伟大的胸怀,但是,在你没有使人类都有平等的欲望前,你平分财富是毫无益处的。况且,你既然要平分一切,人占有的本能又会回到利润上去,正是这种卑微的潜意识掌管着世界。"

就这样,他们两人安详地讨论着,在这里,哲学赶走了一切焦虑,师生二人探索这些前所未有的思想。炎热过去,微微的清风从山上吹下来,树叶在轻轻摇曳,水里的海带也随波起伏。这种凉爽是那么舒适,就连鸟儿也停止了鸣唱。弯弓一样的太阳西沉,天上的云彩染上了紫红色。一层金黄和耦合色涂在了阿提卡山顶,世界充满了甜蜜和宁静。

只有这时,安第斯塞尼斯才出现在体育馆门口,他衣衫褴褛,背着口袋和褡裢。他的衣服简直是千疮百孔,苏格拉底忍不住对他喊道:

"在你漏洞百出的衣服里,我看到了你的虚荣心……"

安第斯塞尼斯没有回答,反问:

"苏格拉底,你知道我把谁给你带来了吗?"

老师没有思考就回答:

"费德鲁斯。"

"不对,是克赛诺丰。他刚刚从德尔菲归来,找你。"

是的,几周前,克赛诺丰接到他的朋友波罗克赛诺斯将军一封信,请他到萨尔基思去见基洛，伟大国王的弟弟。当时他把信给苏格拉底看了，征求他的意见。苏格拉底劝阻他不要去，因为基洛是斯巴达的盟友，伤害过雅典，跟他接触的雅典人都被看成是叛徒。但是，克赛诺丰是个喜欢冒险的人，他期望认识异国他乡的人民，更要看看当时整个希腊都闻名的基洛，坚持要去。苏格拉底只好建议他先到德尔菲去请教神谕，看看是不是允许他前往。现在克赛诺丰回来了，还带来了阿波罗神谕。这位满身旅途尘土的贵族，出现在老师面前。

"来，告诉我，你问了神什么，神怎样回答的。"苏格拉底说。

"我问神坛，我要向哪位神祈祷，才能保护我一路平安。"

苏格拉底指责他：

"你应该像我告诉你那样，问神该去还是不该去？很明显，"苏格拉底继续说，"你自己已经决定去了，所以才问怎样才能保证平安无事。神坛回答什么了？"

"临行前，到宙斯神庙去祭祀。"

"那样的话，你就按神的旨意去做吧，祝你平安，我祝福你。我不能阻止你……"

说完这些，他们又坐在荫凉下面，继续讨论柏拉图奇怪的思想。

31

　　早在 12 年前，西西里毁灭后，由于雅典人的狂热，城邦多次遭难。现在色拉西布洛斯①恢复了民主制度，他可以称得上真正的雅典之父。他制止了复仇，使贵族和平民和解；实行了彻底大赦。他特别理智，没有被胜利冲昏头脑。通过了不追求责任的法律，达到了非常困难的目标：让愤怒的群众善于忘记和原谅。这样，你会看到那些被杀害人的亲属和刽子手握手；那些被剥夺财产的人和曾经掠夺他们的人和睦相处。当和解的庆典刚刚结束，严峻的形势就摆在了面前：农民失业。过去他们或者当兵打仗，或者守卫被围困的城市，完全脱离了农活。习惯于懒散了。现在生活困难，人心浮躁。贸易破坏，生产停顿。在幸福生活的年代，雅典公民和城邦保护神雅典娜是那么紧密相联，现在又把不幸的责任推在女神身上，再也不相信她了。一个叫迪亚哥拉斯的诗人，过去曾经是雅典娜最忠实的歌颂者，现在变成了无神论者。一天在市场上，他点起了一把火，把女神雅典难木雕像扔进火里，大声喊叫："如果你有灵，就把火熄灭！"他们摒

---

① 色拉西布洛斯（？—公元前 388 年）雅典将军和民主派领袖。公元前 411 年曾平定萨摩斯的寡头叛乱。当选为将军后他力促找回亚西比德，并协助亚西比德指挥几次海上战役。公元前 404 年被三十僭主放逐。次年冬他率领 70 人占领雅典附近柏尔涅斯山的一个山寨，从者日众。曾打退寡头的进攻。公元前 403 年雅典恢复了民主政治，这时他已经成为人民的英雄。公元前 395 年他促使雅典参加反斯巴达的底比斯同盟。他在拜占提姆实现民主革命，重征博斯普鲁斯海峡的贸易税。公元前 389 年或前 388 年进攻莱斯沃斯后，又由海上南征，后来在阿斯帕多斯由于横征暴敛引起民愤而被杀。——译注

弃了原来的信仰，雅典人没有宗教又无法生活。于是，他们开始崇拜外来的神：大海从小亚细亚给他们送来了萨巴仄俄斯①，从色雷斯传来的伟大女神；从叙利亚传来的阿朵尼；千奇百怪的神带来了异国他乡的神秘。城邦里到处是外来的鬼神，不净的江湖骗子从这家到那家，收敛钱财，贩卖护身符。巫师欧里克里斯身边集聚许多人，听他的梦呓，仿佛是某一位无形的预言家在说话。

除了苏格拉底，没有人注意到无神论带来的危害。只有苏格拉底还在努力试图重建沦丧的道德。他每天从市场到回廊，从回廊到体育馆，但是只得到了一个证明：无法遏制雅典人下滑。在一个麻木不仁的城市，苏格拉底的努力简直是匪夷所思。但是，苏格拉底感觉，他尽管现在无能为力，他的工作对未来是有用的。他为未来的人支付自己的生命，没有报酬，不期望在他活着时，他的牺牲能得到承认。他为自己的崇高思想而整日奔波，得到的是被人藐视。诗人欧波利斯②在他的喜剧《得梅斯》中写道："我仇恨苏格拉底，无耻的穷光蛋；他到处干预，到处出现；抛弃亲人，家里破破烂烂。"雅典人讨厌苏格拉底，因为他们赞赏他的教导，却无法实践，他们只好回到过去的习惯中。另外，现在执政的民主派反对哲学，他们认为哲学是贵族的特权。难道贵族三大首领，克里迪亚斯，石拉麦尼斯和哈利克里斯，不都偏爱哲学吗？

一天，苏格拉底在去比基里回廊的路上，碰到一个狂热的民主派分子，那个人什么也不说，上去就踢了他一脚。苏格拉底看了他一眼，这个素不相识的人悄然离去。苏格拉底摇了摇头，继续走自己的路。智者安迪丰看到了这一幕，就问他：

"你被人踢了一脚，怎么一声不吭？"

"我说什么？"苏格拉底回答，"如果你被驴踢了一脚，你会还它一

---

① 相当于希腊神话中的酒神狄俄尼索斯。——译注
② 欧波里斯（创作时期公元前5世纪下半叶）雅典最杰出的诗人之一，擅长写喜剧，阿里斯多芬的对手。他的第一部剧本作于公元前429年。他讽刺的对象是民众领袖和上流社会，他最后一部剧本《得梅斯》写于亚西比德远征西西里惨败后的公元前412年。他以爱国热情论述雅典如何能重振国运的问题。约公元前410年去世，死时很年轻。——译注

毕达哥拉斯

脚吗?"

"当然不会,"安迪丰继续讥讽地说。"但是,我看到的是人,不是牲口,打了你。你知道为什么吗?因为你已经沦落成不幸的教师爷了。你比奴隶生活得还要贫穷,却教导青年藐视金钱,金钱是欢乐之父。"

一些人围拢过来,要听他们的辩论。

"你贬低我的节衣缩食,"苏格拉底回答,"但是你忘记了,胃口好的人并不需要多么丰盛的菜肴,口渴的人会愉快地饮水。是的,我只有一件衣服,无论冬天或夏天,因为无论冷和热对我都不妨碍。我赤脚走路,因为我不怕石头扎脚。我习惯于简朴生活,活得比你愉快,因为你总是感觉这个不足那个不够。我不是我的肚子和欲望的奴隶,在我的奴斯里有其他更有意义的东西。安迪丰,看起来,你相信幸福就是奢华。可是我认为,如果什么都不需要,才是神赐予你的最好礼物。"

智者看到人越来越多,就想继续挖苦苏格拉底:

"如果你,苏格拉底,认为自己的教导有点价值的话,你就会要求报酬。你主动不要求任何报酬,因为你自己知道,你对给青年的教导不值一文。"

哲学家回答:

"如果我发现一个有才能的青年,我会倾全力教导他,我得到的回报相当丰厚,你知道是什么吗?是我和学生的友谊。"

安迪丰说:

"我听说你鼓动他们参政。但是,你能教导他们管理好国家吗?因为你从来都没有参与过政治啊。"

"当然能,"苏格拉底回答,"我愿意让更多的人参与工作,这比我个人参与对城邦更有好处。"

尽管安迪丰能言善辩,但是在公共场合的辩论中,他从来没有胜过苏格拉底。今天,他发现听众对于他们的谈话感到很好玩,取笑他抓不住苏格拉底的把柄,就停止争论,泱泱离开了。苏格拉底也准备走时,一个12岁的小男孩过来,靠近他,抓住他的手,说:

"你是苏格拉底吗？"

"是，你要干什么？"

"什么也不干，我爱听你说话……"

苏格拉底回过头，看到了这个男孩。注意到他两眼炯炯有神。

"你叫什么，小家伙？"

"伊菲克拉迪。"

"谁家的孩子？"

"皮匠迪莫赛奥斯家的。"他解释说，他们家的皮匠铺在忒修斯庙附近。他们家很穷，父亲让他学习熟皮子，但是他不乐意。

"那你想干什么呢。伊菲克拉迪？"

"当将军！"

"那么小就要当将军？"

"是的。我常常坐在那里琢磨，我怎样组建一支军队，怎样打仗。那是很有意思的事……"

他们穿过市场，沿着卫城周围的坡路行走。小孩紧抓苏格拉底的手，唯恐他跑掉。他对于能和著名的公民谈话很是骄傲。被人无缘无故踢了一脚和遭到智者恶意攻击后，碰到这样一个纯洁的心灵陪伴他，哲学家有一种平静的知足感。缪斯山丘下正在举行各种活动。苏格拉底把小男孩引导到乡村斗鸡场。

"你既然想当将军，先看看这两只搏斗的公鸡。"苏格拉底对小孩说。

"我要统领千军万马作战，"小孩说，"让我看斗鸡学什么？"

苏格拉底先指给他看一只个头大、体格壮的公鸡，这只鸡却胆怯，只守不攻；然后又指给另一只，体态稍小，但是灵活，不断发动进攻。最后，体态小的取胜。

"当你长大成人后，"苏格拉底说，"如果你真成了将军，带兵打仗，每次战斗前你都要想一想今天看到的斗鸡。取胜的关键不是数量，而是精神，是取胜的意志。"

伊菲克拉迪永远不会忘记这个简单的课程。后来，他果然成了著名的将军，战胜了斯巴达。他一直记得苏格拉底的话。

在这里哲学家离开小孩，独自一人向山下走去。经过狄俄尼索斯剧场

时，看到某个赞助商正在那里排练喜剧。他站在那里听了几段讥讽政治家们违法的对话。心里想，这位不知名的诗人抨击得非常好，只是单纯地反映了雅典人堕落的程度，却别无作为。喜剧没有能力改变城邦，应该找到更为严肃的办法。过了一会，听到剧场鼓乐齐鸣，演员跳起了发狂的舞蹈。音乐也受了现代派节奏的影响。原来严肃的阿波罗节奏现在听起来有些扭曲，反映了现在的衰落。苏格拉底想，旧世界在崩溃，新世界还没有诞生；每次出现变革，不是越来越好，而是越来越坏，所谓的"进步"只是向茫然的未来的盲目行进。他应该明确分辨出，什么是将彻底死亡的旧东西，要去拥抱正在诞生的正确的新生事物，要把这一信息传达给民众，就要从改善心灵开始。国家的强盛正是从每个人的内在泉源开始的。他的任务是找到一种简单的教育方式，能够帮助人们解决日常生活中最一般和习惯性的问题。不要抽象的，要用简单的语言讲给普通的民众。

一辆马车从他身边驶过，驾车的是一个富人家子弟，马车掀起的尘土打断了苏格拉底的思索。同时他看到一些妇女头顶水罐和他一起行走在这条路上。她们是从卡利罗伊泉打水回来。每个夏天雅典都缺水，井和泉水枯竭，妇女们往往走很远的地方，等上几个小时才能接满一罐水。在他的右侧，苏格拉底看到铁匠炉低矮的作坊里闪红光，奴隶在打铁。看到这些不幸的人们，妇女和奴隶，他们的不幸，苏格拉底又燃起了要把不幸从这个世界铲除的欲望。苏格拉底停住脚步，抬头仰望苍天，祈求道：

"我的神明啊，给我力量，让我给你的臣民指出道路，你的道路，一条只有正义和爱的道路。"

说完，他继续向市场走去。在市场转悠是他的活动，市场是他的一个重要场地，他只能生活在人群当中。这个生活中受难的奋斗者一方面感到人类无望的谦和卑微，同时，他没有绝望，在他的心灵里诞生了爱。他爱这些弱势群体。当他独自一人思索凡人时，他的奴斯充满了痛苦和怜悯。你看！一走进市场，看到人群，他的情绪马上改变了。雅典人也看到了他们面前这个永恒的、丑陋的和微笑的苏格拉底，他单纯得像小孩子一样，两眼充满纯真。

32

公元前 399 年 4 月，清晨，苏格拉底在市场和特埃特图斯①讨论科学问题。特埃特图斯是一位杰出的数学家，是无理数理论的奠基人。一个年轻诗人走近他，这人名叫麦里托斯，满头野猪毛一样的头发，稀稀疏疏的小胡子，歪鼻梁，带着两个证人，用很高的声音对苏格拉底喊：

"听着，我现在到国王执政官那里去控告你，告你不敬神，告你引进新的鬼神，告你腐蚀青年。我要求判处你的死刑。我请你在四天后的同一时间到执政官那里去，法庭见。"

苏格拉底吃惊地看着他。

"你说什么啊，麦里托？你这么年轻就告这么多？你认为我蓄意作恶吗？"

"确信无疑。关于这些我们到执政官那里再说。你不要错过时间啊。"他说完就和他的证人走了。特埃特图斯听到对一个最受尊敬的人提出如此严重的控告非常害怕。

"不用管他，"苏格拉底安抚数学家，"我因为爱批评人而使许多人反感，没关系，来，继续我们的讨论……"他根本没在意这个指控，继续和数学家探索问题。

控告刚刚在国王执政官处登记，城邦一下子得到了满足好奇的佐料。

---

① 特埃特图斯（公元前 414—约前 369 年）公元前 4 世纪希腊杰出的数学家之一，主要以提供了无理数的几何基础而著名。——译注

苏格拉底
ΣΩΚΡΑΤΗΣ

人们争相传播苏格拉底将受审的消息。苏格拉底的朋友们得知阿尼诺斯和里孔也在控告书上签字的消息，开始担心了。他们认为，麦里托斯一文不值，不足挂齿；但是他们却害怕阿尼诺斯和里孔的联合，这意味着宗教界和民主派——阿尼诺斯领导——和进步派——里孔领导——的联合。里孔是一个中等水平的智者，出身贫穷，在贫民阶层有影响。他是那位在街上殴打斯巴达士兵被三十僭主判处死刑的奥运冠军的父亲。他仇恨苏格拉底，因为他相信苏格拉底是亲斯巴达的。更为危险的是阿尼诺斯，他是色拉西布洛斯 404 年革命的副手，是他们恢复了民主制度。他在城邦里有很高的威望。他父亲是富有的制皮商安塞米翁，他靠财产把家族提升到骑士阶层，成了贵族。阿尼诺斯曾因巨大财产被三十僭主充公拒绝从贫困基金会获得补贴而受到人们尊敬。他和苏格拉底有过过节儿。在一次辩论中，苏格拉底让他当众出丑，从此他便怀恨在心。另外，他的儿子非常聪明，经常和靠近苏格拉底的伙伴们在一起，他拒绝父亲让他管理制皮厂的要求，宁愿做一个懒散的闲人。最后，阿尼诺斯不能容忍苏格拉底经常对民主制的批评。一次他很不高兴地听到苏格拉底说：

"民主制度允许用抓阄的办法选择首领，简直是疯狂。你们从来不相信靠命运选择船长，或者抓阄选看病的大夫，但是，却允许抓阄选领袖，他们的错误往往会带来毁灭性的后果。"

苏格拉底的敌人联合起来，从多条战线对他进攻，这吓到了苏格拉底的学生们。但是，他本人却满不在乎。审判定在 5 月 21 日，日子一天天过去，苏格拉底照样在市场、回廊和体育馆出现，情绪饱满，无忧无虑。他的生活一点也没有改变，好像什么事都没有发生一样。他忠实的学生艾尔莫耶尼斯提醒他不要不重视可能出现的危险。

"你知道雅典法庭是什么，"他说，"审判过多少无辜的人，有几次是公正的？你应该现在就准备法庭上的答辩。"

"我向你坦白，"哲学家说"我两次想准备，但是两次都被灵异阻止了。神明让我毫无准备地走上法庭。我不知为什么……也许让我去死，用我的死去唤醒人们注意我的教导。我到现在也没明白，神明究竟要干什么……"

在开庭前几天，那个时代著名的大律师、演说家利西亚斯，这个在《费德鲁》中被柏拉图称为"最胆小的写手"的人，找到苏格拉底，带来了他准备好的答辩，只要苏格拉底照本宣科，就一定会被判无罪。但是，苏格拉底拒绝了。

"你写得非常好，"他对利西亚斯说，"但是，你写的是法庭语言，对我这个搞哲学的人不适用。我将用简单的语言对法官们说话，就像我平常在市场上说话那样……"

……5月20日，审判前夕，是阿耳忒弥斯节①。在穆尼纳吉码头下的圣船被装扮一新，它将开赴基洛岛去观光这个最古老的节日，这是专门献给英雄忒修斯的，是对希腊历史上停止用人祭祀的纪念。那个五月的一天，苏格拉底上午是在市场度过的，下午和自己的学生们在一起。他像往常一样安详和能言善辩，他和他们讨论了各种问题，他的讽刺还特别中的，心灵平静。他的学生们想陪伴他过夜，但是，他把他们都赶走了，自己睡得非常平稳。清晨，他的朋友到来时，看到他还在沉睡中。但是，克桑施碧一夜没有合眼。醒来后，他穿上了干净的衣服，穿上了西蒙送给他的鞋，还嘲笑她的担心。但是，玩笑到此为止，审判就要开始了。刚刚动身，他让其他人先行一步，他站在大门旁，集中意念，像往常和神明联系时一样。但是，神秘的声音没有出现，说明原来的决定没有改变。然后，他们一起走到市场，法官将在那里投票决定判决的结果。在古代，没有固定的法官，由人民审判。不敬神罪由雅典大陪审团审判，这个大陪审团由500各类公民组成，包括手工业者，农民，贵族。法庭设在市场附近一个宽敞的露天地里，希腊人从来不在封闭的室内开庭，因为他们认为良好的公民和犯罪分子同处一个屋檐下是耻辱。在法庭深处有一块高高的石头，那是审判长的席位，下面的木制长条凳子是为陪审团准备的。中间有一块大理石，上面有两个投票用的罐子。前面坐着原告和被告。栏杆外面是旁听的群众。今天旁听的人特别拥挤，因为他们都想看看如何审判著名的苏格拉底。

---

① 阿耳忒弥斯，希腊神话中的月亮和狩猎女神，阿波罗的孪生姐妹。掌管狩猎，照顾妇女分娩，保护少年男女。许多地方有纪念她的节日。——译注

苏 格 拉 底
ΣΩΚΡΑΤΗΣ

国王头戴王冠，严肃地登上台，命令开始祭祀、祈祷，秘书宣读了起诉书。审判长请麦里托斯出庭陈述，要求他尽量简短，因为审判程序要迅速，必须在日落前做出判决。麦里托斯心惊胆战地走上讲台，如果苏格拉底被判无罪，他要重金赔偿。他说，被告非常善于言辞，法庭不应该相信苏格拉底将说的话。他重点指控苏格拉底不敬神，动摇了城邦的基础。那个时代，没有圣经，所以不敬神的控告很容易被接受。他把苏格拉底称为"破坏者"，说他30多年来对奥林匹斯诸神洒下怀疑的毒药。还谈到了他那不可思议的能够选择的灵异。麦里托斯的陈述毫无情感，没有给人留下什么印象。柏拉图转过身，对他身边的安第斯塞尼斯说：

"苏格拉底不会有事，麦里托斯的话表明他一无所知。"

"等等，"安第斯塞尼斯回答，"听听阿尼诺斯，他有能力影响判决。"

的确，当审判长请阿尼诺斯陈述时，所有人目光都集中到了他身上。麦里托斯失败后，他的处境也很困难，但是他善于演讲，而且富有政治斗争经验。他把苏格拉底称为"半个公民"，因为他诽谤民主制度。他提醒陪审团说，被告把他们的抓阄看做愚蠢的行动，所以他藐视今天靠抓阄选出了的陪审团团员们。

这句话对陪审团员们的心里有很大影响。所以当他提醒人们不要忘记，在克里迪亚斯和亚西比德在城邦横行霸道时代，把苏格拉底叫做"不信神的研究自然的人"，阿里斯多芬在《云》里对苏格拉底的讥讽，顿时引起一片哗然。他指控苏格拉底动摇家庭，因为他让青年人脑筋膨胀，使他们感觉他们比父母还要高明，让青年人不听父亲的话，破坏父亲的尊严。苏格拉底的罪恶在于他腐蚀青年，因为阿尼诺斯很清楚，陪审团中很多人都有孩子，他们都被灌输了诅咒神的思想。最后他说："现在，既然这个危险人物——苏格拉底——已经坐在了凳子上，判处他死刑吧！"

苏格拉底站起来自我辩护，下面一片骚动。他的好朋友克里同抓住他的手，说："为了你，也为了我们，你要尽全力说服法庭。"

哲学家迈着稳健的步伐走向讲台，就像奔赴前线打仗一样；他用非常平静的声音开始了答辩。他开始没有像习惯那样称呼陪审团员们"法官男子汉们"，而是称呼他们为"雅典的男子汉们"，因为他们当中的很多人在市场上被苏格拉底骂过，他根本没有把他们放在眼里。这个对法庭不敬的开头，等于火上浇油。苏格拉底非常明确地说，原告对他的指控全部是谎言，与他没有任何关系。他援引了一些和他敌对的智者们的名字，指出，不敬神的浪潮正是他们掀起的，他本人和他们进行了战斗。他，苏格拉底，是一块坚硬的磐石，阻止了他们唯物论的蔓延。他把他们以盈利为目标的讲演与自己的"神圣使命"做了比较。这句话引起了陪审团一些抗议，他请求他们：

"不要吵闹，雅典人，因为我没有说大话。我学问的证明尽管为数不多，但是有德尔菲的神谕。我的老朋友、极端的民主派人士赫莱丰和这里的阿尼诺斯同时被放逐过，他到过德尔菲，在女巫处亲耳听到神谕说，没有比我更有学问的人了。非常遗憾，赫莱丰去年过世了。但是，他的弟弟在这里，他会非常乐意地向你们证明这一点。"

没有一点夸耀，苏格拉底想用朴实的语言说服他们相信，他得到神的使命来教导人们过更高级的生活，引导他们走向美德。但是，他的同胞们仅限于对金钱、财富和荣誉的追求，宁肯满足现在这种低俗的日子。小人物关心小事情，而不在乎伟大的事。

尽管哲学家预见到了，在他心灵深处痛苦地孕育出来的哪怕是鸠，他也要饮下去。在这里，受审不是麦里托斯或者苏格拉底，而是对教育和美德的固执和仇恨。

苏格拉底，平静地，平静地，满怀信仰地沿着创世主为他指明道路走下去，哪怕因此而激怒审判他的人。随着时间的流逝，苏格拉底越来越富有进攻性。他只遵循自己坚持不懈进行的探索，他宁可让旧世界反对他，也不能自我否定。今天，他从被告变成了原告，他掌控着审判，人们从来没有像今天这样崇敬他。当他指责这个一文不值的法庭控告他的生活和教导时，人们感觉到，是一个巨人站在渺小卑微的审判他的人面前。只有讲究实际的克里同看到陪审员们窃窃私语，认识到，这不是好兆头。

"苏格拉底这是自己在审判自己，他疯了。"他想。

哲学家毫不在意地半闭狡狯的眼睛，继续：

"我的答辩不是为我，而是为了法庭，免得法庭判处一个德尔菲派来的使者。"

　　他完全是一个未来的人，良知的教育者，对错误的分析者。他遥望远处的伊米托斯山，像充满神灵的预言家在讲话。他和现实之间相隔了几个世纪。苏格拉底用自己的答辩词预示了未来。他的话发自心灵的深处。不是奴斯，而是他的个性在说话。在一瞬间他想起了自己的辩证法，于是运用它使麦里托斯说出了和他在控告词中完全相反的话。但是，陪审团和阿尼诺斯追随者的喧闹，把麦里托斯从耻辱中救了出来。哲学家要求哪怕出来一个被他腐蚀的青年人来作证，但是，一个也没有。他为了替自己不参政辩护，毫不留情地鞭笞腐败的民主制度。陪审团被激怒了，他们面对的不是一个被告，看到的是骄傲的苏格拉底，他告诉他们反对他是错误的，还让他们注意听他的话：

　　"我现在还要告诉你们，也许你们听到会大声嚷叫。假如你们判处我死刑，受伤害的不是我，而是你们自己。因为，无论是麦里托斯，无论是阿尼诺斯，任何人都不能伤害我。你们可以消灭我的肉体，但是你们永远也伤害不了我的灵魂。正像神明一样，你们可以不崇拜他，但是不会贬低他。灵魂也一样，灵魂是神圣的，你们企图加害于他，但是他是不能被贬低的。假如你们判处我死刑，你们的城邦再也找不到一个忠于你们、像父亲一样关照你们的人了。假如你们因为愤怒判决我，你们今后的日子将是一场无意义的梦。"

　　苏格拉底稍微提高一些嗓音，这样结束自己的答辩：

　　"现在，你们，雅典人，可能恼怒。你们当中的任何一个人，可能因为轻微的违法受到审判，可能会跪在审判团的脚下，甚至让妻子儿女过来，用眼泪请求宽恕。但是我，尽管我也有三个孩子，我不会让他们来求你们。我这样做不是藐视你们，而是因为我宁愿自己勇敢地面对死亡，也不做任何我认为是卑贱的事情。如果你们自认为崇高，就让你们的选票证明你们神圣的举动吧。真正的审判官坐在这里不是为了宽恕这个，宽恕那个，而是为了衡量法律。假如我用恳求使你们违背自己的誓言，就等于我教导你们不尊重神明。这就是我向你们说的一切。现在，我只祝愿你们的判决是公正的，为了我，也为了你们自己。"

　　他回到自己的位置上，浑身放射光芒，朋友们和他的学生们跑到他的身边。他的勇气，他的自信，相信纯正的人是命运击打不倒的；令所有的人佩服。柏拉图情不自禁站了起来，要为苏格拉底辩护。他跳上讲台，刚开始：

"我比今天所有讲话的人都年轻……"

他的干预引起一片吵闹声。陪审团的人已经疲倦了，对他大喊："下去！下去！"逼迫他回到自己的位置上。

苏格拉底一生都愿意做一个谦和的公民，但是今天，他完全是上天派来在人和神之间负责联系的使者。他预感到将要来临的死亡给了他最后一次传达伟大信息的机会。他悲伤地看到他和这个时代的雅典人是多么格格不入，他非常情愿地结束自己的生命。

国王宣布审讯结束，要求陪审团员们投票表决。在苏格拉底面前有一张大理石桌面，上面放着两个罐子，一个铜的，一个木头的。陪审团员们一个一个轮流走到审判长前，拿两张票，一张为判处有罪的，为带孔的；另一张为判处无罪的，没有孔。陪审团员根据自己的判断，将他的有效票投到铜制罐内，没有用的票投在木制罐内。投票时要用右手，左手遮挡住票，不让人看见他投的是什么票，这为秘密投票。然后回到自己的位置上。通过票掉入票箱的声音，苏格拉底的朋友们判断投票的结果，心怦怦直跳。最后四个监票人宣布投票结果：判处有罪的票280张，判处无罪的票220张。苏格拉底被判处有罪……现在剩下的是怎样处罚的问题。法庭没有这个权力，只有听从或者原告或者被告的意见。麦里托斯站起来，说出自己的建议：死刑。审判长请苏格拉底表明自己的意见。柏拉图的一个亲戚今天是陪审团团员，他捎信给柏拉图，告诉老师今天提出要求：放逐。看得出来，法庭倾向于放逐，把苏格拉底清除出城邦。不想让他死。柏拉图马上把这个建议告诉了苏格拉底。但是，他摇头拒绝，走上讲台，开始说：

"雅典的男子汉们，我不会因为你们审判我而感到愤怒。我感到是个奇迹，当我答辩结束、你们一片哗然后，还有那么多人投了我无罪的票。如果再有30张无罪的票，我就可以不被审判了。现在，小青年麦里托斯建议你们处死我。对我这样一个没有脑子的人什么惩罚最值得？我一生不关照自己的事，不关照自己的家；我只关心开导你们不要追求金钱和名誉，只要做好人。鉴于我是城里行善的穷人，一个需要有机会改正你们的

人,我建议把你们在院堂①里把我养起来。"

这个建议立刻激怒了审判团员们,所有被审判的人只要求受惩罚,而没有要求得到回报的。法庭在这个人面孔上看到一个无法改变的顽固分子,他像在市场进行辩论一样,嘲弄法庭。从各个角落传来喊叫声:

"不要脸!"

"毒死他!"

国王费了很大的劲才使法庭安静下来。苏格拉底继续:

"我的建议绝不是无耻的,我从来没有伤害过任何人,所以我不能受到恶的惩罚。我不怕麦里托斯建议的死亡。你们想让我建议什么?罚款吗?我没有财产;放逐吗,放逐到哪里你们满意?我不是熟视无睹和头脑简单的人,你们都容不下我,那个外国城邦能接受我?这样,你们会对我说:'苏格拉底,在我们摆脱开你以后,你就不能安安静静生活在某一个地方,不去妨碍人吗?'是的!我不能,因为那意味着我对神明的不忠。你们不要笑!我是奉了神的指令来教化你们的,告诉你们,那种无忧无虑的生活一文不值。我教导你们,在每个行动之前,首先要在心灵里权衡一下,是不是正义的,然后再看物质上对你们是不是有益的。我对神明的服从高于你们的惩罚。假如我有钱,按法律规定,我可以建议处以罚金,但是我没有钱。尽管如此,坐在我身边的柏拉图,克里同和阿波罗多罗斯热切恳求我提出罚金30木纳斯②的建议。他们愿意为我担保。所以,我就提这个建议。"

哲学家说完,走下讲台。

这种无所谓的答辩完全违反法庭的惯例,陪审团员们都很愤怒。他的建议不是受惩罚,而是要求给他最高的荣誉,让院堂供养他,简直是讽刺。结果,老哲学家以绝对多数被判处死刑。那些原来投票认为他无罪的人当中,很多人由于愤怒,现在赞同苏格拉底饮鸩自尽。

当他的学生和朋友听到这个判决后,呼吸都停止了,因为法庭的判决是不可撤销的。他们不敢相信城邦会用毒药去害一颗钻石——苏格拉底。

---

① 这是古代给奥运冠军和行善人的荣誉,那里免费供养他们。——原文注
② 一个木纳斯等于古代100德拉克马,相当于现在的10个金币德拉克马。——原文注

但是，已经无法改变了。个人不会永远有理，只有群众永远是对的。雅典人无能力区分苏格拉底和智者们。他们不能理解他内部神圣的使命，也预料不到即将到来的时代。当人还没有成熟之前，那些企图教导他们的人的下场是可悲的。他们多年遭难：30年受战争磨难，霍乱；被外邦占领；失掉海上霸权。新思想令城邦恐惧，短视使他们去打击带领他们走向获救的人。苏格拉底渴望一个理想的政府，没有实现，他感到自己已经不适应这个时代。他的敌人有寡头派，还有民主派；有诡辩家们和他们的祭司们，还有不信神的人；有懒汉们，还有商人们。所有的人。那些无知的人和恶人反对他，而且他们是大多数。在每一座城市都有仇恨伟大的小人。

国王抚摸自己的小胡子，开始口述命令，记事员把记录好的文件连同苏格拉底一同交给"十一位警务委员"①，他们将负责行刑。在一切结束后，苏格拉底从自己的位置上站起来，开始讲话。这是法律允许的。

"雅典的男子汉们，当人们认识到苏格拉底是哲学家的时候，你们将受到审判，因为你们杀死了苏格拉底。是的，你们判决了我，因为我没有在你们面前低三下四，做出不符合我人格的事情。我对于自己勇敢的答辩不后悔。你们不要心存幻想，认为一次死亡的判决就可以扼杀伦理原则和新的思想。我在自己的斗争中失败了，我们马上要离开法庭，我是被判处死刑的人，原告胜利了，但是，他将受到诅咒，被称为践踏正义的人，邪恶的小人。我可以告诉你们我的预见，在这个时刻，一个将死之人是能够看到未来的。你们这些判决我死刑的人很快将受到惩罚，你们相信终于摆脱了我这个斥责你们悠闲生活的人；你们会看到，在你们周围将成长起一大批监督你们的人。我准备了他们，也控制了他们，只要我一离开，这些年轻和富有进攻精神的新人会让你们不得安生。"

说到这里，哲学家用饱含深情的目光扫了自己的学生们一眼，继续：

"现在我要对你们，投了我无罪票的人，说几句。我想在尽量短的时间内，向你们解释这一切对我的意义。亲爱的法官们，我现在称呼你们为法官，因为只有你们值得这样的称号，在这次受审过程中，我的灵异，无论是我来之前，无论是在我答辩时，没有让我改变过策略。这是为什么

---

① 雅典的十一位警务委员管理巡逻，监禁，行刑等。——原文注

苏格拉底
ΣΩΚΡΑΤΗΣ

呢？因为灵异认为我的死有价值。如果不是这样，他会在我答辩过程阻止我，这在以前是经常发生的。如果他不认为审判对所有人有益的，他会干预。所以，你们，亲爱的法官们，要相信，一个有道德的人是无所畏惧的，神明不会对他熟视无睹的。在我身上发生的一切，不是偶然的，是神的意志。现在我对你们只有一个请求：假如我的儿子们长大成人后，你们发现他们追求的不是道德，而是金钱或者其他东西，你们要鞭答他们。如果他们自认为很了不起，实际上一无是处，你们要教育他们，如同我教育你们那样。但是，现在到了我们说永别的时刻了，我走向死亡，你们走向生活。我们之间谁走向更美好的地方，谁也不知道。只有神明清楚……"

他走到自己的朋友们身边，西蒙哭得像个小孩，克里同说：

"你干了些什么啊，苏格拉底？"

哲学家盯着他的双眼，回答：

"你没有理解我……"

只有他一个人明白为人类牺牲自己生命的意义。死亡对于他的性格是最好的结局，他是戴上光环的受难者，会帮助他的思想的传播。在过了23个世纪后，他的答辩仍然震撼人心。这是最为精彩的教导，只是没有写进圣经里。

就这样，他在学生们的哭泣中巍然挺立，阿尼诺斯和他的同伙满怀胜利的喜悦穿过他们身边时，哲学家大声说：

"这个无知的人不明白，在我们两个人之间，胜者是在许多世纪后被承认的人。"

33

审讯完毕，大多数人迟迟没有散去，他们三个一堆五个一群议论法院的裁决。苏格拉底在凶恶的徐西亚弓箭手押送下穿过人群，后面跟着他的朋友们。有两三个人还在哭泣。苏格拉底听到哭泣声，站住，说：

"哭什么？难道你们不知道，我从生下来那一刻起，就被判处要死的吗？现在等待我的是年老力衰和各种痛苦，你们应该为我的解脱高兴才是。"

一个徐西亚警察推搡他往前走，他没有再说什么。不一会他们就到了监狱门口，那里距离审判地不远。在门口，他的亲朋好友和他告别。克桑施碧拥抱他，边抽泣边说：

"我做梦都没有想到，他们要杀害一个你这样无辜的人。"

"难道你希望我是罪人吗？"他说，笑了。他挥手向大家告别走进了监狱。徐西亚警察把他安排在床位上，看守像对待重犯那样，用链子锁住他的右脚。他的牢房宽大，但是很黑暗。他要在那里等上20天，直到圣船从提洛回来，因为在朝圣期间，是不允许执行死刑的。朝圣完毕执行苏格拉底死刑是正常的，但是，原告们组织起来，要设法提前执行。仿佛犹太人在复活节前几天把耶稣基督送上十字架一样。苏格拉底独自一人在黑暗中，回想昨天悲惨的一日。渐渐地，他感到疲倦，很快入睡了。当一丝黎明的曙光穿过牢房的小窗户照进来时，苏格拉底醒来。他坐起来，想活动一下身子，发现右脚被锁住，才意识到自己被关进了监狱。他吃完看守送来的干面包，又回想起昨天。他仿佛感觉，他锁链在身，独自一人，在市

苏格拉底
ΣΩΚΡΑΤΗΣ

场上追逐人群……在法庭上他表现得不错。"我只要退却,就会有辱我承担的伟大使命。有意义的不是临时的斗争,而是最后的胜利。我在法官面前的固执很好,促使他们判处我死刑。因为我的死,今后的无数世纪,会一代一代出现许许多多研究我的学说的人。雅典人单个都是我的朋友,整体在一起判处了我,因为群体不允许任何可能危及他们习以为常的微不足道生活的行为。"

远处传来清晨牧群的铃铛声,打断了他的思索。一个孤独的人听到外界任何的声响都会感到快乐。小贩卖苹果派的喊叫声,马车经过的马蹄声,他都感到非常亲切。但是,最大的快乐还是他的学生们的到来。他本人即将离开人世,他把最后的希望寄托在他们身上,他们会继续他的学说。在古代,被判处死刑的人有权天天接待来访者。而那些因轻罪坐牢的人在两个大的节日,酒神节和大雅典娜节,只要保证不逃跑,就会从早到晚在外面自由活动。早8点一到,看守就打开苏格拉底的牢门,他的朋友们都进来。在他身边度过几个小时,他们都有一种奇特的感觉:尽管他们都很清楚,他们很快将失掉自己敬爱的导师,但是,他们没有难过的感觉。他们面前站立着一个苏格拉底,谈起话来的情绪跟往常在市场上完全一样。他面对死神的从容使他们深信,是某种神的意志要让他走向另一个王国,在那里他将得到幸福。但是,也没感到愉快,因为压在他们心头的是丧。他们会因为哲学家的某个幽默而笑,但是接下来马上是悲,另一句话就马上把他们唤回到现实中来。看到他若无其事的样子,他们想:"是谁,是他,还是我们,疯了?"

苏格拉底把牢房变成了哲学讲堂,关于神明,他是这样解释的:

"在民间有许多神,但是,创世主只就有一个。他无处无时不在,洞察我们最隐蔽的想法,无所不晓。只有他知道世界的秘密,没有第二个。如果你相信万能的神明,你就能忍受一切,没有能够难倒你的事。既然神明最为公正,只要你处处、时时做善事,你就能接近他。这就是衡量一个人价值的尺度:播种下多少善种。如果一个人作恶,受到的惩罚不是鞭笞或者罚金——狡猾的人对这些是无所谓的——而是他无法逃脱的报应……"

"你指的是什么?"斐多问。

"我指的是，他要过神明给他安排的日子，命中注定的日子，远离幸福，他的兽性不允许他靠近神的境地。我们往往忽略神明，为日常生活的琐事所掩盖，只有当我们碰到危险时，才想起神明。有过那样的时代，如同我们现在的时代一样，好像创世主对人间的事漠不关心，而由其他的神来主宰。但是，他早就种下了因——是我们的知识所不明了的——只等待果。我的朋友们，神明没有危险，危险的是人类……"

他常常向他们谈起善，他充满情感地爱着人。

"和人相处非常难，只有善才能使人之间和谐。你们试试用同样的情感对待你们的敌人和你们的朋友，权衡一下人的怀疑和经历，设法减轻他们的压力。你们不要以为唤醒人的灵魂非常艰难，灵魂都有神性，它寻求解脱。你们帮助灵魂吧，灵魂会回报你们的。"

他们就这样一直谈论到中午，直到克桑施碧到来。他的妻子每日两次从家里步行到监狱来，尽可能把好的饭菜送给他。中午朋友都离去，下午2点还要再来。只有一个人的时候，苏格拉底开始思索学生们提出的问题。牢房的安静有助于他集中自己的思维。每一个问题他都精细地考虑，从他知识大洋的深处浮现出清晰的答案。苏格拉底用他的逻辑（当时人们称之为'逻各斯'）打开一个更高世界的大门，那里没有卑微。他的生活给他的理想以巨大鲜明的影响，后来，他获得了巨大的成功：他的理想影响了人类的生活。下午，他的学生们归来，开始解答他们提出的问题，指导他们。这之前多年，他一直期望他的学说能在这里，在雅典，被雅典人接受，因为那时的雅典已经达到最高的精神境界了，然后再传播到世界各地去。但是，他失败了。失败使他产生了一个想法：把为数不多的忠实的信徒组成一个圣徒团。他对他们说过："我要走了，只有你们来继续。我精心地挑选了你们，我相信你们。你们不要为我的受审而害怕。任何一个为实现伟大目标的努力都不会白费的，不会被遗忘的，尽管做出这种努力的人会离去。还有，抱怨自己所处的时代是愚蠢的，总会出现要改变时代的、有价值的人。你们要找到他们！我不想让你们组织学校或者集团。我要你们像我那样，自己去寻找年轻的有活力的人。把你们的信仰灌输给他们，为了改变多数人的生活，有少数人就够了。你们要谦虚，不要让人觉得你们高人一等。你们要做行为的表率，一生的忠厚是胜过任何言教的。"

苏格拉底
ΣΩΚΡΑΤΗΣ

他看了周围的学生们一眼，目光充满期望。他的话有一股魔力，仿佛这位预言家放射出的神圣光芒穿透了他们。他们感到自己受到强大的持续的伦理震撼。

他说：

"你们应该为整体工作。谁不帮助整体，就会损害整体。神明既然把你们造就成自由人，你们就应当让他满意，就要为人类服务。要求人超越人是上帝和自然的意志。你们有必要接受这个任务。人类的社会是基于欺骗的，生活是一个无限的虚伪；公民们很少有真理知识，却有大量虚假知识。他们的贪婪是无止境的。恶人受物质利益驱使而作恶，他们既不相信神明，也不相信社会。需要耐心教育他们，整体的利益才是他们个人的利益。如果他们能够理解——他们最终会理解的，他们将停止作恶。假如将来有一天没有战争了，那时的人类尚需要和自私自利、嫉妒和欺骗进行斗争。正是这些毒化人类的生活。但是，世界上的恶人总是要减少的。我不相信人类将永远像狼一样生活在一起。在每个人的深处都有一堆垃圾和一点黄金。你们的任务就是清除垃圾，发现宝贝。你们知道这是什么吗？公正。真理。善良。"

34

　　晚，下雨。水声，山上传来的雷声。除此之外，万籁寂静。这个夜晚，悲伤第一次涌上苏格拉底心头。今晚，他有一种奇怪的感觉。连续几个晚上他一直做同一个梦：一个身穿白色衣服的女人对他说："苏格拉底，创作音乐！"他醒来，没有按梦境去做，灵异对他说了同样的话："苏格拉底，创作音乐！"为了服从，他开始根据伊索寓言的故事谱写音乐，还写了一首阿波罗颂歌。但是，白衣女和灵异还是不断地说："创作音乐！"他们究竟让他干什么呢？不是创作音乐了吗？还不能满足他们的要求吗？出于对秘密声音的虔诚，苏格拉底认真考虑，灵异究竟要他做什么。他努力集中自己的思维，却得不到答案。有时他想放弃这种努力，但是，只要没有得到答案，这个问题就反复出现。今晚，孤独锁着他，非常悲伤。一想到没有很好地完成神明的使命，心情就极为沉重。他有过美丽的梦想，对于凡人来说是极其伟大的梦想。"神明啊，"他想，"你的意志是要求我用逻辑把人从厄运中拯救出来，我按你的要求尽力而为了。我试图推翻生活的秩序，加入我的思想。我掀起了能够横扫旧习惯和旧生活方式的风，我做了任何违反你的意志的事吗？你为什么让我绝望？我怎么可以想象，在你的世界里，没有思想的人会永远有理？无辜的命运，你为我安排的命运，为我安排了判决。你还让我做什么？"

　　失败的想法像玻璃一样切割他的奴斯。疲倦突然袭来，仿佛他痛苦地感觉到，他一生的努力要付之东流，这就一下子夺走了他的全部力量。今夜，他对自己的事业动摇了。群众没能理解他。文盲们相信民间的迷信，

苏格拉底
ΣΩΚΡΑΤΗΣ

受过教育的人选择埃莱夫西亚的神秘仪式。人们享有自由，不为人知的不良行为可能混过去，这正是他们所求的；而苏格拉底的伦理对每个违规行为都是严厉的。什么也躲不过对良知的批判。那么，他所有的教导都白费了吗？需要改造人类，只是，已经不是由他来完成这个重新教育人的任务了。这样看来，慢慢地，在他的奴斯一角，闪现了一丝光亮。他第一次明白，他的逻辑只适用于安详的时代；当人类遭遇灾难或者被欲望和不确定迷惑时，就退回到灵魂远古的时代。绝对的逻辑使人脱离开他们的根源、憧憬、酒神的沉醉和疯狂。逻辑只是神明的礼物，而不是命令。人神圣的部分不是奴斯，而是灵魂；而他，苏格拉底，却被几何学，被绝对的逻辑统治，成了无法医治的希腊人！一定会出现另外的一个人，能在他失败的地方获得成功。采用新的方式，利用灵魂的无规则性。很长一段时间，这个想法令他烦躁。但是，很快，仿佛一只友好的手触摸了他，他平静下来。是的，你要求人民群众接受崇高的思想只是乌托邦。伟大的思想只有时代能够理解。群体宁愿选择谎言，谎言主宰人的深层。逻辑具有一股土气味，便宜得来，可以算计，而灵魂是人内在的财富。如果充满爱，可以找到天的边缘。那个可能拯救人摆脱生活苦难的伟大的爱的信息，苏格拉底没有牢牢控制住。他四方形的奴斯刚刚抓住它，还没有来得及传播它。也许到那时，也应该知识先行，心紧跟，需要几个世纪，才能弄清楚几个真理。然后，世界要经历大的危机，当爱的压力伴随伟大导师的到来爆发时，人类将会静下来。现在，苏格拉底想象，未来的宗教不是改变人的奴斯，而是改变人心。他最终明白灵异用"创作音乐！"要求什么了。世界到处充满神秘的力量，那是自然的力量。首先，他的灵异和传感要他预见未来。他曾多次谈论灵魂，谈论灵魂的权利。但是，他迟迟没有明白，最主要的工程是温暖人心，而不是用逻辑冷却人心。如果人类掌握了无限的知识，很多人就会变成盲人；只有爱，才能使所有的人幸福。逻辑可能远离神明，而爱能够使人亲近神明。今夜，他看得很远很远，这是其他人无法看见的；他体会到了无形的信息。只有在今夜晚——实在太晚了。

关于失败的思想折磨哲学家，他看着小窗户，还没有黎明，黑暗令他窒息。周围一片穿不透的黑暗。他感觉，天亮前，今夜的几个小时仿佛是几个世纪。

两天后的一个夜晚，天亮前时分，好人克里同来到苏格拉底牢房。他看到老师还在沉睡，不忍心叫醒他。当苏格拉底睁开眼睛，看到克里同，很吃惊：

"哎，克里同，你怎么在夜间来了？看守怎么给你开门了？"

"我给了他很多钱。"

"你怎么没有马上叫醒我？"

"我欣赏你睡得那样甜蜜，赞赏你能这样平静面对自己的灾难。"

苏格拉底微微一笑，又问：

"深更半夜你来干什么？"

"我带来了不好的消息。"

"一定是船从提洛回来了。"

"还没有到。已经到了苏纽。明天就要让你喝毒药了。"

"但愿走好。但是，今天船不会到。"

克里同很奇怪：

"你怎么知道？"

"我梦见的。那个让我创作音乐的白衣女对我说：'苏格拉底，后天你就要死了。'就在后天。"

"你的梦总是很奇怪。"克里同说，"但是，我的好人，假如你能听我的，还有机会得救。所有人都知道，我们是最好的和最忠实的朋友。他们会指责我没有帮助你逃跑。我会给他们造成这样的印象：我舍友不舍财。"

苏格拉底没有说话，克里同继续：

"我全都安排好了。看守同意放你，我们也谈好了价钱。快，准备准备，不要犹豫了。难道另外一个哲学家，安那克萨哥拉，不就是这样做的吗？"

苏格拉底盯着他，沉默不语，他的朋友不得不又问：

"难道你怕你逃跑后我们遇到麻烦吗？也许你觉得我们为此花销太多了？我为了救你可以倾家荡产，况且，西米亚斯和凯维斯在忒拜也筹集到了钱。不要犹豫了，为了你，也为了你的孩子们，不要让他们成为死刑犯的孤儿。不要再耽搁了，再晚就不行了。趁天黑，起来，我们走。"

苏格拉底从床上坐起，铁链子哗啦哗啦响。

"我亲爱的朋友,你要救我出去的愿望非常宝贵,假如是正确的话。我只相信正确的道理,而不管他人的意见。让我们共同来探讨面临的现实。你是不是同意,一个人应该关注的不是活着,而是应该有尊严地活着?"

"我同意。"

"一个人无论如何不应该违法?"

"这,我也同意。"

"那么。我的好人,如一个人受到冤枉了,应该以怨报怨吗?"

"这个……"

"就是说,不应该危害他人,对吗?你不回答,说明你同意,这就否定了你开始的想法。说吧,你同意我的意见,还是坚持原来的想法?"

"我坚持原来的想法。"

"听着,克里同,假如现在我逃跑,法律出现在我面前,问我:'苏格拉底,告诉我们,你明白,你要做的是在破坏我们和你的城邦吗?一个城邦,他的公民通过决议,又出尔反尔,这样的城邦能不解体吗?'我应该怎样回答法律,我的朋友?我回答说,我逃跑,因为我是被冤枉的吗?"

"是的,我对神明起誓,你就这样回答。"

"哎,我的朋友,假如我这样回答,法律有权问我:'到目前为止,你对我们有什么意见,苏格拉底,你要取消我们?不是依据我们,你的父母结婚生下你,使你成为公民吗?依靠我们的庇护,你得以成长和接受教育。在你的一生中,我们一直帮助你。难道你就连这么一点点知识也没有,不知道祖国比你的父亲、母亲和祖先更珍贵,更重要和更神圣吗?我们应该听从祖国,如果祖国有难,我们应该全力以赴,不允许反对祖国,对吗?'我怎样回答法律,我的朋友?"

克里同犹犹豫豫地说:

"我不知道,苏格拉底,你把我弄糊涂了……"

"我继续,因为我想让你信服。法律可能还对我说:'当你是自由民的时候,苏格拉底,如果你不喜欢我们的法律,你完全可以离开城邦,远走他乡。但是,你70年来,像贝壳一样粘在雅典城邦上,没有离开过。无论是瘸子,还是残疾人,都没有像你这样没有离开过雅典一步。在你受审的时候，你是有权选择处罚的，你完全可以要求放逐的。但是，你没有这样做，你自己说你不怕死，而今天，你却毫无廉耻地要像一个无耻的奴隶那样逃跑'。克里同，你说我将如何回答法律？你不回答……说明你意识到我是有道理的。另外，你再想想，假如我逃跑了，你们这些帮助我逃跑的人，不但要付出很高的罚金，还要被放逐；而我，无论到那里，都会被人看不起，因为我会被看成违反自己祖国法律的人。我教导说，美德和正义是最伟大的，我怎么能自己言不由衷，违背自己的言论、事业和我的生活准则？我已经老了，为了多活那么几年，我去做违法的事吗？你用安那克萨哥拉做例子。但是你忘记了，他是研究星辰的天文学家，无论到哪里，天就是他的家。我本来是想改变雅典的。如果你让我离开雅典，就像让鱼儿离开水。我亲爱的朋友，我宁愿被城邦冤枉，被人冤枉死去，也不愿意违法离开。我也不愿意以怨报怨，给自己有道德的生命，给你们，我的朋友们，留下污点。我的耳边会响起法律对我说的话，而不会听你们的话。你不要试图说服我了，回家去吧，我的好朋友，让神明的意志做主吧！"

35

今天,白伞月十日①,日落时分,苏格拉底将服毒。天还没有亮,苏格拉底就醒了,从牢房的小窗口看到一颗星星在昏暗的天空闪闪发光。哲学家满怀爱地看着它,对它说:"小星星,你是小灵魂,今晚我就要和你联系了。"

然后,他想起了自己的学生们。他的教诲能成功吗?他在他们不知情的时候准备了他们,组成一个圣徒团。但是,他无法判断,他播下的种子将开出什么样的花。安第斯塞尼斯聪明,单纯,狂热;艾斯赫尼斯是杰出的演说家;艾弗克里迪斯善于争论;阿里斯迪波斯热衷于憧憬。柏拉图?最好的是他!但是,他过于诗人化,过于理想化;克赛诺丰喜欢冒险……苏格拉底身体被锁住,但是,奴斯像山羊一样,从一个题目跳到另一个题目,根本没有考虑到死亡。直到牢房门打开,'十一警务'走了进来。

"苏格拉底,"他们对他说,"我们来为你解开锁链。圣船昨天归来了,今晚你就要饮鸩。你有什么话要说吗?"

他感谢他们,没有任何要求,只是请他们尽快放他的学生们早一点进来。那个给他打开锁链的警务说:

"他们和你的夫人都在外面等待呢。我们已经下令,让你的夫人先进来,然后是其他的人。"

---

① 庆祝雅典娜节日时祭司们在游行时用大白伞遮太阳,所以雅典历第十二月叫白伞月。相当于公历6月下半月到7月上半月。——译注

就这样，克桑施碧进来，手牵着他们最小的男孩。她身穿黑色丧服。他们简单地说了说孩子们的未来，如果需要，应该去找那些朋友。克桑施碧强忍悲痛，可是，当看见他的朋友们出现在门口时，再也忍不住了，放声大哭。说："你最后再跟他们说一次吧。""啊，这些好朋友，你再也见不到他们了。"

苏格拉底看了克里同一眼，对他说：

"把她送回家去！"

克里同拉住她的手，强把她拉到外面去，她还是边走便喊叫。学生们围住苏格拉底，给他最大的礼物是对他的崇拜。今天，他们谁也不会离开，将一直陪伴到傍晚。苏格拉底揉了揉被链子锁住的右脚，对他们说：

"我们说的'愉快'，是一种奇特的感觉，和它相反的，是'难过'。当一个人努力去追逐一个，几乎找到的会是另一个。现在我就有这样的印象：被锁过的右脚很痛，很难过，但是，当我用手揉它时，感觉却是愉快的。"

他停顿了一会儿，好像在思索什么，又继续：

"一个事物总是走向自己的反面。正如生走向死，死也走向生。来，今天我们就讨论这个问题。既然我今天要走向死亡，那么最好的题目就是：在另一个世界等待我的命运是什么？"

他转向西米亚斯，知道他能言善辩，就问：

"你认为，死亡就是死亡吗？"

"当然是。"来自忒拜的学生说。

"难道不是另外的什么吗：不是灵魂摆脱开肉体吗？"

"完全是的。"

"西米亚斯，你相信，一个哲学家关心的是享受饭菜和美酒吗？"

"很少，苏格拉底。"

"难道他关心享受男女之乐吗？"

"丝毫不。"

"你认为，哲学家要研究的是肉体，还是灵魂？"

"毫无疑问，是灵魂。"

"就是说，一个哲学家，临死前，他的灵魂已经在很大程度上摆脱开

肉体了,但是还附在肉体上。只要灵魂还在肉体内,哲学家就不会感到愉快。因为,肉体需要食物喂养,由此就产生了成千上万的烦恼。受到爱情、欲望和恐惧的折磨。如果一个人要有清晰的客观的判断,就得摆脱肉体,单纯依靠灵魂。是这样吗,西米亚斯?"

"是的,苏格拉底。"西米亚斯回答。

"所以,我的好朋友,我希望,我到那个地方,可以达到我历经周折没有达到的目标——只有灵魂。也许看来很可笑,这本来是我一生奋斗的目标,但是,当我真正面临这个目标、走向死亡时,我还是很难过。如果我不满怀这样的信念:到那里我真正的朋友不会比现在少,我会因为离开你们而更加难过。"

说完这一切后,凯维斯问:

"你相信灵魂是不死的吗?我听说,人死的瞬间,灵魂也就随之而亡。"

"我完全相信,"苏格拉底说,"有来世生活。那里的生活只对纯洁的人,而不对恶人。"

柏拉图在他的对话《斐多篇》中,以他独有的艺术才能描绘了苏格拉底临终前几个小时关于灵魂不死的论述。苏格拉底用他生命最后时刻的论述,改变了埃及人传播给希腊人的信念:灵魂走向地狱,继续从事在世上的事业。苏格拉底认为,灵魂有天性,是不死的。在这个世界上,灵魂和肉体处在一体,目的是在肉体死亡后回到属于他的故乡去。苏格拉底把灵魂从卑微的生活提升得很高,从死亡王国提升到天堂。苏格拉底对他们解释,在相信神明的同时,人需要相信灵魂的不朽,有另一个世界的生活,这样会帮助人类面对死亡而不惧,能够减轻活着的人失去亲人的痛苦。

"当然,"他对他们说,"我今天说出的这一切不是绝对的,需要你们真正相信是很艰难的,因为你们冒这样被欺骗的危险是美好的。"

他通过厚厚的嘴唇讲出这些,越说越兴奋。他注意到,克里同一直要打断他,想说什么,谈完自己的看法后,他把洞察一切的目光转向克里同,问:

"你要跟我说什么,克里同,来,说吧。"

克里同解释说:

"将让你服毒的刽子手请求我转告给你,不要那么激动地谈论问题,因为毒药对于兴奋的人不易发挥作用,你不得不服两次甚至三次鸩毒。"

苏格拉底回答:

"让他说去好了,他不能限定我们的讨论。他的工作是让我服毒,如果需要,就让服两次,甚至三次。"

"啊,我就知道这是你的回答,但是,他一直督促我告诉你。"

然后,沉默了。从苏格拉底的表情看,好像他沉思在一个问题上。没有人敢打破沉寂。只有西米亚斯和凯维斯小声地谈论什么。苏格拉底注意到他们后,问:

"你们两人,是不是觉得,我说的不可信?不容置疑,如果深入探讨一个问题,一定会发现许多疑点。如果你们不同意我的观点,说出你们的看法。如果你们觉得我是一个愉快的谈话对象,也让我加入你们的讨论。"

"哎,苏格拉底,实话告诉你吧,我们两个人在互相推托,都让对方来问你,但是又怕我们的提问会使你在灾难前感到为难。"西米亚斯说。

听到这话,苏格拉底会心地笑了,说:

"怎么会!假如我不能让你们,我最亲近的朋友们相信,我从来没有把死亡看成灾难,怎么能让其他人相信呢?好了……西米亚斯,来,让我们听听你们有什么不同的看法。"

西米亚斯和凯维斯一先一后非常巧妙地提出了他们的疑问,老师能够很自如地阐述他的观点,如同欧里波的河水,随着潮涨潮落,跌宕起伏。苏格拉底第一次说明的他关于'绝对思想'理论,后来柏拉图对此进行了系统的研究。主要观点是,假如我们碰到一个美好的事物,我们会感觉到,不是其他的原因,只是因为它参与某种理想,'绝对美好'中。深入这种思索,从逻各斯到逻各斯,最后使两位满怀狐疑的忐拜学生相信,灵魂是不死的。他们的讨论持续了很长时间,当结束时,太阳已经西沉,苏格拉底想到了自己的期限已到。在他的右侧的小凳子上,坐着漂亮的斐多。苏格拉底低下头,抚摸他的长发,说:

"斐多,我听说,你明天因为我要剪断自己的长发。"

"是的,"青年回答,"明天我就要失去自己的父亲,永远成为孤儿。我怎么能不悲痛地剪掉长发?"

然后,苏格拉底看了看周围,说:

"有一天,你们,其他的人,也会踏上现在命运呼唤我的征程。现在时间到了,我要去洗个澡,我要干干净净服下毒药,不要让女人们为一个死人清洗身体。"

苏格拉底站起来,克里同阻止了他:

"好的,不要着急。现在你告诉我们,需要我们为你的孩子们,做什么事。你还有什么嘱咐,你的要求都会百分之百实现。"

苏格拉底温和地给他们留下了最后的要求:

"我的要求就是经常跟你们说过的话。没有新的了。你们要为我,也为你们自己,永远做善事。你们不欠我什么,你们按着我们说过的原则去生活吧,按我的忠告走自己生活的道路,如同一些人踏着他人的脚步一样。没有更多的了。"

"我们会这样做的,"克里同说,"现在,你告诉我们,你想让我们怎样料理你的后事。"

"你们看着办吧。"苏格拉底回答,"因为我在你们手里,我逃脱不了啦。"他笑了,情绪饱满,他的目光拥抱了每个人。又说:

"我不能说服我的好人克里同,让他相信,我是和你们讨论问题、解决你们疑难的苏格拉底。他把我看成一会儿你们将看到的死人,问我,将怎样埋葬我。我饮下毒药后,就不在你们身边了,我将走向另一个王国。克里同认为,我这样说,为了安抚你们和我自己。"他再一次狡狯地一笑,这是他要讽刺什么人时习惯的动作。补充说:

"你们要向我为克里同担保,正如他担保让我逃跑一样。让他相信,埋葬的不是苏格拉底,只是一个空壳。让他按照我们的习俗为我办葬礼,我的尸体由他决定是火化还是土埋。对于我来说,这已经没有意义了。"

说完这些话,苏格拉底让克里同陪同他,其他人在这里等待,进了浴室。哲学家刚刚离开,一片愁云就笼罩了学生们。他们都在想,老师对他们的帮助实在太大了,无以回报,尤其他最后的这些话。他们想评论一下,可是,找不到恰当的语言。最后分别的时刻越近,他们越感到,没有他,他们就都成了孤儿。最后,苏格拉底从浴室出来,让人把他的三个孩子和克桑施碧叫来。他和他们及克里同来到隔壁的牢房,留下了最后的遗言，又让他们离去。由于绝望，克桑施碧已经没有了语言。等到亲人们离开后，苏格拉底又回到朋友们身边。太阳已经把金光从牢房的小窗户上收起，快落下去了。这个难以忍受的时刻，已经无话可说了。这时，门打开，法律的代表，严厉的刽子手进来。他走近苏格拉底，深情地说：

"苏格拉底，我知道你不会像其他被处决的人那样，在我给他们服毒药时诅咒我。你是我在这里见到的人当中，最平静、最善良的一位。现在，你明白我进来的目的，请你尽量忍受吧，这是必须做的。"他说完，泪流满面，出去了。

他对他喊道：

"完成你的工作吧，我按你的要求做。"然后，转向自己的学生们：

"他是一个很有礼貌的人。我在狱中期间，他常来看我，和我一起讨论问题。真的，是个好心人。你们看到了，他真心为我哭泣……克里同，你去看看，如果药面已经磨好，告诉他拿来。"

克里同：

"苏格拉底，太阳还没有落下去。我知道其他的人在酒足饭饱后，才慢慢服药。不要着急，还有时间。"

苏格拉底回答：

"那是自然的，克里同，因为这样做的人，认为这是他们赚得的。但是，我不会效仿他们。假如我要求晚一点服药，是给我自己出丑。最后去享受生活，从生活中再赚一点，是可笑的，因为我很清楚，将不会把任何东西带走。去，叫他来！"

他的话像是命令，克里同不得不执行。刽子手过来了，手里拿着盛毒药的杯子。

苏格拉底对他说：

"朋友，你是这方面的专家，告诉我，我应该怎样做。"

"没什么特别的，"他回答，"你只要把药喝下去，走动几圈，感到身子沉重时，就躺在床上，结果就会自己到来。"

他边说边把杯子递给了苏格拉底。他接过杯子，手不颤抖，面不改色。他低下头，从杯子底往上看了看，双眼像公牛眼一样闪光。

"请问，如果我用最后几滴祭奠神明怎么样，允许吗？"

苏格拉底
ΣΩΚΡΑΤΗΣ

"我们只根据需要研磨毒药,"刽子手回答,"只够你一个人服用的。"

"明白了,"苏格拉底说,"那好吧,我就用语言祝福,祝我到另一个世界去走好。这就是我的祝福,会如愿以偿的。"

说完,一刻没有停顿,毫不费力地一口饮尽毒药。他的学生们强忍泪水,看到他把毒药喝下去,再也抑制不住了。这是悲壮的时刻,几个人从他身边站起来,不让他看到他们的泪水。好心的阿波罗多罗斯大声嚎叫,斐多用衣服捂住自己的脸,剧烈抽泣;连克里同也控制不住自己了。苏格拉底对他们大声喊:

"你们不害羞吗?我把妻子儿子们赶出去,就为了不让他们这样做。安静,坚强起来!"

这个指责使他们稍微安静下来一些。他们感到了羞耻,能控制住的人只好默默流泪。

苏格拉底开始在牢房里转圈,感到双腿沉重时,按照刽子手的建议,他躺在了床上。

刽子手不断检查他,问:

"我在用手指压你,你感觉到吗?"

"感觉不到了。"

他开始感到肚子冷。

"当冷到达心脏时,一切就结束了。"刽子手说。

他的学生们屏住呼吸,只有苏格拉底异常平静,好像死亡满足了他的愿望。现在,他教的是最后一堂,也是伟大的课——朝拜冤枉他的司法。尽管用鸩处决人的死刑是人道的,最后还是呼吸困难和痛苦的。为了不让学生们看到他受罪,苏格拉底拉起床单,蒙住自己的脸。床单下,轻微的挣扎颤动他的身体。突然,苏格拉底拉开床单,说出最后几句话:

"克里同,我们欠阿斯克勒庇俄斯药神庙一只公鸡,别忘了替我还上。"

"我会做的,"克里同回答,"还有什么要嘱咐的吗?"

苏格拉底又盖住了脸,没有回答。他最后的话是这个伟大的讽刺家最伟大的玩笑:在古代,如果重病被治好,都要给阿斯克勒庇俄斯药神庙祭祀。苏格拉底要求用公鸡祭祀,表明,药神用死亡医治了他生活的苦难。

苏格拉底之死

一次剧烈的挣扎后,一个永远不知说谎的声音熄灭了。苏格拉底结束自己生命的场面给他的学生们留下了不可磨灭的印象。安第斯塞尼斯低头对身边的青年麦耐克赛诺斯说:

"当分辨不出好人和坏人时,城邦就完了。雅典要为这个鸩付出沉痛的代价。"

刽子手要学生们离开,但是,克里同及时揭开了苏格拉底的床单,死者面色苍白。他为他闭上嘴和眼睛,吻了他。

这样,苏格拉底离开了生,没有死,而是走向了永生。

36

雅典人用苏格拉底的嘴饮下了鸩毒。正如他预言的那样，雅典城邦没落了，在以后的许多世纪，听不见她的声音了，只剩下了哲学殿堂。雅典没落了，在她的内部却还蕴藏着苏格拉底的智慧，足以补偿雅典的失落。他死后的第二代人为他建了一个"苏格拉底庙"，为他竖起了一座铜雕像。新柏拉图哲学代表人物马里诺斯在离市场不远的地方，在凉爽的泉水边，看到了这个建筑。

苏格拉底死了，他却永远活着。和佛陀，和耶稣基督一样，生下来就是要阻止人们过习以为常的生活。他也像他们一样，全心全意投入到他目标里，如陨星，在磨擦中燃烧了自己。他的生活和教导是两大并行的不可分割的部分，凡是认识他的人，根本分辨不出来那个印象更深刻——是他的语言还是他是行动。他的教导就是他本人，而他本人比他说的还要伟大。没有任何一个凡体的存在能够像他那样靠美德那样近。无论是民众的愤怒，无论是僭主们的威胁，无论死亡的恐惧，都没能动摇过他。这个生命的英雄死亡后，一颗伟大的心消失了，他对人类的爱是前无古人的。他留下的思想是人类思维的先驱，日益扩散，就像一块巨石落下，搅乱了沉睡的湖水。苏格拉底思考并找到了那么多东西，以至于成了希腊理想的核心。在他之前，哲学是混乱的。苏格拉底用自己的质疑奠定了哲学的基础。由于他，后来创立了许多哲学殿堂。首先是他的学生们，柏拉图、阿里斯迪波斯、安第斯塞尼斯、艾弗克里迪斯，他们每个人都从导师的不同思想出发。后来出现了伊壁鸠鲁、斯多葛派、爱利亚学派、亚里士多德、新柏拉图学派、怀疑派哲学家皮戎、卡捏阿德斯、爱比克泰德，这些都是他的孙子辈了。他的哲学奠定了现代科学的基础，他本人也没有想到，他发现了多少真理。没有任何一个人能像他那样影响了西方世界的思想。没有苏格拉底白色种族不会是今天这个样子。他的价值在于，他是我们内部良知的导师，他引导我们在现实的生命里寻找天堂，不靠神的施舍，而是靠我们自己的努力获得解脱；他是一种新生活的先行殉道者，可以和基督并驾齐驱。他的教导，通过两颗孪生的星座，柏拉图和亚里士多德，很快传播到地中海，又从那里扩展到全世界。在耶稣到来之前，这些思想的传播是最重要的事件。在基督教起步的时代，两股截然不同的势力——希腊精神和罗马帝国——统治着世界。开始，圣徒们和圣保罗把新宗教引导到希腊。圣经用希腊语写成。那时的希腊人被罗马奴役，贫穷和被人瞧不起，但是，他们不停地洗礼，因为他们爱上了使他们想起苏格拉底的基督教。想起苏格拉底关于改善灵魂的教导。基督教广泛传播后，需要把分散的团体按纪律组织起来，教会就不得不放弃希腊精神而独尊罗马势力。

　　基督说："寻找真理吧，真理将解放你们。"这些话每个希腊人都能理解，但是对于没有知识，只知道盲目服从的罗马人来说，是不好接受的。苏格拉底和基督一样，主张每个人自己接近神明，但是，教会禁止个人有自己的看法，开始监禁和杀害那些认为具有美德、反希腊精神和反基督意志的人。但是，今天，世界变了，人们又开始思索和选择。重新思索苏格拉底被遗忘的教导的时代来临了，这个教导和基督的话没有很大区别。克里密斯，伟大的大亚历山大神学家，把苏格拉底和耶稣进行了比较，他只找到了相同点。伊拉斯谟祈祷圣苏格拉底"Sancte Sokrates, ora pro nobis"——伏尔泰称呼耶稣为"伽利略的苏格拉底"。夸张。苏格拉底没有接受传播新神明福音的命令，而只是努力用逻各斯把人变得更好一些。他不是宗教的革新者。崇尚物质和零的技术文明，将迫使人类转向一个希腊基督混合体，它将在物质财富和精神及伦理之间找到平衡。那时，也许像基督教传播的最初年代，要在教堂里重新绘制苏格拉底画像，他的头上将出现神的光环，正是他，早于耶稣，在各个民族和所有人之间，传播爱。

（完）

译者后记

　　这是一本献给哲学爱好者的文艺作品。本书第一次出版是在 1963 年，出版后反响强烈，被评论界称为一部"最具文学价值、最生动和形象再现苏格拉底一生"的作品。本译本是根据最新版、也就是第 14 次再版本翻译的。

　　本书翻译过程中，凡是涉及历史名人的注释均以《简明不列颠百科全书》（中国大百科全书出版社）为准。凡是涉及引用的神话传说中的译名，均以《希腊罗马神话和'圣经'小辞典》（外语教学与研究出版社）为准。出现的地名，均以《外国地名译名手册》（中国地名委员会编）为准。而那些查找不到的地名、人名、神名等，是译者依据希腊语发音、按一般常用规律翻译的。书中一些引用诗人、古希腊悲喜剧段落，译者是根据作家引用的原文直接翻译的，并没有查找相关原始资料。另外，对于书中出现的一些重大历史事件，译者参阅《希腊近代史》（杨公素著，商务印书馆）、《西方哲学史》（陈佩雄编著，吉林文史出版社）和《西洋上古史》（刘增泉著，吉林出版集团有限责任公司）做了注释。

　　在此，仅向上述书籍的编著者和出版机构表示衷心的感谢。

　　这是一本涉及许多重大哲学概念的文学作品，翻译中会有一些错误，恳请专家、学者和读者批评指导，以便今后有机会更正。先此致谢！

责任编辑：洪　琼

图书在版编目（CIP）数据

苏格拉底 /（希）扎洛克斯塔斯 著；李成贵 译．
－北京：人民出版社，2014.7（2019.5重印）
ISBN 978－7－01－013510－6

I. ①苏…　II. ①扎…②李…　III. ①苏格拉底（前469～前399）-传记
IV. ① B502.231

中国版本图书馆 CIP 数据核字（2014）第 089873 号

苏　格　拉　底
SUGELADI

（希腊）赫里斯托斯·扎洛克斯塔斯 著　李成贵 译

人民出版社 出版发行
（100706　北京市东城区隆福寺街99号）

北京汇林印务有限公司印刷　新华书店经销

2014年7月第1版　2019年5月北京第2次印刷
开本：710毫米×1000毫米 1/16　印张：15.75
字数：270千字　印数：4,001－6,000 册
ISBN 978－7－01－013510－6　定价：59.00 元

邮购地址 100706　北京市东城区隆福寺街99号
人民东方图书销售中心　电话（010）65250042　65289539

版权所有·侵权必究
凡购买本社图书，如有印制质量问题，我社负责调换。
服务电话：（010）65250042